Christoph Neumann

DARUM SPINNEN JAPANER

Neues vom Wahnsinn des japanischen Alltags

Piper München Zürich

Mehr über unsere Autoren und Bücher:
www.piper.de

Von Christoph Neumann liegt bei Piper vor:
Darum nerven Japaner

MIX
Papier aus verantwor-
tungsvollen Quellen
FSC® C083411

Originalausgabe
1. Auflage Juli 2013
3. Auflage März 2015
© Piper Verlag GmbH, München/Berlin 2013
Umschlaggestaltung: semper smile, München
Umschlagabbildung: Sven Hagolani/Corbis
Satz: Uhl + Massopust, Aalen
Gesetzt aus der Charter ITC
Papier: Pamo Super von Arctic Paper Mochenwangen GmbH, Deutschland
Druck und Bindung: CPI books GmbH, Leck
Printed in Germany   ISBN 978-3-492-30263-0

Für Rudi und Hedi,
weil ihr mich ziehen ließt

INHALT

VORWORT
Die Japaner nerven noch immer

»Jetzt schreib doch auch mal was Nettes über Japan! Warum musst du denn immer auf den armen Japanern herumhacken?« Mit einer Ermahnung verabschieden sich Freunde und Verwandte nach gelungenen Japan-Besuchen gern von mir am Tokioter Flughafen Narita. Verdächtig nervös nesteln sie dabei allerdings am Hemd oder in der Handtasche herum: Haben sie das Rückflugticket in die sichere Heimat wirklich eingesteckt?

Sorry, die Mutter Teresa unter den Japan-Autoren gebe ich auch dieses Mal nicht. Und das, liebe Japaner, könntet ihr als Letztes wollen. Historische Tempel, wunderbare Natur, aufregendes Nightlife und leckeres Essen, das alles bietet ihr, aber eben auch andere Nationen. Aber dieses umwerfend alberne, genial verdrehte und brutal schockierende Gesamtkunstwerk namens Japan©, das ist allein euer Werk, das findet die Welt nur bei euch zu Hause. Ihr seid atemberaubend unterhaltsam, ihr Japaner.

Wer dieses Buch liest, betrachtet es also am besten als einen Reiseführer, als Reiseführer zur Sehenswürdigkeit Nummer eins in Japan – den Japanern im Alltag.

Tokio, im Frühjahr 2013   *Christoph Neumann*

相変わらず、イケてない

MÄNNER
Trostlose Samurai

Hochzeiten nur am Schalter fünf. Die falsche Frau
Mama. Huren des Herzens. Begrüßungspirouetten
beim Date. Kloputzen, Kaffee und Fernbedienungen.

»Kaffee!«, schreit Tetsuya statt einer Begrüßung zackig
durch die Räume, kaum dass der General der japanischen
Armee durch die Tür ist. Es handelt sich um die Tür seines
Wohnhauses, und die Befehlsempfängerin ist seine Frau
Chihiro. Sie sitzt mit mir und Nao, der Tochter des Hauses, im Wohnzimmer; wir sind gerade in ein gemütliches
Gespräch vertieft. Tetsuya hatte ich bis dato eigentlich als
immer sehr sympathischen, kultivierten Mann kennengelernt. Die beiden Frauen verdrehen gleichzeitig stumm die
Augen, als sie meinen ungläubigen, schockierten Blick sehen. Dann aber seufzt Chihiro tief und geht in die Küche,
um heißes Wasser aufzusetzen.

Nao erklärt mir: »Er verhält sich nicht so, weil er von
Berufs wegen gewohnt ist, Befehle zu erteilen. Alle japanischen Männer sind Riesenmachos, und meine Mutter kennt
es nicht anders. Tetsuya wäre ohne sie völlig hilflos, er weiß
gar nicht, wie man einen Kaffee macht. Meine Eltern lieben
sich sehr, das kannst du mir glauben.« Da kommt Tetsuya
auch schon ins Zimmer, nickt freundlich in meine Richtung,
lässt sich in den einzigen Sessel plumpsen und greift schließlich wortlos nach dem Becher Kaffee, den ihm Chihiro in
die Hand drückt.

In einem japanischen Haus springen alle, wenn Papa es

wünscht. Ein Japaner fürchtet traditionell nur vier Dinge: Erdbeben, Feuersbrünste, die Götter und den eigenen Vater – nicht unbedingt in dieser Reihenfolge. Ein deutscher Austauschschüler erzählt von seiner japanischen Gastfamilie: »Ich saß im Obergeschoss mit meinem Gastbruder in dessen Zimmer, als sein Vater auf einmal laut von unten aus dem Wohnzimmer nach ihm rief: ›Masakazu, komm auf der Stelle hierher zu mir!‹ Wir waren erschrocken und dachten, jetzt würde eine Standpauke für irgendetwas erfolgen, was wir angestellt hatten. Also rannten wir sofort hinunter. Mein Gastvater saß aber ganz entspannt im Sessel und schaute fern. Als er uns hörte, meinte er, ohne aufzusehen: ›Ich möchte das Programm umschalten, gib mir mal die Fernbedienung.‹ Dabei deutete er auf ein zwei Armlängen von ihm entferntes Beistelltischchen, auf dem das Gerät lag.«

サムライは情けない

Sind die japanischen Männer nun unfähig, faul oder doch einfach nur Arschlöcher? In jedem Mann irgendwo auf der Welt steckt von Natur aus von allem wohl ein bisschen. Wo der Feminismus in allen anderen Industrieländern diese Eigenschaften weichgekocht hat, ist der japanische Mann immer noch der Samurai, der sich jeden Tag aufs Neue in den Kampf ums Überleben stürzt. Der wird heute zwar nicht mehr mit Schwertern, sondern im Büro ausgetragen. Aber der alte Tauschhandel ist geblieben: Der Mann beschützt und versorgt die Seinen, dafür halten sie ihm den Rücken frei, denn ein Samurai, der Kaffee kochen kann, hat offensichtlich Lektionen im Gebrauch des Schwertes geschwänzt.

Wenn er dann endlich heimkehrt aus der Schlacht, wird der Samurai also von seiner Familie umhegt und gepflegt. Töchtern wird schon im Kindergartenalter beigebracht, dem Vater zur Entspannung den Rücken zu massieren, wann immer er es verlangt. Der Herr des Hauses bestimmt das Fernsehprogramm und darf sich als Erster abends im frisch eingelassenen heißen Badewannenwasser entspannen. Die anderen Familienmitglieder können nur hoffen, dass er sich vor dem Bad auch wirklich gründlich mit Seife gereinigt hat, denn sie müssen nach ihm im selben Wasser baden. Beim Essen, das die Ehefrau punktgenau fertig hat, wenn er aus der Wanne kommt, sitzt der Mann schräg auf dem Sitzkissen, fast abgewandt zur Familie. Einen Arm hat er immer aufgestützt, als ob er jederzeit auf dem Sprung sein müsse – oder aber: als ob er gar nicht richtig dazugehört.

Oft kehrt der Mann aber gar nicht erst heim, wenigstens nicht direkt nach der Arbeit. »Wieder mal Überstunden« sind die Codewörter, die er der Ehefrau als allgemein akzeptierte Entschuldigung in den Telefonhörer seufzt. In Wirklichkeit geht er oft noch mit den Kollegen trinken. Diese scheinbar unschuldige Phrase birgt einige Sprengkraft; übersetzen wir sie schnell vom Europäischen ins Japanische: Will der Chef abends noch etwas trinken, muss man mit. Will der Kunde noch etwas trinken, muss man auch mit. Und mithalten, also mit dem Alkohol, muss man sowieso, Wasser trinken gilt nicht.

Den Weg vom Büro zum Bahnhof blockieren zur üblichen Heimkehrzeit um acht Uhr abends ein Dutzend »Kneipenschlepper«, die einem auf dem Gehsteig Zettel in die Hand drücken und verlockende Alternativen zum zweistündigen Stehen im überfüllten Zug ins Ohr flüstern: »Wir haben Nabe-Eintopf mit Kobe-Rindfleisch und frische Steaks vom schwarzen Schwein aus Kagoshima. Dazu können Sie so viel trinken, wie Sie wollen, für nur 2000 Yen extra.«[*] Ein Finne, den ich auf einer Party in Tokio einmal wegen des sprichwörtlichen Wodkakonsums seiner Landsleute auf den Arm nahm, erwiderte überraschend ernst: »Stimmt, wir Finnen saufen wie ein Loch – aber immer nur an den Wochenenden. Schau dir dagegen die Japaner an, die saufen doch an sieben Tagen in der Woche.«

Oft bleibt es nicht beim Trinken und Essen. Zur Dreifaltigkeit des männlichen Glücks gehört die Frau, und dabei

サムライは情けない

---

* 100 Yen sind umgerechnet ungefähr ein Euro.

handelt es sich an dem einen wie auch an allen anderen Abenden nicht um die eigene. Beim Kontakt mit fremden Frauen geht es nur selten um die direkte Triebabfuhr, also um schnellen Sex mit einer Hure. Nein, japanische Männer geben einfach dafür Geld aus, dass eine Frau »Frau« für sie ist. Das ist für westliche Besucher eines der größten japanischen Mysterien: Japanische Männer bezahlen Frauen Geld – und weder verlangen noch bekommen sie dafür Sex. Man weiß nicht, wen dieser Gedanke trostloser erscheinen lässt.

Sitzt der japanische Arbeitnehmer nach einem Trinkgelage mit den Kollegen endlich im Zug, wird er sich in seinem angeheiterten Zustand überlegen, ob er noch kurz in einem *Snack* an seinem Heimatbahnhof vorbeischauen soll, statt direkt nach Hause zu wanken. Nein, sie brauchen keinen Suff-Döner, den man in sich hineinschlingt, weil das ganze Trinken superhungrig gemacht hat; die japanischen Snacks haben ebenso wenig mit einem Imbiss zu tun wie Korea mit gutem Bier (das musste ich einfach mal zusammenhanglos loswerden). Snacks sind vielmehr winzige Bars, in denen die immer weibliche Betreiberin, oft eine mittelalte oder ältere Dame, intensiv mit den Gästen spricht (meist Stammkunden), sich eine kleine Flasche Reiswein mit ihnen teilt und dabei ihr Leid anhört – und einen schon mal, aber dann ist auch genug, aufmunternd drückt. Zu Deutsch: Sie bemuttern die Gäste, und folgerichtig nennen die Gäste die Snack-Betreiberinnen etwa »Mama« oder »Frau Mama«. Im Hintergrund laufen traurige *Enka*-Schlager, die bevorzugt das harte Los besingen, ein Mann zu sein. Auf diese Weise kann der Gast im Snack so richtig schön seinem Weltschmerz nachhängen und wird immer von Frau Mama getröstet.

In manchen Snacks stehen der Mama weitere weibliche Angestellte zur Seite, damit jeder Gast eine möglichst individuelle psychologische Betreuung erfährt. Wer aber vor allem auf der Suche nach jungen, hübschen Frauen ist, der ist im Snack verkehrt. Um von süßen Japanerinnen und

Schönheiten, die gerade vom Laufsteg herabgestiegen zu sein scheinen, verhätschelt zu werden, geht der japanische Mann in einen Hostess-Club.

Die namensgebenden Hostessen, das sind die Wunderfrauen, die man dort trifft. In den Hostess-Club geht der Mann im Gegensatz zum Snack nie alleine, sondern stets mit Kollegen, gern auch mit Kunden. Die oft horrenden Rechnungen lassen sich nämlich problemlos als Bewirtungskosten absetzen; die Riesenskandale, die Bums- und Sauftouren deutscher Versicherer und Autohersteller in Ungarn und Brasilien bei uns auslösten, würden Japaner als Petitessen abtun. Seit ein Rathausangestellter im nördlich gelegenen Aomori vor ein paar Jahren ins Gerede kam, nachdem er schon sage und schreibe über eine Million Yen als Spesen für eine russische Hostess hatte abzweigen können, wissen wir, dass selbst Beamte ab einer gewissen Position in Japan ein Spesenkonto haben, um mit Geschäftskontakten hin und wieder in einer freizügigeren Umgebung plaudern zu können. Ach, einmal in Japan, passen sich auch die deutschen Firmen an die wenig prüden Gepflogenheiten an: Ein deutscher Kumpel, der als sogenannter Expat vorübergehend zur Filiale der Deutschen Bank in Tokio versetzt worden war, nahm mich an einem Abend in einen Stripclub mit. Die Rechnung belief sich auf über 50 000 Yen. Er murmelte grinsend: »Spesen!«, und zückte ohne ein Wimpernzucken seine Firmenkreditkarte.

Zurück zum Hostess-Club: Hier wird nicht gestrippt. Es geht auch nicht um Sex, es geht allein um den Luxus, sich ein halbes Dutzend atemberaubende Schönheiten in eleganten Kleidern einen Abend lang als Gesprächspartnerin oder einfach als Zierde leisten zu können. Jeder einzelne Arbeitstag beziehungsweise -abend einer Hostess beginnt fast wie bei einer Schauspielerin oder einem Model mit einer einstündigen Frisur- und Schminksitzung im Schönheitssalon. Hostessen haben charakteristische Hochsteckfrisuren mit Zusatzhaar, die kaum etwas mit der gerade aktuellen japanischen Straßenmode zu tun haben. Die Friseure

サ
ハ
ラ
イ
は
情
け
な
い

und Schönheitssalons in Gegenden mit hoher Hostess-Club-Dichte wie im Tokioter Hauptgeschäftsviertel Ginza sind oft Vertragspartner dieser geselligen nächtlichen Lokalitäten und ausschließlich auf Hostessen-Veredelung spezialisiert. Da ihre Aufmachung sie in der Bahn oder auf der Straße leicht als Angehörige ihres Berufsstands identifiziert und so allerlei Anmache und Anfeindung provozieren würde, werden Hostessen mit eigenen Fahrern oder im Taxi vom und zum Club gebracht.

Dieses sorgfältig gehegte und gepflegte Gewächs setzt sich im Hostess-Club nun unaufdringlich, aber doch recht nah neben den Gast; pro Mann in einer Besuchergruppe kommt mindestens eine Hostess an den Tisch. Sie zündet dem Gast die Zigarette an und versorgt ihn mit teurem Champagner. Vor allem aber schenkt sie ihm ihre ungeteilte Aufmerksamkeit; sie fragt mit besorgtem Blick nach dem Tag im Büro, lacht über seine Witze und tätschelt ihm die Hand, während sie das Getränk nachgießt. »Eine schöne Frau interessiert sich nur für mich« – für dieses Produkt zahlt der Mann im Hostess-Club. Auch nur ein, zwei Stunden an diesem Ort kosten fünf, sechs Geschäftsleute schnell 100 000 Yen. Dramatisch teurer wird es, wenn eine Dame den Gast zum Beispiel zur Bestellung einer Flasche edlen Bordeaux aus dem gut selektierten Weinkeller für 250 000 Yen überreden kann.

Bei Geschäftstreffen werden die weiblichen Edelgewächse oft auf stumme Dekorationsobjekte beschränkt, die Feuerzeuge zücken und dem Kunden immer hübsch das Glas voll machen. Am anderen Ende der Skala verguckt sich natürlich so mancher Gast in seine Schöne, die ihm aufmerksam in die Augen schaut und so glockenhell lachen kann. Dann wird's richtig kostspielig, und gute Hostessen sind geübt darin, gefühlsverirrten Gästen für jeden winzigen Fortschritt im Flirt in den folgenden Wochen und Monaten ordentlich Geld aus der Tasche zu ziehen.

Hostessen und Snack-Mamas sind eben doch Huren – Huren des Herzens. Denn die Kandidatin, bei der es naheliegend wäre, beteiligt sich in Japan nämlich nicht am Wettbewerb um den Thron im Mannesherzen – die eigene Ehefrau ist für japanische Männer meist wenig mehr als die Person, die Haushalt und Kinder in Schuss hält.

Meine Partnerin kam nach einem Unfall in ein großes Tokioter Krankenhaus und musste sofort operiert werden. Bei meiner ersten Visite nach der OP sah sie entsetzlich blass und schwach aus mit all den Schläuchen in ihrem Körper. Vor allem aber wirkte sie so einsam und unglücklich in ihrem Krankenbett. Als ich im Anschluss mit dem jungen, etwa fünfunddreißigjährigen Oberarzt sprach und ihn besorgt fragte, wie lange sie denn hier bleiben müsse, interpretierte er meine Sorge auf seine Weise. Er setzte ein aufmunterndes Lächeln auf und sagte schließlich: »Ich denke, Ende nächster Woche kann sie heim und bei Ihnen wieder den Haushalt machen.«

Für das Wort »Ehefrau« hat das Japanische – wie oft bei Familienverhältnissen – unterschiedliche Begriffe. Nur *tsuma* ist neutral; *kanai* bedeutet wörtlich »die da innerhalb des Haushalts« und *okusan* »die werte Person im Hintergrund«. Die Bedeutung des dritten Begriffes scheinen viele japanische Paare in der Öffentlichkeit wortwörtlich zu nehmen. Traditionell läuft die japanische Ehefrau nämlich nicht neben ihrem Mann (schon gar nicht eingehakt), sondern drei Schrittlängen hinter ihm her. Die moderne Variante davon ist die Begrüßungspirouette so mancher jüngerer Männer, die sich am Bahnhof zu einem Date verabredet haben: Die Frau wartet am Ausgang auf ihn. Sobald der Mann endlich durch die Sperre tritt und sie erblickt, läuft er zunächst in ihre Richtung. Eine Schrittlänge von ihr entfernt nickt er ihr wortlos zu, ändert aber wie bei einer angedeuteten Pirouette im selben Moment die Gehrichtung und rast nun von ihr weg. Die Frau muss ihrem Partner notgedrungen hinterherrennen. Selbstverständlich verlangsamt er nicht etwa seinen Schritt, um auf sie zu warten. Während sie ihm noch hinterherhechelt, beginnt er seelenruhig über seine Schultern hinweg ein Gespräch mit ihr.

サムライは情けない

Japan-Freunde werden jetzt etwas murmeln von »kultureller Scheu«, ein japanischer Mann mag intime Gefühle nicht in der Öffentlichkeit zeigen. Aber nicht einmal die Hand reicht er der Partnerin, ganz zu schweigen von einem Küsschen auf die Wange. Liebe ist in Japan anderswo, nur nicht in der Ehe. Aber schließlich liebt man ja auch nicht seinen Hausmeister.

Da verwundert es kaum, dass sich das Liebesleben der japanischen Paare in einem überschaubaren Rahmen hält. Immer wieder bestätigen groß angelegte Internet-Umfragen des amerikanischen Kondom-Herstellers Durex aufs Neue, dass Japaner unter den Industrienationen mit Abstand am wenigsten Sex haben. Zwar wird nicht zwischen Verheirateten und Singles unterschieden, und angenehmerweise protzen Japaner ohnehin äußerst ungern mit Heldentaten. Aber wo laut Internet Europäer und Nordamerikaner im Jahr auf mindestens hundert Mal kommen, haben Japaner im Durchschnitt gerade achtunddreißig Mal Sex.

Im japanischen Ehebett herrscht einfach tote Hose, denn für Sex wird es wenig genutzt. Zu Beginn einer feurigen Ehe gehen viele japanische Paare weiterhin für ein paar Stunden ins Liebeshotel. Die Wände vieler Wohnungen, gerade der, die man sich am Anfang der Karriere leisten kann, sind einfach zu dünn für heißen Sex. Durch diese Trennung der Orte und Zeiten, in denen man nebeneinander schläft und in denen man miteinander schläft, können sich im japanischen Hirn vielleicht einfach nicht die Synapsen bilden, die das Einschlafen neben dem vertrauten Körper mit der Zärtlichkeit und dem aufregenden Sex davor verknüpfen. Japanische Synapsen assoziieren wohl eher Schweißgeruch und nervtötende Schnarchlaute mit einem Körper im eigenen Bett. Spätestens nach dem ersten Kind wird laut einer nicht repräsentativen Umfrage der Sex dann endgültig ad acta gelegt. Bei fortgeschrittenen Ehejahren ziehen Japaner um, in getrennte Betten, wenn möglich in getrennten Zimmern. Wenn es gar nicht mehr geht mit der Beziehung, lässt sich der Mann einfach in eine andere Stadt versetzen oder zieht vom Tokioter Vorort in eine Wohnung, die praktischerweise näher an der Arbeitsstelle ist.

Ich war früher immer überrascht gewesen, wie viele meiner japanischen Bekannten Väter hatten, die auf Dauer in einer anderen Metropole arbeiteten. Erst dachte ich, die brutale Versetzungspolitik zeige, dass japanische Firmen einfach keine Rücksicht auf Familien nehmen, bis ich darauf kam, dass meine Bekannten bei uns in Europa wohl alle Scheidungskinder wären. Die Firmenversetzung dagegen wahrt das Gesicht, vermeidet die Scheidung, und die Eheleute müssen sich nur ein- oder zweimal im Jahr sehen.

Als Tetsuya einmal dienstlich nach Südkorea fuhr, steckte die praktisch veranlagte Chihiro ihrem Mann eine Packung Kondome für den Fall der Fälle in den Koffer. Sie lieben sich eben.

Wo die Ehe eine derart frugale Rolle im Verständnis vieler Japaner spielt, kann man kaum erwarten, dass sie mit großem Trara beginnt, wie etwa bei uns. So bietet das Standesamt Hamburg-Wandsbek heiratswilligen Paaren allein vier Trauräume zur Auswahl an, allesamt geschmackvoll dekoriert mit unterschiedlichen Themensetzungen. Schon Wochen vor der Hochzeit trifft sich der Standesbeamte zu einem längeren Vorbereitungsgespräch mit dem Paar, um die Zeremonie möglichst stimmungsvoll und persönlich gestalten zu können. Mein bester Freund heiratete im Standesamt Wandsbek seinen langjährigen Partner im »japanischen Raum«, in dem ein Teil des Zimmers als japanischer Steingarten gestaltet war und an der rückwärtigen Wand Kalligrafien hingen. Am Schluss der Zeremonie las die Standesbeamtin ein eigens für das Brautpaar komponiertes Gedicht vor und gratulierte jedem Frischvermählten per Handschlag lange und herzlich unter dem Applaus der anwesenden Festgäste.

Das Standesamt Saitama nahe Tokio hat weder einen japanischen noch überhaupt einen eigenen Trauraum für Eheschließungen. Für Eheschließungen hat ein japanisches

サムライは情けない

Standesamt den Schalter fünf. Über dem Schalter steht groß »Eheschließungen – Scheidungen – Jugendfragen«, wir sind also an der richtigen Adresse. Ein Vorgespräch mit den Angestellten braucht man nicht, den Termin muss man nicht einmal reservieren. Man kommt einfach mit allen Unterlagen zum Schalter und erhält retour eine Wartenummer. Als ein japanischer Freund in Saitama heiratete, war der Schalter fünf für mehrere Monate wegen Umbauten in den muffigen Keller eines separaten Vorgebäudes ausgelagert, in das man nur über eine rostige Behelfstreppe gelangte. In Tokioter Stadtteil Shinjuku ist der Schalter zwar im Hauptgebäude des Rathauses, aber dafür teilt man sich den großen Wartebereich gemeinsam mit den Führerscheinerneuerern und Sozialhilfebeantragern.

Wenn die erhaltene Nummer nach ein bis zwei Stunden endlich auf der Anzeige erscheint, weiß man: Die Unterlagen sind geprüft und vollständig. Dann darf man zum Schalter sieben gehen, der Kasse, gibt dort seinen Zettel ab nebst 1500 Yen Verwaltungsgebühr und bekommt schließlich ein DIN-A4-Blatt durch das Durchgabefach gereicht, die »Empfangsbescheinigung eines Antrags auf Ehe«, übersetzt: die Eheurkunde. Bevor sie »Der Nächste bitte« in den Raum schreit, wirft die Kassiererin dem frischen getrauten Paar immerhin ein »*otskaresama deshita*« (»Danke für das lange Warten«) hinterher, mit dem man in Japan Menschen aufmuntert, nachdem man sie vorher stundenlang traktiert hat. Wir wollen fair sein: Auf Antrag und gegen zusätzliche 1500 Yen kann man auch eine Luxusausgabe des Ehezertifikats mit nach Hause nehmen, auf hochwertigem Japanpapier mit Druck in Kalligrafie-Qualität und in eigenem Briefumschlag.

Warum also die ganze Chose namens Ehe? Die Antwort ist einfach: Schnell endet ein japanischer Mann im Chaos, wenn die Frau nicht ausgleichend zur Seite steht. Das sieht man da, wo die ordnende Hand der Ehefrau nicht hinreicht, in japanischen Büros nämlich. Dass ein Japaner viel mehr Zeit in seinem Job als zu Hause verbringt, ist keine Entschuldigung dafür, dass jeder zweite Arbeitsplatz nach akutem Messie-Syndrom ausschaut. Mein Betreuungsprofessor an der Universität Tsukuba, an der ich Austauschstudent war, stapelte Bücher, Artikel und lose Blätter auf jeglicher Fläche in seinem Büro, die passend erschien. Peinlich war ihm das Durcheinander offensichtlich nicht, denn er hielt seine Studentensprechstunden in diesem Sauhaufen ab. Die Besucher mussten allerdings die ganze Zeit stehen, denn das große und wohl bequeme Sofa in der Besprechungsecke war über seine ganze Breite mit Türmen von Büchern belegt. Woanders hätte man sie aber nicht mehr hinräumen können, denn auch der Boden war fast flächendeckend mit Zetteln und Dokumenten übersät, und direkt neben dem Schreibtisch standen ein paar Whiskyflaschen mit ungespülten Gläsern.

Bei Junggesellen sieht es auch zu Hause aus wie in Professors Büro. Ein italienischer Austauschstudent auf der Suche nach einer Bleibe im teuren Tokio bekam von einem japanischen Kommilitonen angeboten, für eine äußerst günstige Miete ein Zimmer in seiner zentralen Wohnung zu beziehen – unter einer Bedingung: Der Neuankömmling müsse das Klo putzen. Klang akzeptabel. Der Italiener schlug sofort in das Angebot ein und vollzog den Umzug ohne vorherige Besichtigung. Die Toilette war dann von Kot- und Kotzresten übersät und stank bestialisch. Den Boden des Raums bedeckten vergilbte Pornohefte und wissenschaftliche Artikel mit Urinflecken. Es stellte sich heraus, dass der Japaner das Klo seit seinem Einzug zwei Jahre zuvor kein einziges Mal geputzt hatte.

Die Unfähigkeit, Ordnung zu halten, zieht sich quer durch die Schichten. Yuko, dreiundzwanzig, erzählt von der Wohnung des japanischen B-Prominenten Keito Ochi im vornehmen Tokioter Stadtteil Aoyama: »Ich hatte ihn nachts in einem Club kennengelernt, er sah cool aus mit seiner sorgfältig gestylten Frisur und seinen sexy, teuren Klamotten, und dann redete er auch so klug. Er bot mir schließlich

サムライは情けない

an, mich nach Hause zu fahren. Er war mit einem schicken Sportwagen mit Flügeltüren unterwegs, und als wir zufällig an seinem Appartementhaus vorbeikamen, hatte ich nichts dagegen, mit ihm hochzugehen. Als er die Wohnungstür aufschloss, wehte uns ein strenger Geruch entgegen. Auf dem Boden standen überall angebrochene Lunchboxen mit Essensresten herum, das riesige Bett war geschlossen mit einer Schicht von Schmutzwäsche bedeckt. Andere Mädchen kennen es von ihren Freunden vielleicht nicht anders und können das ausblenden. Das ist aber nichts für mich: Wer sich in so einem Dreck wohlfühlt, fühlt sich auch in einem ungepflegten Körper wohl. Als Keito im Bad verschwand, sprang ich schnell auf und rannte aus der Wohnung.«

Das ist der japanische Mann: mit Ehefrau ein trostloser Samurai, ohne Ehefrau ein trostloser Single.

TOILETTEN
Sauber – das bin ich mir wert, aber nicht du

Butterstinker versus Badewasserrecycler. Wann man
in Japan den Hintern abgewischt bekommt. Warum
Japaner ihre Geburtsnabelschnur aufbewahren.

お尻拭きまでハイテク

Kühne + Nagel ist die größte Spedition der Welt. Autos, Pharmazeutika, Öl, Maschinen, Lebensmittel, Gefahrengüter – in Schiffscontainern, Flugzeugbäuchen oder Güterwaggons transportiert die deutsch-schweizerische Firma einfach alles quer über den Planeten, was die eng verflochtene Weltwirtschaft braucht. Ein absolut unverzichtbarer Bestandteil des globalen Güterstroms ist für das Unternehmen Klopapier aus Japan. Für die japanische Fluggesellschaft JAL bringt Kühne + Nagel es an deren internationale Zielflughäfen. Der Grund: Die japanischen Flugpassagiere sollen auch auf dem Rückflug auf der Bordtoilette die gewohnte Qualität des Toilettenpapiers aus ihrem Heimatland vorfinden können. Offensichtlich will JAL dem zarten japanischen Hintern Papier aus deutscher oder australischer Produktion einfach nicht zumuten.

Dass aus diesem Grund Klopapierrollen über Kontinente gekarrt werden, kommt den Inselstaatbewohnern gerade recht. Mit all den Ausscheidungen ist dem Japaner der eigene Unterleib unheimlich, ja, sogar eklig und peinlich. Kein Wunder, dass Charlotte Roches Roman *Feuchtgebiete* trotz seines internationalen Erfolgs kaum hierzulande Leser fand. Fäkalien und Körpersekrete nicht nur nicht zu verstecken, sondern auch noch zu einem Objekt sexueller Erregung zu machen, widerspricht einfach fundamental der japanischen Sozialisation.

Schon in der Grundschule trauen sich die wenigsten Kinder, ihr großes Geschäft auf dem Schulklo zu verrichten. Merken es die Klassenkameraden nämlich aufgrund von Geruchs- oder Geräuschindizien, verspotten sie einen laut vor der ganzen Klasse als »A-a-Mann«. Ein solches Trauma hält bei vielen ein Leben lang. Nao berichtet: »Keiner meiner Freunde ist je bei mir auf die Toilette gegangen. Ich habe sie alle nackt gesehen, wir haben miteinander geschlafen – aber anschließend war es ihnen anscheinend peinlich, sollte ich womöglich ihr Pinkelgeräusch hören. Gefurzt hat in meiner Gegenwart erst recht niemand. Ich weiß auch nicht, wie sie sich stundenlang zurückhalten konnten.«

Bezeichnenderweise ist das populärste Wort für Geschlechtsteile eins, das männliche wie weibliche Geschlechtsorgane unterschiedslos benennt und sich gleichzeitig von ihnen distanziert: *asoko* = »das da unten«. Ein besonderer Ausdruck des Unterleibekels ist bei japanischen Frauen die mangelnde Popularität von Tampons. »Binden werden für unhygienisch gehalten, trotzdem hassen Japanerinnen Tampons. Wahrscheinlich, weil sie sich selbst dann zu viel anfassen müssen«, meint eine Freundin aus Brasilien.

Kein Wunder, dass die Toilettenhygiene in Japan vom technischen Fortschritt mit als Erstes profitierte. Schon vor über tausend Jahren nahmen Japaner dünn geschnitzte Holzstäbe, später auch Seetang zu Hilfe, um sich den Hintern sauber zu putzen. Als französische Adlige ihre großen und kleinen Geschäfte noch in die Ecken der Schlosssäle von Versailles setzten, hatte man in Japan längst echtes Klopapier, und zwar benutzte man das edle handgeschöpfte Japanpapier.

Seit jeher ist die Toilette der Hochsicherheitstrakt japanischer Wohnungen. So ist es ein Statussymbol, sie in einem vom Badezimmer getrennten Raum unterzubringen – jeder

Maklerprospekt hebt aus diesem Grund die Nasszellensituation hervor. Für das Betreten der Toilette ist das Schlüpfen in spezielle Pantoffeln zudem unerlässlich, damit beim ausgiebigen Erschreiten der 1,5 Quadratmeter großen Zelle die Füße nicht in unmittelbaren Kontakt mit dem Boden kommen. Ausländische Besucher verlieren bei ihren japanischen Gastgebern schnell ein paar Sympathiepunkte, wenn sie pflichteifrig in die Toilettenschuhe schlüpfen, sie dann aber vor dem Rückweg ins Speisezimmer wieder auszuziehen vergessen.

Das Prinzip der japanischen Toilette blieb über einen langen Zeitraum praktisch gleich: Man hockte über einer Öffnung im Boden, durch die Wasser floss. Noch früher hatte man auf Brettern gestanden, einfach über Bäche gelegt. In vielen älteren japanischen Häusern ist die Toilette deshalb heutzutage immer noch eine Art tiefer gelegtes Klo mit Wasserspülung, über dem man leicht angewinkelt steht, nicht sitzt. Da es in Japan in Kombination mit traditioneller Kleidung bis zum Zweiten Weltkrieg unüblich war, Unterwäsche zu tragen, waren solche Hocktoiletten der sauberste Weg, die Körperflüssigkeiten loszuwerden: Einfach den Kimono oder Gehrock etwas liften, über dem Loch thronen – und raus damit. Diese primitiv anmutende Vorgehensweise gilt noch immer nicht als veraltet. Selbst in den neuesten Modellen des Shinkansen, des japanischen Superschnellzugs, befindet sich am Ende des Waggons stets eine japanische Hocktoilette – neben einem westlichen Klo und einem Pissoir.

Westliche Toiletten hatten es also auch nach dem Zweiten Weltkrieg schwer, trotz westlicher Kleidung, trotz Tragens von Unterhosen: Diese Klos sind zwar bequem, weil man sich setzen kann, aber sie brachten einen neuen Feind: die Klobrille. Der Hand, gerüstet mit Toilettenpapier, stand nun ein sperriges Objekt entgegen. Vielleicht ging es auch ohne die Hand? Der japanische Erfindergeist war herausgefordert.

お尻拭きまでハイテク

Die Brille mit eingebautem Scheibenwischer für Regentage oder Essstäbchen mit Mini-Ventilator, um die heißen Nudeln schon auf dem Weg zum Mund zu kühlen – Fotos verrückter japanischer Erfindungen machten auch im Westen ihre Runde. Diese Gaga-Produkte gab es aber nie irgendwo zu kaufen; der Satiriker Kenji Kawakami nahm mit den Bildarrangements witziger »Erfindungen« vielmehr die Schrulligkeiten seiner Landsleute aufs Korn.

Die Toilette, die einem den Hintern abwischt – auch so ein Gerät müssen Europäer natürlich zunächst für eine Gaga-Erfindung Made in Japan halten. Dann aber geraten sie in Panik, wenn sie die Toiletten im Tokioter Flughafen Narita betreten, sich wie von Zauberhand der Klodeckel hebt und sie statt eines einfachen Klospülhebels eine gigantische Fernbedienung mit Kontrollmonitor vorfinden.

Die Gaga-Toilette gibt es wirklich, bekannt unter dem Markennamen »Washlet« schätzt sie jeder in Japan. Das Washlet ist tatsächlich ein Aushängeschild des kreativen japanischen Erfindergeists, denn mit diesem Produkt löste der Sanitärhersteller Toto das große Dilemma zwischen dem Wunsch nach mehr Bequemlichkeit und drohenden Kalamitäten beim Abwischvorgang. Ein amerikanischer Freund von mir sagte einmal so schön: »Das Washlet macht alles für dich, nur Scheißen musst du noch selbst.«

Die Komfortmodelle, die viele Zehntausend Yen kosten, wärmen die Klobrille vor und überziehen sie auf Wunsch vor jeder Benutzung mit einer neuen hygienischen Sitzfolie. Beim Modell »Apricot« wird nicht nur gespült, sondern auch ein angenehmer Aprikosenduft freigesetzt, der unangenehme Gerüche überlagert. Die Kernfunktion des Washlets ist aber eine kleine, im Toilettensitz eingebaute Dusche, die die Intimbereiche mit einem Wasserstrahl von einstellbarer Stärke, Temperatur und ausgewähltem Spritzmuster reinigt. Anschließend bläst ein kräftiger Schwall von Heißluft alles trocken. Klopapier brauchen die Japaner eigentlich gar nicht mehr.

Ein sogenannter »Klangprinzessin«-Knopf lässt den Laut

einer rauschenden Klospülung ertönen. Gerade Japanerinnen betätigten auf öffentlichen Toiletten früher während des gesamten Toilettengangs immer wieder die Klospülung, um Geräusche, die Exkremente beim Verlassen des Körpers machen, zu überdecken. Heute genügt ein Knopfdruck – und die Spülung vom Band spart Dutzende Liter Wasser.

Bakterien wird der Klang rauschenden Wassers, egal ob echt oder vom Band, tendenziell wohl eher nicht einschüchtern. Aber Japanern scheint es bei Hygiene ohnehin nicht so sehr um das Vermeiden von durch Unsauberkeit ausgelösten Krankheiten zu gehen. Denn bei der Sauberkeit sind Japaner erstaunlich inkonsequent. Hier können sie ihrem Lieblingsprinzip huldigen: »Auf der einen Seite 200 Prozent, auf der anderen null Prozent.« So werden Äpfel und selbst Weintrauben vor dem Verzehr geschält. Zu allen Jahreszeiten sieht man so viele Menschen mit einem papiernen Mundschutz in Bahnen, auf der Straße und in Serviceberufen, dass man meint, eine Gasattacke Nordkoreas stünde unmittelbar bevor. Dem ist aber nicht so. Im Frühjahr schützen sich die Menschen mit den Masken vor den Blütenpollen, das restliche Jahr über aber vor dem Atem der Mitmenschen, jeder einzelne eine potenzielle Virenschleuder.

Die gleichen super-keimfreien Japaner haben zu Hause aber auch in irgendeiner Ecke eingetrocknete Stücke ihrer eigenen Nabelschnur herumliegen. Nach der Geburt schneiden Ärzte die Stücke eigens zu diesem Zweck von der Nabelschnur des Neugeborenen ab und geben sie den Familien in einer Schachtel mit heim. Die stellen die Kiste dann in irgendeinen Schrank – wo bewahrt man so etwas auch auf? Im Kühlschrank? Bei den Reisepässen? Angeblich ist dieses krude Ritual buddhistisch und hat etwas mit dem Kreis des Lebens oder so zu tun. Auf jeden Fall kann man es nicht gerade hygienisch nennen, wenn jahrelang irgendwo im Schrank ein totes Stück Fleisch herumliegt.

Kein Wunder, dass japanische Häuser ein Kakerlaken-Paradies sind. In den wärmeren Jahreszeiten sprechen Mas-

お
尻
拭
き
ま
で
ハ
イ
テ
ク

sen von Fernsehwerbespots für die verschiedensten Kaker-laken-Killerprodukte Bände. Die Häuserwände sind dünn, oft aus Holz, und das Klima ist feucht – aber das alles sind laue Entschuldigungen. Fakt ist, dass ich in Europa acht-undzwanzig Jahre lang nie bewusst eine Kakerlake gesehen habe. Als in der ersten Woche in Japan eine Schabe über meine Küchenspüle lief, dachte ich, das müsse ein Hirsch-käfer sein, irgendwie ohne Hörner. Ich fing das Insekt mit einem Glas und setzte es draußen aus.

Hygiene dient Japanern vor allem, um sich selbst sauber zu *fühlen,* nicht um sauber zu sein. Den Unterschied kann man riechen. Japaner waschen ihren Körper nämlich nicht mor-gens, sondern abends; traditionell gehen sie jeden Abend sogar in die Wanne. Sie tun das für sich, sie wollen mit einem frischen, sauberen und vom heißen Badewasser ge-wärmten Körper zu Abend essen und anschließend zu Bett gehen. Was sich dann in der Nacht so alles auf dem Körper ansammelt – Schweiß, Bremsspuren, Intimflüssigkeiten –, wird stolz am Morgen mit in die U-Bahn, ins Büro, ins Mee-ting und zu den abendlichen Trinkgelagen mitgenommen. Die wenigsten duschen sich morgens noch einmal; was soll man den Körper auch reinigen, wenn man im Laufe des Tages eh schmutzig wird. Dass sich gegen Abend das ganze Land nicht regelmäßig in einziges Stinkhaus verwandelt, verdanken die Japaner nur ihren Genen. Angeblich pro-duzieren asiatische Menschen von Natur aus viel weniger Schweiß als zum Beispiel Weiße. Dass Japaner deswegen aber Westler hinter vorgehaltener Hand als »Butterstinker« (weil übler Schweißgeruch ranziger Butter ähnelt) verun-glimpfen, dazu gehört schon einiges an Chuzpe. Oft gehe ich nach der Arbeit ins Schwimmbad – wäre Butter doch nur der einzige Geruch, der den Chlorgeruch überlagert! Angeblich wird nämlich wegen des Ausrutschrisikos in öf-fentlichen Schwimmanstalten die Benutzung von Seife und Waschgels in den Duschen verboten, was die Situation wei-ter verschärft. Oft riecht man auf zwei Bahnen Entfernung, was meine Mitschwimmer so alles in der Nacht davor getrieben haben.

Dabei ist erstaunlich, dass keiner Probleme zu haben scheint, in ein Schwimmbecken zu steigen, in dessen Wasser sich die versammelten Dreckkrusten und Körperflüssigkeiten der Mitschwimmer tummeln. »Ungewaschen in ein gemeinschaftliches Wasserbecken gehen« ist nämlich das zweite große Hygienetabu nach »Mit Toilettenschuhen ins Wohnzimmer zurückstiefeln«. In Japan sind Wasserbecken per Definition gemeinschaftlich, von den Mineralbädern der so beliebten heißen Quellen im Gebirge über die öffentlichen Bäder in den ärmeren Stadtvierteln bis zur Badewanne zu Hause. Daher ist Baden, wie schon gesagt, immer zweigeteilt in Japan: Den Körper reinigt man gründlich an einer Art Waschstation mit Wasserhahn, Waschschüssel, Shampoo und Seife. Das Badebecken aber sucht man nicht zur Reinigung auf, sondern zur Entspannung: Das erst fast schmerzhaft heiße Wasser löst nach ein paar Sekunden Gewöhnung wunderbar die Verspannungen des Tages.

In den eigenen Wänden wird die Badewanne am frühen Abend einmal mit heißem Wasser gefüllt. Badet gerade keiner, wird sie abgedeckt, damit die Wärme stundenlang erhalten bleibt. Heimkehrende Familienmitglieder können so flexibel ihr Baderitual durchführen – sie gehen zwar nicht gleichzeitig in die Wanne, aber in dasselbe Wasser. Auch wenn sie sich vorher waschen: Ist es nicht etwas eklig, wenn vor einem schon vier Familienmitglieder ihren Körper in genau dem Wasser gesuhlt haben, in dem ich mich jetzt ausstrecke? Immerhin: In japanischen Fernsehserien sieht man pubertierende Töchter, die plötzlich Probleme haben, in das Badewasser zu steigen, in dem der Vater vorher gewesen war.

Aber eigentlich gilt das Badewasser als so sauber, dass es am Schluss, nachdem eine ganze Familie sich in ihm gesuhlt hat, sogar noch recycelt wird. Wenn es noch warm genug ist, kommt es – jedenfalls in älteren Häusern – in die

Waschmaschine. Zum Waschen der Kleider ist es noch alle-
mal zu gebrauchen.

So stürzt sich unsere glückliche Familie auch morgen
früh wieder in den Tag – ungewaschen, mit in altem Badewasser gereinigten Kleidern am Leib. Aber der Hintern ist
blitzeblank sauber, dank Washlet.

LÜGEN
Es lebe der Buchstabe des Gesetzes

Ungesühnte Massenmorde an Großvätern. Teddybären statt Jackpots. Sex à la carte auf dem züchtigs-
ten Strich der Welt. Die Partys, die es nie geben dürfte.

»Ich kann nicht mit dir schlafen!« Mitten im Vorspiel reißt
sich Keiko aus heiterem Himmel plötzlich los. Splitternackt
liegt die Zweiundzwanzigjährige nun auf dem Rücken und
deutet auf ihren flachen Bauch: »Da ist nämlich noch jemand drin!« – »Was willst du damit sagen: Dass du schwanger bist?« Sie nickt treuherzig. Meine Güte. Nach einigen
Momenten nachdenklichen Nebeneinanderliegens nimmt
die gegenseitige Erregung doch wieder Oberhand. Ein Kondom liegt bereit. Diesmal wird der Akt ohne Zögern voll-
zogen.

Danach herrscht genügend Ruhe, um nachzuhaken: »Was
ist denn… mit dem Vater des Kindes? Seid ihr nicht zusammen?« Keiko schaut zunächst fragend, als ob sie nicht
verstanden hat, dann lacht sie: »Ach so, ich bin gar nicht
schwanger! Das habe ich doch nur gesagt, weil ich plötzlich
Angst hatte, du würdest es ohne Kondom machen.«

Die Schwangerschaftsbehelfslüge wird von Japanerinnen
immer wieder eingesetzt. Stand sie irgendwann einmal als
Empfehlung in einer Frauenzeitschrift? Naruko, neunund-
zwanzig, benutzt sie jedenfalls nicht erst im Bett, sondern
schon in dem Moment des Aufreißens: »Wenn ich auf einmal bringe, dass ich schwanger bin, nehmen die meisten
fluchtartig Reißaus. Es ist fast lustig, zuzusehen, wenn ein

ルールは文字通りに守ろう

Typ gerade noch heftig dabei ist, seine Anbagger-Nummer durchzuziehen, und dann beim Wort ›schwanger‹ fast im Satz innehält, eine undeutliche Entschuldigung murmelt und anschließend abhaut. So bleiben nur die Männer übrig, die starke Nerven haben – und die will ich.«

Einem Fremden vorzugaukeln, man sei schwanger, klingt für uns leicht krank, aber es deutet nicht etwa auf ein tiefes, vergangenes Trauma hin. Es verweist einfach auf das Fehlen einer gewissen Moral: Alles ist gut, was den eigenen Zwecken nützt, auch wenn man dafür ein ungeborenes Kind zu Felde führt. Seltsam ist so etwas nur für uns Europäer.

Japaner »töten« sogar eher mal ihre Verwandten, statt schlicht die Wahrheit zu sagen. »Mein Opa ist gestorben. Ich muss zur Beerdigung in die Provinz fahren und kann aus diesem Grund in den nächsten drei Tagen nicht zur Arbeit erscheinen.« Das hören japanische Chefs verdächtig häufig. Der Hintergrund ist, nüchtern gesehen, plausibel: Für jüngere Arbeitnehmer ist der Sonderurlaub, der in Japan beim Tod eines nahen Verwandten gewährt wird, oft die einzige Maßnahme, um kurzfristig ein paar Tage frei zu bekommen. Ihren regulär bezahlten Urlaub müssen Firmeneinsteiger nämlich für den Fall aufheben, dass sie krank werden. Doch hatte man das Glück, zum Beispiel kurzfristig eine Karte für ein wichtiges Fußballspiel oder ein Konzert des Lieblingsstars zu ergattern, findet das Ereignis aber im eine Tagesreise entfernten Hiroshima statt, dann hilft nur noch der Sonderurlaub. Die eigenen Kinder oder die Ehefrau, falls vorhanden, kann man schlecht sterben lassen, das würden die Kollegen bald herausfinden. So nimmt man eben die Großeltern in der abgelegenen Provinz, von denen bis dato eh noch niemand etwas gehört hat. Um die Scharade aufrechtzuerhalten, muss der trauernde Enkelsohn nach seiner Rückkehr möglichst ein paar Tage die Trauerfarbe Schwarz tragen und die Beileidsbekundungen der Kollegen mit ernster Miene entgegennehmen.

Man fragt sich, was passiert, falls die Großeltern tatsäch-

ルールは文字通りに守ろう

lich einmal sterben sollten. Anscheinend aber zählt niemand ernsthaft mit. Nach ein paar Feierabendbieren kann es nämlich vorkommen, dass einem der Kollege leutselig auf die Schulter klopft und grinsend fragt: »Und du, wie oft hast du schon deine Oma um die Ecke gebracht?«

Man kann sich gut vorstellen, dass auch die Vorgesetzten durchaus im Bilde sind. Aber die Sonderurlaubsregelung für tote Angehörige gibt ihnen einen Vorwand, einem Untergebenen freizugeben. Nie dürften sie einen echten Urlaubsantrag genehmigen, denn das würde den neuen Mitarbeiter zu sehr gegenüber den älteren Kollegen privilegieren. Natürlich muss der Chef bei diesem abgekarteten Spiel am Ende ein geheucheltes Beileid aussprechen, damit die Fassade stimmig bleibt. Er verstrickt sich also selbst in diese Lügenposse. Aber am Ende ist alles prima: Der Mitarbeiter erhält seinen Urlaub, jeder hat das Gesicht gewahrt, und Opa ist auch noch am Leben.

Wie kann man sich so dermaßen anlügen, ohne laut loszulachen oder zumindest tiefrot zu werden? Japanern mangelt es an der inneren Stimme, die ihnen einflüstern würde, lügen sei schlecht; zumindest hören sie sie nicht. Kein Wunder, denn bei ihnen zählen die äußeren Stimmen, es zählt also das, was andere Menschen über das eigene Verhalten möglicherweise denken und vielleicht sogar sagen könnten. Die Japan-Forschung charakterisiert das als »Schamgesellschaft«, als eine Gesellschaft, in der man sich vor anderen schämt. Im Gegensatz dazu existiert die westliche »Schuldgesellschaft«, in der man sich vor sich selbst schuldig fühlt.

Wenn der andere in der japanischen Schamgesellschaft meine (Not-)Lüge aber nicht bemerkt, brauche ich mich auch nicht zu schämen – und alles ist paletti. Noch besser ist nur: Wenn er so tut, als würde er meine Lüge nicht bemerken und sich damit seinerseits mein Stillschweigen für eine eigene Lüge erkauft. Scham ist im ethischen Kontext der Japaner nun einmal schlimmer als Schuld. Das komplexe Verhältnis zwischen Landesbräuchen, aktuellen Zwängen und dem Streben nach Wahrhaftigkeit im fernöstlichen Wertesystem wird uns wohl für immer verborgen bleiben. Für den ungeschulten westlichen Beobachter schauen Japaner einfach wie geborene Heuchler aus. Zumal der japanische Staat den schwarzen Gürtel in dieser Disziplin beanspruchen könnte.

Artikel 9 der japanischen Verfassung, die 1947, nach dem Zweiten Weltkrieg, von der Besatzungsmacht USA diktiert wurde, verbietet nämlich dem Kriegsgegner Japan auf ewig den Unterhalt einer Armee. Mit den heute siebthöchsten Militärausgaben der Welt bezahlt das Land demnach auch keine Armee. Es bezahlt »Selbstverteidigungskräfte«, die im Besitz von Kampfjets und Panzern sind und deren knapp 250 000 Angehörige in militärischen Graden vom Gefreiten zum General organisiert sind. Es sieht aus wie eine Armee, es fühlt sich an wie eine Armee, und es schmeckt wie eine – aber es sind ja nur Selbstverteidigungskräfte. Und die Vereinigten Staaten sind heute sicher heilfroh, dass Japan seine Verfassung dann doch pragmatisch ausgelegt hat und ihnen einen Teil der militärischen Last in der ostasiatischen Spannungszone abnimmt. Amigos, jetzt mal ehrlich: Was ist schon eine Verfassung unter echten Freunden!

Ein anderes Beispiel: Das Glücksspiel ist in Japan von Gesetzes wegen verboten. Ausschließlich staatlich kontrollierte und reglementierte Lotterien und Sportwetten sind erlaubt; Spielhallen oder Kasinos, in denen um Geld gespielt wird, eben nicht. Um in glamourösen Kasinos an plüschigen Roulettetischen bei einer fetten Zigarre und einem Longdrink dicke Summen zu setzen, müssen Japaner ins Flugzeug steigen und ins Ausland fliegen. Früher war die nächstgelegene Alternative ein Zwölf-Stunden-Flug nach Las Vegas, jetzt entdecken direkte Nachbarländer die wohlhabenden Spieler. So hat Südkorea seine Gesetzgebung diesbezüglich liberalisiert. Schon seit ein paar Jahren werben Kasinos in Seoul und auf der Insel Cheju mit Plakaten auf Tokioter

Bussen und in Bahnen für einen nachbarschaftlichen Kurztrip.

In Japan selbst gibt es allerdings eine Art Kasino-Surrogat, die *Pachinko*-Hallen. Man findet sie in jedem noch so abgelegenen Bahnhofsviertel. Hier sind in monotonen Reihen Hunderte von Modellen einer einzigen Sorte von Spielautomaten aufgestellt, den Pachinko-Automaten. Plüsch fehlt, die einzige visuelle Auflockerung besteht aus ein paar verstaubten Plastikblumen im Schaufenster.

Bei Pachinko wirft man stundenlang Metallkugeln von oben in ein senkrecht aufgestelltes Nagelbrett und wartet darauf, dass sie per Zufall in einen Gewinnschacht fallen, und man als Gewinn mehr Kugeln bekommt. Zwar blinken viele Lämpchen auf, und in der Mitte gibt es neuerdings auch einen kleinen Bildschirm, auf dem Comicstrips laufen, aber der Umfang an Eigenbeteiligung ist seit der Erfindung dieses Spiels (nach dem Zweiten Weltkrieg) gleich geblieben: Man schmeißt eine Kugel ein, schaut ihr zu, wie sie an den Nägeln entweder nach rechts oder nach links vorbeispringt – und dann schmeißt man die nächste ein. Sonst nichts. Das waren bereits alle Regeln. Die Kugeln besorgt man sich zu Beginn des Spiels an der Kasse.

In den Spielhallen sitzen Rentner, Hausfrauen, Minijobber und nach Feierabend und am Wochenende auch Horden von Angestellten vor den Geräten. Schön nebeneinander. Sie rauchen Zigaretten und trinken Kaffee, denn Alkohol ist meist verboten. Einige haben offensichtlich eine Glückssträhne – dann sammeln sich die gewonnenen Kugeln kistenweise neben dem Sitz in großen Plastikkörben. Die Kugeln nehmen die glücklichen Gewinner nicht etwa mit nach Hause, damit die Kinder mit ihnen Murmeln spielen können. Will man nicht mehr weiterspielen, eilt ein Angestellter des Pachinko-Ladens mit einem Karren herbei, um die schweren Körbe zur Kasse zu schieben. Dort erhält man eine Bescheinigung über die Zahl der gewonnenen Kugeln. Mit dieser Bescheinigung wiederum kann man in einem kleinen Shop im Obergeschoss einen Sachpreis ein-

ルールは文字通りに守ろう

fordern, je nach Zahl bekommt man einen Kuli, ein Plüschtier oder gar ein Haushaltsgerät für seine gewonnenen Kugeln. Wer so das Glück hat, nun einen Teddybär sein Eigen nennen zu können, setzt ihn zu Hause aufs Sofa und erfreut sich jeden Tag an seinem Anblick – eine schöne, lang anhaltende Erinnerung an einen aufregenden Tag im grellen Pachinko-Salon.

Stopp. Nur wegen eines Teddybären würde selbst ein Japaner nicht stundenlang teuren Metallkugeln beim Fallen zuschauen. Schließlich kommt schon ein Einsteigerset mit Kugeln, die man in fünf bis zehn Minuten verspielt, auf mindestens 1000 Yen. Neugierig, wie wir sind, heften wir uns dem Pachinko-Gewinner noch ein bisschen an die Fersen. Er hat gerade seine Quittung über die gewonnene Zahl an Kugeln entgegengenommen. Danach begibt er sich aber keineswegs in den ersten Stock zum Sachpreis-Shop – der ist in der Regel verwaist, und näher betrachtet sind manche Waren verstaubt, die Kasse ist mit Folie abgedeckt. Man ahnt langsam: Der Shop ist reine Fassade. Unser Gewinner, das wissend, verlässt schnurstracks den Laden und läuft die Straße hinunter, um zwei, drei Gebäude weiter in einer von der Straße nicht einsehbaren Häusernische zu verschwinden. Hier stößt er auf einmal auf ein paar hell erleuchtete Glasschalter, einem Bankschalter nicht unähnlich, über denen »TUC Shop« steht. Neben den Schaltern weist ein Plakat mit einem lebensgroßen Abbild eines Polizisten darauf hin, dass sich Verstöße gegen das Gesetz nicht lohnen und die Polizei hier regelmäßig patrouilliert. Das scheint unseren Pachinko-Gewinner aber nicht einzuschüchtern. Er geht nämlich schnurstracks zu einem der Schalter, händigt einem Angestellten seinen Beleg mit der Kugelanzahl aus und erhält von diesem, genau abgezählt, einen bestimmten Betrag in Form von Geldscheinen.

Pachinko ist nichts anderes als ein Glücksspiel. Man bekommt den Gewinn nur nicht direkt ausgezahlt wie im Kasino, sondern ein paar Meter entfernt. Pachinko ist nicht gerade der große Reiz, eher entsetzlich dröge, aber die ho-

ルールは文字通りに守ろう

hen Geldgewinne sichern diesem Spiel seine Millionen an Anhängern. Wer konzentriert über mehrere Stunden Kugeln nachschiebt, kann mit einem Gewinn in Höhe von mehreren Hundert Euro nach Hause gehen – oder noch mehr verlieren. Trotzdem gilt Pachinko nicht wenigen *Freetern*, dem Heer der jungen Aushilfsjobber in Japan, als solide Option, Geld zu verdienen. Toshiyuki, einunddreißig, erzählt: »Die Gelegenheitsspieler wollen nicht mehr als 1000 oder 2000 Yen verspielen – doch die verlieren sie immer. Du musst bereit sein, 10 000 Yen oder mehr einzusetzen, du musst einen langen Atem haben, dann kannst du am Abend schließlich auch mit 30 000 oder 40 000 Yen nach Hause gehen.«

Da das Glück bei Pachinko von mechanischen Gesetzen abhängt (wie fällt die Kugel bei welcher Anordnung der Nägel), tauschen sich Pachinko-Fans wie Toshiyuki in Foren darüber aus, welche Maschinen in welchen Hallen besonders gute Gewinnchancen haben. Angeblich justieren die Läden aber Geräte nach. Deswegen stehen die Fans jedes Mal Schlange, wenn neue, noch unjustierte Modelle aufgestellt werden. Derweil verstauben im ersten Stock die Teddybären weiter.

Schein versus Sein, Fassade versus Wirklichkeit, diese zwei Begriffe heißen auf Japanisch *Tatemae* versus *Honne*. Japanern ist sonnenklar, dass man immer zwischen den Zeilen lesen muss, es also zu jeder *Tatemae*-Fassade auch eine *Honne*-Wirklichkeit gibt. In Japan dreht sich wirklich alles um die Fassade. Das Lex im Tokioter Stadtteil Roppongi ist der Gästeliste nach seit Jahrzehnten eine der angesagtesten Diskotheken der Welt. In dem klaustrophobisch engen Kellerclub kommt es vor, dass man Seite an Seite einträchtig mit dem amerikanischen Schauspieler Ben Affleck pinkelt. Weltstars auf Durchreise legen hier gern einen Zwischenstopp ein, wie unzählige Fotos an den Wänden dokumentieren, so von Queen, Paris Hilton, Lady Gaga, Michael Schumacher oder Udo Lindenberg. Aber auch Yoshiko, Normaljapanerin, und Jack, Normalenglischlehrer, haben kein Problem, eingelassen zu werden. So tanzt sich jedes Wochenende dicht an dicht gedrängt eine bunt gemischte Menge zu heißen Rhythmen die Seele aus dem Leib.

Einzig drei runde Tische, die seit Jahren mitsamt Stühlen an verschiedenen Positionen mitten auf der Tanzfläche stehen, stören massiv und müssen wohl oder übel von der Menge umtanzt werden. Warum räumt die niemand aus dem Weg? Der japanische Barkeeper löst das Rätsel: »Wir haben doch keine Tanzlizenz, in Roppongi hat kein Club eine Tanzlizenz!« Kaum ein Club in Japan hat diese ominöse »Tanzlizenz«. Von den Gemeinden wird sie angeblich nur zögerlich erteilt, außerdem erlaubt selbst die Lizenz in Japan den Tanzbetrieb nur bis Mitternacht, also bevor in einem normalen Club die Party überhaupt losgeht. So werden Clubs ohne Tanzlizenz zwar toleriert, aber nur bis Behörden aus ganz anderen Motiven einen Grund brauchen, gegen sie einzuschreiten. 1999 beschlossen zum Beispiel Politiker des Stadtbezirks Minato, dass Roppongi nicht länger eine wilde Partyzone sein sollte; man hatte die Absicht, dieses Stadtgebiet zu einer gehobenen Einkaufsgegend zu entwickeln. Die örtliche Polizei wurde daraufhin angewiesen, das Tanzverbot in Lokalen ohne Lizenz rigoros durchzusetzen.

So richtig hat das aber offenbar nicht geklappt, denn in Roppongi wird auch heute noch weiter getrunken und getanzt. Was war geschehen? Zwar spielten die Clubs 1999 nach dem Politikerbeschluss in der Tat ein paar Wochen lang nur langsame Musik in hell erleuchteten Räumlichkeiten, und hartnäckige Tänzer wurden von der Security unverzüglich aufgefordert, ihr Treiben zu unterlassen. Die deprimierende Szenerie erinnerte damals stark an das Tanzverbot vor christlichen Feiertagen in Deutschland. Die Vergnügungssüchtigen machten das aber nicht lange mit und wanderten zu Scharen aus Roppongi ab, das Viertel drohte völlig zu veröden.

Schließlich ruderten die Bezirksoberen zurück, aber sie konnten schlecht die Polizei offen anweisen, bei der Tanz-

ルールは文字通りに守ろう

lizenz wieder ein Auge zuzudrücken. Am Ende fand man eine salomonische Lösung. Der Barkeeper im Lex erläutert: »Wir haben es wie alle Clubs hier gemacht: Wir haben mehr als ein Dutzend Warnschilder im Club verteilt, auf denen auf Englisch und Japanisch ›Tanzen verboten‹ steht. Vor allem aber haben wir ein paar Tische und Stühle mitten auf die Tanzfläche gestellt und sie damit sozusagen zum erweiterten Sitzbereich erklärt. Das hat der Polizei als Nachweis gereicht, dass bei uns Tanzen gar nicht möglich ist.«

So geht die Party in Roppongi auch heute unvermindert weiter. Lady Gaga muss beim Tanzen halt aufpassen, dass sie nicht an den Tisch stößt.

Jahrhundertelang gehörten Amüsiergegenden zur Lebensbasis großer japanischer Städte. Das größte Hurenviertel Japans, Yoshiwara im Osten Tokios, wies Hunderte Bordelle auf; das Wort »Yoshiwara« war im westlichen Sprachgebrauch früher sogar ein Synonym für ein »Bordell in Asien«. Erst die amerikanische Besatzungszeit machte die Japaner ein bisschen prüder, und so verboten sie 1958 die Prostitution per Gesetz, und zwar ganz und gar.

Die Existenz eines solchen Gesetzes dürfte Kenner von Kabukicho, dem Tokioter Rotlichtviertel nördlich des Bahnhofs Shinjuku, gelinde gesagt überraschen. In Doris Dörries Film *Hanami – Kirschblüten* torkelt ein bayerischer Tourist betrunken durch Kabukichos Straßen und wird fortwährend von Schleppern zu »Massagen« mit hübschen Girls eingeladen. Schließlich endet er nackt in einem Badehaus in einem höchst verfänglichen Treiben mit zwei ebenfalls nackten Japanerinnen. Das echte Kabukicho steht dem im Film nicht nach: In Dutzenden von grell erleuchteten »Kostenlosen Informationsstellen« kann man auf Fototafeln hübsche Mädchen auswählen, die in der näheren Umgebung auf Freier warten. »Badehäuser«, die spezielle Dienste anbieten, erkennt man an den an der Tür angeschlagenen hohen Preisen: »60 Minuten 12 000 Yen, 90 Minuten 18 000 Yen.« Bei manchen Häusern steht das Angebot auf großen Tafeln

ルールは文字通りに守ろう

auf dem Gehsteig – recht unverblümt als eine Art erotische Speisekarte: »Anal 8000 Yen, Fellatio 6000 Yen, Handjob 4000 Yen.«

Diese Speisekarte erklärt bei genauerer Betrachtung auch, warum inmitten des Tollhauses Kabukicho, auf dessen Eingangstorbogen besser in blinkenden Lettern »SEX! FÜR GELD!« stehen sollte, gleich zwei größere Polizeiwachen ungerührt ihren Dienst tun können. Ganz offensichtlich sehen die Beamten keinen Anlass dazu, das Prostitutionsgesetz durchzusetzen. Auf der Speisekarte fehlt nämlich die »Penetration«, also das Eindringen des Freiers in die Vagina der Dienstleisterin. Vulgo: »Echter« Sex ist die einzige sexuelle Dienstleistung, die das Prostitutionsgesetz unter Strafe stellt. Alle anderen Gefälligkeiten am Kunden sind gar kein Sex (Bill Clinton dürfte eifrig nicken) und können demnach in sogenannten »Sittlichkeitsläden« angeboten werden.

Der Betrieb eines solchen Business ist genauestens geregelt. Und mit ihrem bekannt großen Verantwortungsbewusstsein gegenüber den Wählern haben seither sicher so einige Politiker die Strapazen auf sich genommen, um sich vor Ort direkt von der ordnungsgemäßen Anwendung des Sittlichkeitsgesetzes zu überzeugen. In seiner unergründlichen Weisheit ordnet der japanische Gesetzgeber übrigens neben den Fast-Sex-Etablissements auch die Pachinko-Hallen in die Kategorie der Sittlichkeitsläden ein.

Auf jeden Fall kann der große Mann bei einem so glitzernd bunten Angebot an Fast-Sex gewiss verschmerzen, dass der kleine Mann am Ende außen vor bleiben muss. Aber selbst da drückt die Dienstleisterin, wie man hört, schnell ein Auge zu – à la wenn sie es doch macht, dann nur aus rein privatem Interesse, weil ihr der Kunde persönlich gefällt. Eine zufällig auf den Tisch gezauberte 10 000-Yen-Note verstärkt natürlich die persönlichen Sympathien ungemein.

Männliche Leser, die während der letzten Zeilen bereits ein günstiges Hotel in Tokio im Internet gebucht haben,

ルールは文字通りに守ろう

hole ich jetzt hoffentlich noch rechtzeitig aus dem Flieger: Ausländern gleich welcher Hautfarbe wird nämlich in den Sittlichkeitsläden mit höflichen Entschuldigungen, aber letztlich bestimmt die Tür gewiesen. Das liegt nicht daran, dass es Japanern peinlich wäre, sollte ihre Prostitutions-Scharade international auffliegen. Die Japanerinnen in den Häusern der Freude haben vielmehr Angst, dass sie sich bei nicht heimischen Kunden eine sexuell übertragbare Krankheit einfangen – das passiert natürlich nie mit Japanern, denn bei ihnen findet ja gar kein Sex statt.

Japan hat für die Öffentlichkeit eine schillernde Fassade der gesetzlichen Anständigkeit errichtet, während es in Wirklichkeit bei rauschenden Feiern im wahrsten Sinn des Wortes die Sau rauslässt.

Volljährig wird ein Japaner mit zwanzig, und nur Volljährige dürfen Alkohol und Tabakwaren konsumieren. Würde dieses Gesetz tatsächlich befolgt, wären die Ketten der großen Billigkneipen wie Watami oder Shirokiya, die im ganzen Land Hunderte von Filialen betreiben, wohl bald pleite. Diese Läden machen nämlich einen Großteil ihrer Umsätze mit studentischen Trinkpartys. Studenten trinken genauso gern wie alle anderen Japaner, und zu jedem noch so winzigen Anlass mietet der Universitätsklub, dem man per se als Student angehört, einen großen Tisch in einer Kneipe: zu Semesterbeginn und zu Semesterende, zu Jahresbeginn und zu Jahresende, für ein gemeinschaftliches Date mit dem befreundeten Klub einer Frauenuniversität – oder einfach nur, weil schon lange nicht mehr getrunken wurde. Gerade zu Beginn des Studiums sind Trinkpartys der Turbo-Weg schlechthin, um in der neuen Stadt schnell Anschluss zu finden. Da gibt's nur ein klitzekleines Problem: Studenten werden in der Regel erst im dritten Studienjahr zwanzig; Uni-Anfänger sind in der Regel erst siebzehn oder achtzehn und damit eigentlich meilenweit von der ersten Zigarette und dem ersten Bier vom Fass entfernt.

Seit einigen Jahren bekämpft die japanische Gesellschaft

ルールは文字通りに守ろう

das Trinkproblem von Jugendlichen entschlossen und mit bewährten Mitteln: nämlich mit Parolen und Plakaten. Will man Alkohol oder Zigaretten im Kombini kaufen – einem kleineren Laden mit allen Artikeln des täglichen Bedarfs, der meist an jeder Straßenecke zu finden und rund um die Uhr offen ist –, erscheint neuerdings ein großer Knopf auf einem Touch-Display an der Kasse: »Ja, ich bin über zwanzig!« Den muss der Kunde drücken, um den Abrechnungsvorgang abzuschließen. Es gibt keine Alternative, etwa einen weiteren Knopf mit dem Hinweis: »Nein, ich bin zu jung, und außerdem so blöd, dass ich mein wahres Alter verrate.« In der Regel drückt der Kassierer aber sowieso, eilfertig, wie er ist, den Knopf schnell selbst.

In den Bahnen stößt man immer wieder auf Posterkampagnen der japanischen Getränkeindustrie, die so doppeldeutig sind, dass zahlreiche Parodien im Netz kursieren. Auf den Postern sieht man beispielsweise eine junge Frau mit ihren Eltern, umrahmt von lauter Kirschblüten. Links von der Familie steht: »Teenager und Alkohol. So sehr ihr die Welt genießen wollt, jetzt ist es noch zu früh.« Rechts liest man: »Lasst uns die Regeln einhalten – Alkohol gibt's erst mit zwanzig.« Zusammengefasst ergibt das die Botschaft: »Alkohol ist saulecker, und wenn ihr erst zwanzig seid, dann sauft bitte so viel wie möglich.« Auch in den genannten Großkneipen hängen seit Neuestem Plakate mit dem Wortlaut: »Wir sind uns unserer Verantwortung bewusst und schenken Alkohol nur an Volljährige aus.« Dabei verlässt man sich ganz auf die Eigenverantwortung, Ausweise werden nie gecheckt, denn Achtzehnjährige sind ja bekanntlich ein Ausbund an Zuverlässigkeit und Verantwortungsbewusstsein. Und im Hintergrund feiern die Erstsemester kreischend und schreiend weiter ihre Sodom-und-Gomorrha-Partys.

So schön kann lügen sein.

ル
ー
ル
は
文
字
通
り
に
守
ろ
う

NIEDLICH
Sehnsucht nach dem ewigen Zuckerguss

Niedliche Japanerinnen. Aber auch: niedliche Kondome.
Niedliche Schweinesteaks. Eine niedliche Singapurerin.
Niedliche Polizisten. Niedliche Dates. Und Fukuoka hat
sogar einen ganzen Stadtbezirk in Rosarot.

»Micky! Er ist so süüß!«, kreischt Chihiro auf. Nao nickt begeistert. Es ist spätabends, beide sitzen jetzt erschöpft, aber glücklich in meiner Wohnung. Gerade erst sind sie von einer gemeinsamen Tagestour aus dem »Tokyo Disneyland« zurückgekommen. Jedes Mal, wenn Chihiro, die in Sendai, im Norden des Landes, lebt, Nao in Tokio besucht, darf ein Abstecher in Japans größtem Vergnügungspark nicht fehlen. Beide haben noch die schwarzen Minnie-Maus-Ohren auf dem Kopf, die am Parkeingang verkauft werden und die sich die japanischen Besucherinnen dann ins Haar stecken.

Nao und Chihiro packen sorgsam die vier prall gefüllten Plastiktüten aus, mit denen sie zurückgekehrt sind, und zeigen einander stolz den Nippes, den sie so gekauft haben: T-Shirts mit der Comicfigur Shrek, Seeräubermasken aus der »Fluch der Karibik«-Themenfahrt sowie mehrere Kekspackungen mit Disney-Aufdruck als Mitbringsel für die zurückgebliebenen Freundinnen und schließlich zwei leere Tüten. Als ich Anstalten mache, die Tüten im Müll zu entsorgen, reißt Chihiro sie mir tadelnd aus der Hand und legt sie, sorgfältig zusammengefaltet, in ihre Handtasche. Nao erklärt: »Die Disney-Plastiktüten sind ein Statussymbol, eine allein kostet 500 Yen.«

人
生
に
か
わ
い
い
コ
ー
テ
ィ
ン
グ

Chihiro ist neunundfünfzig Jahre alt. Sie hat Nao die 6000 Yen Eintritt spendiert und die bestimmt 30 000 Yen, die sie in den Disney-Geschäften gelassen haben. Denn Nao ist ja ihre Tochter.

Japanerinnen, junge wie jung gebliebene, können von Disneyland nie genug haben. Disneyland ist süß, und »süß« erobert automatisch den Spitzenplatz im Herzen der japanischen Frau – oder passender: »Süüüß.« Am besten ist: »Süüü – kieks – üüß.« Wer »süß« sagt, muss es auch süß aussprechen, eine gewisse Performance gehört automatisch dazu. Nur wer das japanische Wort *kawaii* mit vor Glück fast schmerzverzerrter Miene und crescendierendem Kiekston vorträgt und das *ii* am Ende so in die Höhe zieht, dass der Sprecherin die Stimme fast zu versagen scheint, kommt der Originalaussprache nahe. *Kawaii* heißt eigentlich nichts anderes als »süß, putzig, niedlich« und wird mit den Schriftzeichen »liebens-wert« geschrieben. Aber im Grunde müsste man den Eintrag im Wörterbuch in dicken rosafarbenen Zeichen vornehmen, mit lauter glitzernden Schnörkeln, denn *kawaii* ist mehr als nur ein Adjektiv: Es ist die japanische Seelenhaltung schlechthin, die ewige Sehnsucht nach Zuckerguss im Leben.

An Chihiros Handy baumeln drei verschiedene Figurinen, und auch Nao hat an die Schlaufe ihrer Coach-Handtasche – eigentlich ein Statussymbol der mondänen Frau von heute – eine kleine, süße Pokémon-Figur gebunden. Und selbst im Zeitalter von Kalender-Apps für Smartphones und Tablets verwalten beide, wie viele Japanerinnen, ihre Termine nach wie vor in gedruckten Terminplanern. Denn nur hier können sie jeden einzelnen Punkt auf ihrer Agenda liebevoll mit Buntstiften verzieren und die einzelnen Tage der Woche mit kleinen Dekorationsstickern mit Glimmereffekt versehen.

Den Umschlag des Kalenders wie auch die Rückseiten von ihrem Handy, von ihrem Taschenspiegel und überhaupt von jedem Gegenstand mit passender Fläche in ihrer Handtasche hat Nao mit *Purikura*-Abziehbildern vollgeklebt, eins zeigt sie mit ihrer Mutter.

Purikura-Fotos schießen Freundinnen immer zusammen in speziellen Automaten in den Spiele- oder gar in Purikura-Centern. Diese Automaten sind professionell ausgeleuchtete Fotokabinen, die mit Lichtbildautomaten, wie sie etwa in Europa bekannt sind, so gar nichts gemeinsam haben. Die Fotosession wird von einer kieksenden Computerstimme geleitet, die dazu auffordert, der Reihe nach allerlei Posen einzunehmen. Dann wird der Kopf etwas zur Seite geneigt, die Hand unter das Kinn gelegt, ein Schmollmund gezogen – das gilt als supersüß. Nach dem Shooting beginnt jedoch der eigentliche Spaß: Vor dem Ausdrucken verziert man an einem Bildschirmterminal die Fotos mit neckischen Sternchen, funkelnden Herzchen, putzigen Minimännchen, imaginären Hintergründen und bunten Texten: »!always In Love: Nao + Chihiro!« Wenn Nao neue Purikuras ihren Freundinnen zeigt, wird sie ohne Zweifel zu hören bekommen: »Deine Mutter ist so süüüß!«

Auf uns wirkt der japanische Hang zur Niedlichkeit fast immer kitschig, bei Erwachsenen sogar oberpeinlich und wie das Gegenteil von seriös. Aber *kawaii* durchzieht das gegenwärtige Japan mit erbarmungsloser Konsequenz. So erkennt man das Tokioter Polizeipräsidium Yotsuya, das viele auf der *kawaii*-Skala wohl eher im Minusbereich ansiedeln würden, ganz leicht an zwei fast mannshohen Comic-Polizistenfiguren aus Plastik, die farbenfroh bemalt sind und sich direkt aus Disneyland verlaufen zu haben scheinen. Ein Comic-Polizist ist männlich, die andere Figur weiblich, sie stehen links und rechts vom Haupteingang des Gebäudes und lächeln mit riesigen Glubschaugen die vorbeieilenden Passanten an, fast als ob sie uns einladen wollten: »Komm doch herein, mach dich frei und gesteh dein Verbrechen, wir haben uns ja alle lieb.« Da fällt der echte Polizist zwischen den beiden aus Kunststoff, der mit grimmiger Miene auf einen langen Holzprügel gestützt ebenfalls den Eingang bewacht, gar nicht mehr so negativ auf.

Die Polizei jeder einzelnen japanischen Provinz hat ihr eigenes Comic-Maskottchen, gern die verniedlichte Form eines beliebten Tieres mit unschuldigen Äuglein. Die Provinzpolizei Ishikawa erklärt die Wahl eines Steinadlers damit, dass »ihr Maskottchen wie ein Adler von ganz oben im Himmel alles im Auge hat und so die Bevölkerung beschützt«. Inuwashi-kun, so der Name des Maskottchens, ist für einen stolzen Adler aber zu einem arg putzigen Polizistenmännchen geraten, mit kleinem Schnabel und gefiederten Ärmchen. Sein weibliches Gegenstück, Inuwashi-chan, hat sogar modisch gelbe High Heels an den Füßchen, da wird die Luftpatrouille doch recht mühsam. Die Provinz Aichi lässt sich von einer Mandarine beschützen, präziser gesagt von Mamoru-kun (wörtlich übersetzt: das »Beschützerle«). Es ist eine Mandarine mit Strichgesicht, Micky-Maus-Händen und einem Polizeikäppi. Man gibt zu, dass die Wahl einer Frucht als Freund und Helfer einzig und allein davon motiviert war, dass die Provinz Aichi für ihren Mandarinenanbau berühmt ist. Die Polizei der Provinz Tokio hat wiederum Pipo-kun – dieses Maskottchen sieht wie ein fliegendes Bärenbaby mit Antenne auf dem Kopf aus. Die Polizei Tokio begründet das Design dieses Mini-Wolpertingers so: »Wir wollten vor allem das Niedliche an einem Tier einbringen, und bei Pipo-kun haben wir die niedlichsten Teile verschiedener Tiere kombiniert.«

Nicht recherchierbar ist hingegen, ob auch die japanischen Scharfrichter ihr eigenes Maskottchen haben. Aber vielleicht trägt der Justizvollzugsbeamte, der dem Todeskandidaten den Strick umlegt, bevor er die Falltür des Galgens öffnet, ja ein Käppi mit einem neckischen Henker-kun-Maskottchen.

Nicht nur die Polizeieinheiten der einzelnen Provinzen, auch die Provinzverwaltungen selbst haben ihr eigenes süßes Maskottchen, ebenso fast jede andere Institution oder Firma in Japan. Die Millionenstadt Fukuoka in Westjapan schuf 2011 sogar per offiziellem Verwaltungsakt einen neuen Stadtbezirk, den »virtuellen Stadtbezirk Kawaii« mit in Rosa gehaltenen Internet-Seiten und einer Art »Bürgerregistrierung«. Das Ziel war, »Fukuokas Charme und Charakter über das Konzept der Niedlichkeit zu verbreiten«. Fragen Sie mich nicht, wo hier Albernheit anfängt und Steuergelder aufhören.

Kawaii ist überall – heutzutage kommt in Japan fast kein Produkt ohne eine niedliche Figur aus. Am besten (und teuersten) ist es, man ergattert die Lizenz, eine populäre Comic- oder Zeichentrickfigur für das eigene Branding zu verwenden. So malt die Fluggesellschaft All Nippon Airways riesige Pikachu-Männchen aus der Pokémon-Serie auf einige ihrer Flieger. Die Asahi Bank druckt das holländische Comic-Häschen Miffy auf ihre Kreditkarten. Disney hat ohnehin keine Probleme damit, Micky Maus und seine Freunde an die unterschiedlichsten japanischen Kunden als Logos loszuschlagen.

Am erfolgreichsten ist nach wie vor das unschuldige weiße Kätzchen Hello Kitty mit den winzigen Augen, sechs Barthaaren und einer Schleife im Haar. Hello Kitty wurde 1974 in Japan entworfen und gilt vielen als Urknall des allumfassenden *Kawaii*-Booms. Heutzutage setzt der Lizenzinhaber, die Firma Sanrio, angeblich jährlich fünf Milliarden Dollar mit Hello-Kitty-Produkten und -Lizenzen um. Es gibt mittlerweile drei Hello-Kitty-Themenparks, zahlreiche Comics und Zeichentrickserien (das Maskottchen war zuerst da, dann folgte die Serie). Fleißige deutsche Wikipedia-Nutzer haben zusammengetragen, dass Hello Kitty auf Süßigkeiten, Spielzeug, Kleidungsstücken, Schreibwaren, Toastern, Staubsaugern, Gitarren, Parfum, Schmuck, Kreditkarten, Fernsehern, Mobiltelefonen, Computerzubehör und Autos prangt. Als westlicher Zaungast wundert man sich allerdings, wenn Japaner sich sogar bei eindeutigen Hardcore-Produkten für Erwachsene für den putzigen Zuckerguss entscheiden. Helfen Binden, auf die das unschuldige

人
生
に
か
わ
い
い
コ
ー
テ
ィ
ン
グ

Kätzchen gedruckt ist, Frauen, die Unbill der Monatsblutungen leichter zu ertragen? Wenn der Lover unmittelbar vor dem Akt Kondome von Hello Kitty hervorkramt, muss man sich dann auf besonders braven Blümchensex einstellen?

Selbst Nationen werden von den Japanern auf Comicfiguren reduziert – oder sie machen es sogar freiwillig. Das finnische Fremdenverkehrsamt und die Fluglinie Finnair haben die Zeichen der Zeit erkannt und pappen in Japan auf ihre Plakate und Broschüren die Figuren der Mumin-Familie, eine Art Fabeltiere aus der Feder eines finnischen Comic-Zeichners. Bei Holland denken wir Deutsche an die Käse anbietende Frau Antje, Japaner aber wissen: Holland ist die Heimat des Miffy-Häschens. Jeder Schweizer mit minimalem Japan-Kontakt kann ein Lied davon singen: Die Schweiz ist Heidi. Aber nicht die Original-Heidi aus dem Kinderbuch der Schweizer Jugendschriftstellerin Johanna Spyri, nein, gemeint ist die kulleräugige Zeichentrick-Heidi, die die Japaner in ihrer Fernsehserie geschaffen haben.

Die Zeichentrickversion der Heidi kennen aber sicher auch in der Schweiz mehr Kinder als das Buch. Denn der japanische *Kawaii*-Boom hat längst die ganze Erde erfasst. *Kawaii* ist einer der kulturellen Exportschlager Japans schlechthin, gemeinsam mit den Manga-Comics, den Anime-Zeichentrickserien, den schrillen Musikstars des J-Pop, der japanischen Küche und der japanischen Straßenfashion. In Japan geht es immer (nur) darum, wie etwas ausschaut; die Kraft des Visuellen ist Alleinstellungsmerkmal der japanischen Kultur.

Dieser weltweite Run auf alles, wo Japan draufsteht, hat die Japaner selbst lange Zeit irritiert. Er traf sie völlig unvorbereitet, weil sie ihre Kreativität ausschließlich an Abnehmer in ihrem eigenen Land ausrichteten und absolut gar nicht an den ausländischen Markt dachten. 1996 war ich, frisch in Japan, begeistert von den Crayon-Shinchan-Comics. Damals schon war der fünfjährige Shin-chan, niedlicher Dreikäsehoch und Held der Reihe mit seinen unschuldig-witzigen Kommentaren zur Erwachsenenwelt, eine der beliebtesten Comicfiguren in Japan. Ich rief bei Futabasha an, dem Verlag, um mich nach den Auslandsrechten zu erkundigen. Nach mehrmaligem Weiterverbinden suchte mir ein Verlagsangestellter offenbar aus einem raschelnden Stapel von Zetteln eine private Telefonnummer in Belgien heraus. Diesem Belgier, dessen Frau zunächst ans Telefon ging, hatte man für sage und schreibe 500 000 Yen die gesamten Rechte für sämtliche Crayon-Shin-chan-Ausgaben in allen westlichen Sprachen abgetreten. Erst ein paar Jahre später begannen europäische Jugendliche Mangas zu lesen, auch Shin-chan wurde dann in Ländern wie Spanien ein Riesenhit. Futabasha muss sich schwarz geärgert haben.

Erst in jüngster Zeit hat Japan seine magnetische Anziehungskraft akzeptiert. Heute wird sie unter dem Schlagwort »Cool Japan« weltweit vermarktet, und nirgendwo hat Japans Kultur trotz aller historisch bedingten Animositäten den Nerv mehr getroffen als bei den ostasiatischen Nachbarn. Trendviertel in Seoul oder Taipeh mit ihren Restaurants und ihrer Streetfashion wirken wie Eins-zu-eins-Kopien von Shibuya in Tokio oder Umeda in Osaka. In Singapur sprach ich einmal eine vielleicht fünfundzwanzigjährige Frau an, die auf einer Bank vor einem Lokal für »italienische Pasta, so wie man sie in Japan zubereitet« saß. Sie trug ein mehrlagiges Rüschenkleid mit rosafarbenen Strümpfchen (sicher viel zu warm im tropischen Singapur), hatte lauter kleine Schleifchen im Haar und sich ein rotbäckiges Manga-Gesicht geschminkt. An ihrem Handy baumelten mehrere Mini-Maskottchen. Im Tokioter Szeneviertel Harajuku treffen sich an Wochenenden Hunderte Anhänger der *Cosplay*-Verkleidungskultur, die in den Neunzigerjahren mit dem Manga- und Anime-Boom aufkam, um sich für ein paar Stunden in eine lebende Version ihrer Lieblingsfiguren oder -maskottchen zu verwandeln. Aber in Singapur? Vielleicht war das Mädchen im Lolita-Outfit ja eine Japanerin. Auf gut Glück sprach ich sie auf Japanisch an. Sie schaute mich überrascht aus ihren treuherzigen Augen an, klimperte mit den langen, falschen Wimpern und meinte dann auf Englisch: »Ich kann kein Japanisch, ich bin von hier.« Danach seufzte sie: »Aber sag bitte noch ein paar Sätze mehr auf Japanisch. Ich finde die Sprache so geil!« Als ich fragte, warum, meinte sie: »Japan ist mein Traumland; einmal möchte ich nach Harajuku fahren und die ganzen Cosplay-Leute treffen.«

In Harajuku begegnet man in der Tat immer wieder Touristen, die sich in ein schrilles oder süßes Cosplay-Outfit geworfen haben. Man sieht ihnen an, wie sehr sie es genießen, endlich im Epizentrum des grellen, niedlichen Japans angekommen zu sein. Stolz flanieren sie in ihren teuren Kostümen herum. Unter den lilafarbenen Perücken und der dicken Schminke könnte man sie kaum von den einheimischen Cosplay-Veteranen unterscheiden, würde sich nicht da und dort der Stoff doch deutlich über dem westlichen Bäuchlein spannen oder ein wohlgenährter Hintern allzu offensichtlich in einen Minirock in Lolita-Größe einzwängen.

In Europa ist die japanische Populärkultur längst angekommen; auf der Connichi in Kassel, einer von vielen sogenannten europäischen Conventions, treffen sich jedes Jahr Zehntausende Anime- und Manga-Fans aus dem deutschsprachigen Raum. Japanische Zeichner, Sänger, aber auch die deutschsprachigen Synchronsprecher der Zeichentrickserien werden als Ehrengäste frenetisch bejubelt. Viele der Teilnehmer erscheinen in phantasievollen Cosplay-Kostümen. Ein Veranstalter schildert dann aber doch noch ein ganz spezielles europäisches Organisationsproblem: »Wir müssen jedes Jahr die Besucher zu Beginn der Convention ausdrücklich auffordern, in der Veranstaltungshalle keinen Sex zu haben. Immer wieder ertappen wir nämlich Pärchen in stillen Eckchen. Viele Verkleidungen sind einfach wahnsinnig aufreizend; und einige kommen aber auch von Anfang an mit einer bestimmten Absicht zu unserer Veranstaltung.

人
生
に
か
わ
い
い
コ
ー
テ
ィ
ン
グ

Die Herren der Schöpfung, die bei den letzten Absätzen schon online nach spitzenbesetzten Rüschenkleidern in XXL Ausschau gehalten haben, muss ich jetzt enttäuschen. Es stimmt zwar: Japanerinnen finden alles gut, wenn es nur *kawaii* ist – nur trifft das nicht bei Männern zu. Die einzigen Männer, bei deren Anblick die Mainstream-Japanerin mit einem hemmungslosen »Er ist so putzig!« reagiert, sind schwul, genauer gesagt, entsprechen dem Klischee von Tunten. So sind allen Quoten-Schwulen im japanischen Fernsehen eine übertrieben affektierte Sprache und betont gekünstelte Gesten gemeinsam. Ein Lederfetischist oder ganz einfach ein attraktiver Mann, dessen einziges schwules Merkmal seine sexuelle Orientierung ist, würde wohl die Denkschablonen vieler Zuschauer überfordern.

Als Lover wünschen sich die meisten heterosexuellen Frauen auch in Japan einfach einen gestandenen Mann. In den letzten Jahren beklagen Frauen und Massenmedien gleichermaßen den massiven Anstieg der sogenannten Pflanzenfresser-Fraktion unter den japanischen Männern, der Softies, die sich völlig verschüchtert durch fehlende Zeit zum Daten, die Erfahrung persönlicher Misserfolge und den enormen gesellschaftlichen Druck nun gar nichts mehr trauen. Schlimmer noch: Laut einer Umfrage ordnen sich mittlerweile fast drei Viertel der männlichen Japaner selbst als Pflanzenfresser ein. Der ideale Mann ist dagegen ein »Fleischfresser«. Nach der Definition einer populären Magazinklatschseite ist dies ein Mann, der »mich rannimmt, unterstützt und an den ich mich anlehnen kann«.

So flanieren häufig auffallend ungleiche Pärchen durch Japans Straßen – der Mann unrasiert und mit grimmiger Miene, in zerrissenen Jeans, an der schwere Metallketten baumeln, alle möglichen Körperstellen gepierct, seit gefühlt drei Tagen ungewaschen. Die Frau mit sorgfältig angeklebten Augenbrauen, teuren Handtäschchen und Glitzerpuder auf dem Gesicht ist dagegen ein Modepüppchen wie aus dem Katalog – oder eben eine fleischgewordene süße Heldin aus einem Comic.

Also: Der Mann darf nicht, die japanische Frau dagegen muss *kawaii* sein, das garantiert ihr durchschlagenden Erfolg bei Männern aller Altersgruppen. Am Eingang der Purikura-Fotocenter weisen große Verbotsschilder darauf hin, dass Männern das Betreten nur in Begleitung einer Frau erlaubt ist. Diese Epizentren von Horden süßer Mädchen würden sonst wohl von notgeilen Männern gestürmt werden.

Niedlich ist das neue »schön« in Japan. Nennt ein Mann eine Frau *kirei* oder *bijin,* beides übliche Ausdrücke für »hübsch« oder »schön«, ist das tendenziell eher eine klinische Analyse des Aussehens als ein echtes, sozusagen aus dem Unterleib kommendes Kompliment. Auch Frauen untereinander nennen sich höchstens mal *kirei,* nie *kawaii;* damit würden sie wohl unbewusst eine andere zur potenziellen Nebenbuhlerin aufwerten.

In den japanischen Medien sind Frauen nicht unbedingt elegant, intelligent oder sexy – aber *kawaii* müssen sie immer sein. In den Comic-Geschichten erleben gerade die großäugigen, treuherzigen Mädchen – anfangs sind sie immer die Unschuld vom Land – die wildesten Romanzen. Weibliche Promis tragen im Fernsehen ein Schmollmündchen zur Schau, selbst wenn sie stramm auf die vierzig zugehen, und klimpern immer noch unschuldig mit ihren falschen Wimpern.

Wie die süßen Maskottchen, mit denen Firmen und Institutionen ihre farblose Existenz aufzuhübschen versuchen, übertüncht *kawaii* auch oft die grauen Realitäten des japanischen Frauenkörpers, der nicht selten an kurzen O-Beinen oder vermeintlich flachen Hintern oder Brüsten laviert. Bei *kawaii* geht es eben vor allem um das Gesicht; ein süßer Bubikopf mit Schmollmund und roten Bäckchen macht schon viel wett. Die schiefen Zähne, die für ein reiches Industrieland erstaunlich viele Japanerinnen zu plagen scheinen, gelten dabei übrigens bei japanischen Männern als besonders sexy.

Ungeschminkt und in Schlabberkleidung gehen japanische Frauen deshalb nicht einmal zum Supermarkt um die Ecke. Wenn bei einer dringenden Erledigung einmal keine Zeit zum Hübschmachen bleibt, verstecken sie in der Öffentlichkeit ihr wahres Gesicht wie Super-Promis: hinter einer Sonnenbrille und mit einer tief in die Stirn gezogenen Baseballkappe. In einer Fernsehsendung beklagte sich einmal ein Mann, dass er nach drei Ehejahren seine eigene Ehefrau noch nie ungeschminkt gesehen habe, sogar nachts nicht im Bett.

Niedlich sein ist also vor allem Imagepflege oder einfach Schauspielerei. So bricht die Japanerin beim Flirten am schnellsten das Männerherz, wenn sie die naive Unschuld mimt, die den Typen beim Date seufzend anhimmelt, jedes seiner Worte mit einem ungläubigen Augengeklimper quittiert und dabei Schmollmund und Kinn auf der aufgestützten Hand möglichst nah an sein Gesicht heranschiebt. Diese auf uns irritierend künstlich wirkende *kawaii*-Schauspielerei ist so verbreitet, dass sie auf Japanisch einen eigenen Namen hat: *burikko*.

Aber nicht nur bei Dates spielen Frauen niedlich. Japanisches Servicepersonal ist dazu angehalten, bei Durchsagen oder im Gespräch mit dem Kunden mit einer möglichst hohen, etwas schmachtend klingenden Stimme zu sprechen. Es ist immer wieder lustig mitzubekommen, wenn sich die Verkäuferin in einem Laden eben noch formvollendet lächelnd und im Piepston für den Einkauf bedankt hat, um ein paar Sekunden später ihrer Kollegin eine Oktave tiefer ein »Ich geh dann mal in die Pause, eine rauchen« im sonoren Alt zuzuwerfen.

Japanerinnen sind bei ihrer Imagepflege als süße Wesen erbarmungslos konsequent. Das erstreckt sich bis auf die Nahrungszufuhr, was mir wiederum Nao anhand eines Fast-Food-Produkts erklärte. Als ich sie kennenlernte, war ich Student in Japan. Ich ernährte mich wie viele mit knappem Geldbeutel häufig von preiswerten Rindfleisch-auf-Reis-Schüsseln. Mehrere Fast-Food-Ketten, darunter die größte,

Yoshinoya, haben sich auf dieses Produkt spezialisiert: Mit weniger als 300 Yen für eine Schüssel wird man schmackhaft satt.

Einmal brachte ich eine große Packung von Yoshinoya mit nach Hause und ließ Nao probieren. Sie, bereits seit zweiundzwanzig Jahren im Land, nämlich seit dem Tag ihrer Geburt, war völlig überrascht, wie gut das einfache Gericht schmeckte: »Ich esse das heute zum ersten Mal.« – »Wieso«, fragte ich nach, »gibt's bei euch in Sendai kein Yoshinoya?« – »Doch natürlich. Aber für Frauen ziemt es sich nicht, in diese Läden zu gehen. Es ist alles so derb, so un-*kawaii*, die einfache Ausstattung des Ladens, das deftige Essen mit dem Fleischgeruch, die ganzen Männer, die schmatzen und schlürfen.« Und richtig, bei meinem nächsten Besuch in einem Yoshinoya-Restaurant fiel mir auf, dass um die lange U-förmige Ausgabetheke herum nur Männer, bunt gemischt aus allen Altersklassen und Schichten, ihre Rindfleischgerichte in sich hineinschaufelten. Nao kam übrigens auf den Geschmack – in der Folge schickte sie mich immer wieder zu Yoshinoya, um ihr eine leckere Rindfleischschüssel zu besorgen, denn selbst traute sie sich immer noch nicht hinein.

Jahre später bestätigte eine Analyse in der populären Wirtschaftszeitschrift *Toyo Keizai*, dass Naos »Befindlichkeiten« weit verbreitet sind. Der Artikel erforschte, warum die Restaurantkette Otoya plötzlich bei weiblichen Kunden riesigen Erfolg hatte. Otoya ist auf gutbürgerliche Hausmannskost spezialisiert: herzhaft gebratene Fische, frittierte Hühnerbällchen im Teigmantel, große Schweinekoteletts, immer mit einer ordentlichen Portion Reis, gern mit einer kräftigen Suppe aus Schweineknochen, gleichermaßen beliebt bei Mann und Frau; unzählige andere Restaurants bieten ähnliche Menüs. Dennoch drängt es viele Japanerinnen in der Mittagspause eher zu italienischen Restaurants oder in Cafés. Otoya hatte nun erkannt, dass sich diese Frauen nicht so sehr aus Diätgründen mit einem Teller Pasta oder einem Sandwich mit Salat kasteien, sondern dass es ihnen

人
生
に
か
わ
い
い
コ
ー
テ
ィ
ン
グ

einfach peinlich ist, durch die Restaurantfenster hindurch von zufällig vorbeikommenden Kollegen beim genussvollen Verzehr eines deftigen Hausmachergerichts »ertappt« zu werden. So wurden die neuen Otoya-Restaurants nicht auf Straßenhöhe eingerichtet, sondern in Kellergeschossen oder in den oberen Stockwerken eines Gebäudes – wo niemand die Gäste von der Straße aus sehen kann.

Im Januar 2013 machte dann Minami Minegishi schließlich die ganze *kawaii*-Heuchelei öffentlich. Minegishi ist eine populäre Sängerin der japanischen Mega-Popband AKB48, lauter süße japanische Mädchen, deren Musikvideos ein einziges Fest zuckersüßer, sexy Niedlichkeit in Rosa sind. Die AKB48-Mädchen sind alle um die zwanzig, aber wie Nonnen per Vertrag gehalten, keine sexuellen Beziehungen zu haben; sie sollen das unschuldige Image der Gruppe nicht beschädigen. Schließlich sind die größte Zielgruppe der Band die Pflanzenfresser-Männer, die sich im echten Leben nie an derart attraktive Frauen herantrauen würden. Dafür lassen sie umso mehr Geld für Bildbände, DVDs oder sogar typische Kleidungsstücke in den eigenen AKB48-Stores – und können die Mädchen so zumindest virtuell besitzen.

Zwanzigjährige Japanerinnen sind aber das Gegenteil von prüde, und ein vertraglicher Verzicht auf Flirten und Sex ist nicht nur absurd, sondern auch realitätsfremd. Man darf sich nur nicht erwischen lassen. Aber Minegishi wurde von einer Boulevardzeitung dabei ertappt, wie sie eines Morgens das Appartement ihres Freundes, eines Boyband-Sängers, verließ. In der Folge machte Minegishi den denkbar radikalsten Schnitt überhaupt: Sie, bis dato ein Inbegriff von *kawaii*, der Öffentlichkeit nur mit Make-up und komplett durchgestylt bekannt, machte sich hässlich, machte sich so anti-*kawaii* wie irgend möglich. Sie rasierte sich den Kopf kahl, zog sich ein weißes, sackartiges Büßer-Kleid über und nahm mit völlig ungeschminktem Gesicht ein Video auf, in dem sie sich bei ihren Fans für ihr ungebührliches Verhalten entschuldigte.

Das Video schlug auf YouTube wie eine Bombe ein, alle japanischen Medien berichteten fasziniert von Minegishis Selbstgeißelung, das ganze Land hatte nur ein Thema. Das AKB48-Management missbilligte offiziell das Video, ließ es nach ein paar Tagen vom Netz nehmen und stufte Minegishi als Disziplinarmaßnahme vorübergehend in die AKB48-Vorgruppe zurück. In Wahrheit aber war das wohl der größte Publicity-Coup: den Japanern zeigen, was sie an *kawaii* haben, indem man sie für einen kurzen Augenblick in die ungeschminkte Realität blicken lässt, in die grausame Welt ohne Niedlichkeit.

FERNSEHEN
Ersatzparty auf Knopfdruck

Liebesgeständnis in der tunesischen Wüste. Wenn ich dir gefalle, dann gib mir viele Hähs. Regen – gerade zur Regenzeit eine echte Sensation. »Unter der Gürtellinie« auf Japanisch.

Schlag den Raab muss vom Offenen Bürgerkanal zusammengeschustert worden sein, zumindest aus der Sicht eines Japaners. Schon der Titel der deutschen TV-Show ist nichtssagend kurz. Das Studio der Spielesendung dämmert im Halbdunkel, es mangelt an jeglicher Dekoration, und immer wieder scheint der Ton auszufallen, denn es ist oft mucksmäuschenstill. Die Macher der deutschen TV-Show konnten sich offenbar nur unbezahlte Laien leisten, die als Publikum im Studio losgrölen und klatschen, wann immer es ihnen passt. Null Kontrolle allerorten: Stets wird die geplante Sendezeit überzogen, und der Ausgang ist völlig offen, denn Stefan Raabs Gegner ist nicht ein Fernsehprofi wie er selbst, sondern nichts weiter als ein unbekannter Fernsehzuschauer mit einem Normalo-Beruf. Im deutschen Fernsehen dürfen offenbar Hinz und Kunz ins Rampenlicht.

In der japanischen Fernsehshow *Toribianoizumi – Subarashikimudachishiki (Die Quelle trivialer Tatsachen – wunderbar unnützes Wissen)* werden zwar auch am Ende die Beiträge normaler Fernsehzuschauer mit Geld belohnt, aber zu sehen bekommt man diese Leute nie. Im Studio sitzt gar kein Publikum; alle fünf Kandidaten sind bekannte Pro-

テレビの中には友達がいっぱい

mis. Zwar versucht man auch hier sich gegenseitig auszustechen, aber es wird dabei nicht geklatscht oder gegrölt. Stattdessen wird »gehäht«. Jeder der fünf Spielkandidaten, allesamt bekannte Promis, drückt Begeisterung oder Erstaunen aus, indem er mit der flachen Hand möglichst oft auf eine Art Hupe haut, die bei jedem Schlag ein lärmendes, quietschendes »Hääh« ausstößt. »Hääh?«, rufen Japaner im Gespräch, wenn es ihnen vor Überraschung fast die Sprache verschlägt; je länger das »ä« gezogen wird, desto überraschter sind sie.

Überraschen lassen sich die Promis von kurzen Filmchen über unglaubliche Fakten aus aller Welt. Eine Einspielung zeigt das Weiße Haus in einem betont langsamen Schwenk; ungeduldig fragt man sich schon, was denn daran nun so aufregend sein soll. Da hört man dann den Komiker Bibiru, einen der Promis, kommentieren: »Hmm, Washington also …« Endlich bricht ein Sprecher aus dem Off mit sonorer Stimme das Schweigen: »Amerika hat das Weiße Haus, aber Argentinien hat das« – Kunstpause – »Rosa Haus!« Ein Häh-Konzert setzt daraufhin ein, als alle wie verrückt auf die Hupe trommeln. Die Sängerin Becky, der in Großaufnahme der Mund offen stehen bleibt, schlägt sogar neunzehnmal drauf, wie eine riesige Anzeige aufdringlich verkündet. Überall blitzen und blinken bunte Lichter in der überbordenden Studiokulisse, die direkt aus einem *Indiana-Jones*-Film stammen könnte. Jetzt schiebt der Moderator Tamori kurz ein paar ergänzende Erklärungen zum argentinischen Präsidentenpalast nach und witzelt dann: »Japan hat dagegen nur die ›Graue Hütte‹.« Für den Seitenhieb auf den sprichwörtlich unrepräsentativen Sitz des japanischen Premiers bekommt er noch ein paar Hähs mehr geschenkt. Ein kleines Engelchen flattert ins Bild mit der Häh-Gesamtzahl: 93. Diese wunderbar unnütze Tatsache hat eine Zuschauerin eingesandt; sie wird nun mit 9300 Yen und der dreisekündigen Einblendung ihres Namens belohnt.

Japanisches Fernsehen ist laut, grell und dreht immer doppelt auf. Über den Bildschirm huschen ständig Comicfiguren und bunte, dicke Schriftzeichen, und bei Studio-Aufzeichnungen garantieren ausschließlich Profis die Dauer-Party, mit Lachnummern, anderen Peinlichkeiten und sonstigen Sensationen. Natürlich ist keine Show live – allein schon aus dem Grund, weil man dann die Werbepausen, die auf die Sekunde genau zwei Minuten dauern, nicht mehr exakt timen könnte.

Fernsehen nehmen die Japaner auch im tiefsten Internetzeitalter zu ernst, als dass man es Laien und dem Zufall überlassen könnte. 2011 saß jeder erstaunliche fünf Stunden pro Tag vor dem Bildschirm. Damit liegt Japan weltweit auf Platz eins vor den Amerikanern, die tagtäglich nur auf vier Stunden achtundzwanzig Minuten kommen. Dabei haben die meisten Bürger der USA Hunderte von Kabelkanälen zur Auswahl; in Japan dagegen versammeln seit sechzig Jahren die gleichen fünf bis sieben terrestrischen Kanäle das Gros der Fernsehzuschauer um sich. Die großen Shows werden quer durch alle Schichten geschaut; sie sind allgemeines Kulturgut.

Wenn Ihnen ein Japaner das nächste Mal eine interessante Story erzählt, hauen Sie bei der Pointe ein paar Mal mit der flachen Hand auf die Tischkante und rufen möglichst schrill »Häääh?«. Sie werden brüllendes Lachen ernten, denn jeder kennt *Die Quelle trivialer Tatsachen*. Die Sendung hat die japanische Kultur um eine neue Geste bereichert: Wer verblüfft ist, sagt heutzutage nicht mehr wie früher »Häh«, sondern bleibt stumm und schlägt stattdessen mehrmals mit der flachen Hand auf eine imaginäre Hupe. Der Erzähler der verblüffenden Story hakt dann gern nach: »Wie viel Häh bekommt die Geschichte von dir?« In der letzten Zeit ist der Häh-Hype zwar etwas abgeflacht, Ausländer dürften aber mit einer derartig intimen Kenntnis einer japanischen TV-Sendung erst recht einige Hähs provozieren.

An einem üblichen Werktag verbringen japanische Arbeitnehmer und Schüler oft weniger als fünf wache Stunden zu Hause, dafür aber garantiert mehrere Stunden im Pendlerzug. Aber: Zum Glück können sie alle auch während der

テレビの中には友達がいっぱい

Fahrt Fernsehen gucken: Seit 2006 ist in jedes japanische Handy ein eigener Fernsehempfänger integriert. Diese von Mobiltelefonherstellern und Fernsehsendern gemeinsam entwickelte One-Seg-Technologie komprimiert das gerade laufende Gesamtprogramm für den kleinen Handy-Bildschirm und überträgt es über eigene Fernsehfrequenzen selbst an Orte, wo das Handy ein Funkloch hat. So können Pendler ihre Lieblingsshow und das wichtige Länderspiel mit Kopfhörern im Zug verfolgen – sie haben auch kaum eine andere Wahl, denn unautorisierte Videos oder gar Live-Ausstrahlungen im Internet, die man in anderen Ländern leicht auf dem Smartphone empfangen kann, blocken japanische Medien erfolgreich – und rigoros.

Wer das Fernsehen kontrolliert, kontrolliert das Land. Der Milliardär Takafumi Horie, eine schillernde Persönlichkeit, scheuchte Ende 2005 das Land auf, als plötzlich bekannt wurde, er plane eine feindliche Übernahme des Fernsehsenders Fuji TV, der zu den fünf großen Privatsendern gehört. Horie war durch die Internetblase Anfang 2000 reich geworden. Berühmt wurde er mit seinem für einen japanischen Geschäftsmann schockierend unkonventionellen Auftreten. Immer ohne Anzug und Krawatte, oft sogar im T-Shirt, wetterte er bei jeder Gelegenheit über die Unfähigkeit und Korruptheit der japanischen Justiz, der Politik und der Medien. Wie weiland Franz Josef Strauß provozierte Horie gern die Journalisten, die ihn interviewten, und unterstellte ihnen wahlweise mangelnde Intelligenz oder Bestechlichkeit. Bei vielen jüngeren Japanern galt er als Revoluzzer und hatte – nach einer Comicfigur – schnell den Spitznamen »Horiemon« weg; für das Establishment war er jedoch ein tiefrotes Tuch. Sein geplanter Kauf von Fuji TV war damals rein rechtlich völlig in Ordnung – damit hätte der bissigste Kritiker des japanischen Establishments aber ein persönliches Sprachrohr gehabt. Im Januar 2006 grub die Staatsanwaltschaft urplötzlich Unregelmäßigkeiten in der Buchführung seiner Firma aus und steckte ihn monatelang in U-Haft; danach wurde er wegen Steuerhinterziehung zu fast zwei Jahren Gefängnis verurteilt. Während seiner Haft verabschiedete man eilig ein Gesetz, das Firmenfusionen, insbesondere feindliche Firmenübernahmen, streng reglementiert.

NHK wird nie jemand kaufen; der öffentlich-rechtliche Sender wird mit Gebühren von mindestens 12 000 Yen pro Jahr und Fernsehhaushalt finanziert. Dafür bietet NHK den Zuschauern ein werbefreies und viel seriöseres (viele sagen: langweiligeres) Programm als die Privatsender, mit aufwendigen Dokumentation und häufigen Nachrichten. An gefühlt hundert Tagen im Jahr beginnt die Hauptnachrichtensendung auf NHK mit dem Wetter, oder korrekter: mit den Naturgewalten. Denn wo uns in Mitteleuropa gerade mal Schneeverwehungen oder – im Extremfall – eine lang anhaltende Hitzeperiode drohen, stehen Japan Tsunamis, Taifune, Erdbeben und Vulkanausbrüche ins Haus. So ist die japanische Wetterbehörde nicht nur für Wetterprognosen, sondern gleichermaßen für die Vorhersage von Naturkatastrophen zuständig. Es gibt eine Standleitung zu den Fernsehprogrammen aller Sender, über die das Wetteramt eigenmächtig dringende Warnmeldungen einblenden kann – und es auch tut. Bei jedem spürbaren Erdbeben (und davon gibt es praktisch jede Woche irgendwo eins im Land) unterbricht NHK sogar das Programm und berichtet live.

Sind allerdings mal gerade keine Erdbeben oder Taifune zur Hand, wird das normale Wetter dramatisiert. Gerade was Regen betrifft, haben die Japaner eine erstaunliche Obsession. Bei jeder entsprechenden Meldung könnte man meinen, Wadis drohten zu überfluten und die Wüste würde zu blühen anfangen. Aber Japan ist nicht Saudi-Arabien. Es regnet in diesem Land so oft wie in Europa; im Juni und Juli ist in Japan sogar Regenzeit, in der es, wie der Name vermuten lässt, fast jeden Tag zumindest tröpfelt.

Trotzdem wartet die NHK-Hauptnachrichtensendung auch im Juni gern mal mit einem Scoop à la »Heute hat es an vielen Orten tatsächlich relativ stark geregnet« auf. Schon

テ
レ
ビ
の
中
に
は
友
達
が
い
っ
ぱ
い

die Erkennungsmelodie wird mit Bildern von Menschen mit Schirmen unterlegt, die durch strömenden Regen hasten. Dann berichtet der Nachrichtensprecher mit ernster Miene, dass heute in Osaka und in Yokohama soundso viele Millimeter Regen gefallen sind (ein Blick in die Klimatabelle offenbart, dass die Zahlen absolut im Durchschnitt für die beiden Städte liegen). Im Anschluss werden Interviews mit Passanten gesendet, die – nicht ganz unerwartet – über den strömenden Regen schimpfen. Schließlich folgt eine Einblendung zu einem Reporter vor dem Tokioter Bahnhof Shinjuku, um die aktuellen Auswirkungen der Naturkatastrophe auf die Verkehrsverbindungen zu erfragen. In Shinjuku nieselt es mittlerweile nur noch, nur wenige Menschen haben wie der Reporter überhaupt noch ihren Schirm aufgespannt, der dafür demonstrativ. Er verweist nun auf die Abfahrtstafeln der Züge im Bahnhof. Ja, er findet sogar noch ein paar S-Bahnen, bei denen tatsächlich Verspätungen von fünf bis zehn Minuten »aus Wettergründen« angezeigt werden, und damit hat der Bericht endlich einen praktischen Informationswert für die Zuschauer.

Lange dachte ich, dass die Japaner einfach mit ihren Naturkatastrophen kokettieren, nach dem Motto: »Kein Land wird so von der Natur gebeutelt wie Japan, auch bei Katastrophen ist Japan die Nummer eins in der Welt.« Ich habe wirklich schon Absagen für Dates bekommen mit der Begründung: »Es regnet.« Aber hinter der penetranten Wetterberichterstattung steckt wohl Kalkül: Während Politiker unpopuläre Gesetze diskutieren und ein Wirtschaftsskandal den nächsten jagt, informiert die Hauptnachrichtensendung des Staatssenders die Zuschauer lang und breit über die verschiedenen Niederschlagsmengen im ganzen Land.

Hätte doch Horie wenigstens die Kontrolle über Fuji TV bekommen. Denn bei den »Privaten« haben Nachrichten von vornherein keinen großen Stellenwert. Die erste und einzige Nachrichtensendung läuft auf diesen Kanälen erst nach 23 Uhr, die Hauptsendezeit von sieben bis zehn

テレビの中には友達がいっぱい

Uhr abends, die Prime Time, gehört Variety-Shows wie *Die Quelle trivialer Tatsachen*.

Diese Variety-Shows sind bei den Japanern wahnsinnig beliebt. Alle haben bevorzugt unaussprechliche Bandwurm-namen wie *Sanmanosupakarakuritibi* (etwa »Sanmas Super-taschenspielertrickfernsehen«) oder *Bakusho!Dainihonakank-eisatsu* (»Lach! Die ›Das geht nicht‹-Polizei in Groß-Japan«), wohl aus dem Grund, um ihnen besonders viel Platz in der TV-Programm-Übersicht zu sichern.

Variety ist Englisch für »Varieté«. »Hereinspaziert, Men-schen, Tiere, Sensationen!« – das Motto üblicher Varieté-Bühnenshows gilt auch für die Variety-TV-Shows, wobei hier Prominente die Menschen und Otto Normalverbrau-cher die Tiere ersetzen. In *Sanmanosupakarakuritibi* bittet ein Fernsehteam beliebige Passanten auf der Straße, eine bestimmte Geschichte auf Englisch zu erzählen. Da bei den allermeisten Japanern vom Schulenglisch nur ein paar Bro-cken Wörter übrig geblieben sind, garantieren die radebre-chenden Landsleute Unmengen Lacher. Ein anderes Team fängt nachts vor dem Bahnhof Shinjuku torkelnde Geschäfts-leute ab, die Mühe haben, den letzten Vorortzug nach Hause zu erreichen. Das Opfer stellt sich mit schwungvoller Hand-bewegung selbst vor. »Ich bin Hiroshi Tanaka, Abteilungslei-ter bei Toyota – und meine Lieblingsfernsehserie ist *Power Rangers!*« Es folgt eine Einblendung: »Herr Tanaka. Heuti-ger Alkoholkonsum: vier Gläser Bier, zwei Becher Reiswein.« Nun muss der Mann eine völlig situationsfremde Aufgabe lö-sen: »In welcher Stadt fand die UNO-Gründungsversamm-lung statt?« Als Hilfe darf er seine Frau aus einer präparierten Telefonzelle anrufen. Als die abnimmt, hängt Tanaka schon halb am Telefonhörer: »Hallo, Hiroshi, bist du das? Natür-lich wieder blau.« Noch ehe er seiner Frau den Fernsehauftritt erklären kann, hat diese mit den Worten »Ach, Hiroshi, du brauchst gar nicht mehr nach Hause zu kommen« aufgelegt.

Japaner sind zu verdruckst, als dass sie in der Öffentlich-keit einfach loslachen würden, wenn sie irgendeine Pein-lichkeit erblicken. Erst das Fernsehen schafft die sichere

テレビの中には友達がいっぱい

Distanz, aus der man sich so richtig genüsslich fremdschämen darf.

Reportagen über das japanische Fernsehen, die in Europa ausgestrahlt werden, beschränken sich oft auf skurrile Aufnahmen von menschlichen Bowling-Figuren aus der Achtzigerjahre-Spielshow *Takeshis Castle* oder von den zahlreichen Fresswettbewerben, in denen spindeldürre Hausfrauen innerhalb einer halben Stunde sechzehn große Töpfe mit Ramen-Nudeln leeren. Dabei haben japanische Fernsehmacher immer aufs Neue spannende, geistreiche Ideen. Man wundert sich, warum die deutschen Sender meist nur auf die biederen und austauschbaren Shows aus Großbritannien und den USA schielen, deren einziger Thrill der hohe Geldgewinn für die Spielkandidaten zu sein scheint. Den eigentlichen Reiz von Variety-Shows machen dagegen die Gespräche, das Spiel mit den zahlreichen japanischen Tabus aus.

Atsushi Tamura ist der Stefan Raab Japans, was Gemeinheiten unter der Gürtellinie angeht. In einer Sendung schickt Tamura einen Außenreporter mit versteckter Kamera in ein eher gediegenes Café. Über Kopfhörer dirigiert er den Reporter an den Tisch einer Gruppe älterer Frauen, die ihren Kuchen verzehren, und verlangt: »Greif dir doch einfach mal die Gabel von der einen und nimm dir ein Stück Torte von ihrem Teller.« Der ungläubige und geschockte Blick der gesetzten Damen auf seinen Mund hält an, als der Reporter den Kuchen längst heruntergeschluckt hat.

In einer anderen Show deckt Tamura mit seinem Comedy-Duo London Boots den hohlen Charakter der angeblich so wichtigen Gruppenharmonie auf. Fünf jüngere Bürokolleginnen, die sich gerade noch als unzertrennliche Freundinnen vorgestellt haben, werden in schalldichte Kabinen gesetzt. Jede in eine andere. Nun erhalten sie eine Reihe von Fragen: »Wer unter euch ist die größte Männerschlampe?«, »Wer ist am geldgeilsten?«, »Wer würde dir am ehesten deinen Freund ausspannen?« Die Frauen schreiben den Namen einer ihrer Freundinnen auf eine Tafel, die

テ
レ
ビ
の
中
に
は
友
達
が
い
っ
ぱ
い

sie dann in die Kamera halten. Die Kabine der »Favoritin« wird am Schluss plötzlich grell erleuchtet, und die Betroffene wird puterrot im Gesicht. Mit sardonischem Grinsen teilt Tamura ihr mit: »Ayako, alle deine Freundinnen haben dich zur größten Schlampe aller Zeiten gewählt. Erklär uns doch mal, warum du dich nicht zurückhalten kannst.«

Nicht immer wird nur herumgealbert: Bei *Ainori* (»Die Liebe steigt ein«), einer Show mit kurzem Titel, aber über zehn Jahre langer Laufzeit, werden drei junge Frauen und ebenso viele junge Männer – alle im Alter zwischen zwanzig und fünfunddreißig – in einen Minibus gesteckt und wochenlang durch exotische Länder in der ganzen Welt gekarrt. Auf dieser Reise kommen sich die bewusst unterschiedlich gewählten Charaktere näher. *Ainori* ist eine Art Big Brother auf Rädern, die Teilnehmer dürfen sozusagen unter Aufsicht das Gastland erkunden. Die 3:3-Kombination ist die klassische Konstellation für eine *Kompa*-Party, das in Japan so beliebte Gruppendate in Kneipen – und auch bei *Ainori* geht es darum, sich in einen der Mitreisenden zu verlieben. Mehr noch, seine Liebe öffentlich im TV zu gestehen.

Beim Verlieben spielt das Liebesgeständnis in Japan eine riesige Rolle. Auf Schulhöfen brennt sich dieser Akt offenbar nachdrücklich in die japanische Seele ein, denn auch längst erwachsene Japaner, Männer, die Dutzende von Frauen durch ihr Bett geschleust haben, Hostessen, die im Beruf allabendlich Männer bezirzen, oder eben *Kompa*-Teilnehmer – sie alle halten bei einer neuen Liebe im sonst rasanten Tempo von Liebe und Sex einen unschuldigen Augenblick inne. Dann sagen sie dem oder der anderen mit klopfendem Herzen die großen Worte: »Ich mag dich, lass uns ein Paar sein!« – und warten bangend auf die Reaktion.

Dieser große Moment wird in den *Ainori*-Sendungen dramatisch inszeniert: In der tunesischen Wüste oder hoch über den Steilklippen der englischen Atlantikküste verliest einer oder eine der sechs Kandidaten die eigene Liebesbotschaft mit zitternder Stimme, während die oder der Angebetene mit unbewegtem Gesicht zuhört und dann – nach

テレビの中には友達がいっぱい

einer ewig erscheinenden Bedenkpause (zusätzlich durch einen Werbeblock verlängert) – die Antwort bekannt gibt. Die Person, die sich verliebt hat, fliegt danach auf jeden Fall zurück in die Heimat – mit dem neuen Partner, sollte der sich für die Liebe entschieden haben, alleine, wenn sie einen Korb bekommen hat.

Ainori könnte herzzerreißende Melodramen in atemberaubenden exotischen Kulissen bieten – wären da nicht die nervige Rückblenden in ein ödes TV-Studio in Tokio, in dem ein halbes Dutzend Promis die Liebesreise der sechs Japaner gemeinsam mit dem Zuschauer auf dem Bildschirm verfolgt. Ins Studio wird in der halbstündigen Sendung mindestens viermal geschaltet, gern in den Momenten, wenn es gerade am spannendsten ist. Die Promis dürfen dann beidseitig bedruckte Schilder hochhalten, um zu zeigen, ob sie für »Akzeptieren des Liebesgeständnisses« oder »Zurückweisung« sind. Dazu dürfen sie ein, zwei kurze Kommentare loswerden (»Die hat sich ganz schön verhaspelt« oder »Habt ihr gesehen, wie ihm der Schweiß runtergelaufen ist«). Man möchte ihnen jedes Mal zurufen: »Mensch, wer braucht das Gelaber, macht weiter mit der Geschichte.«

Aber das ist das auffälligste Kennzeichen japanischen Fernsehens: Auf allen Kanälen sitzen zu jeder Tag- und Nachtzeit Promis im Dutzendpack herum, die nie wirklich etwas zu sagen haben. Sogar während die eingespielten Filme aus den fernen Ländern laufen, bleiben uns die Promis erhalten: Ein kleines Fenster am Bildrand zeigt abwechselnd ihre Gesichter in Großaufnahme, wenn sie schmunzeln oder einfach konzentriert zuschauen.

Vielleicht sucht der japanische Fernsehkonsument einfach Gesellschaft, für die er nicht extra Leute einladen, das Haus verlassen, oder mühsam echte Freundschaften pflegen muss. Nicht umsonst dominieren am Wochenende gerade spätabends Variety-Sendungen, in denen B-Promis genau das machen, was gute Freunde auch unternehmen: Sie singen zusammen in einer Karaoke-Box oder trinken ein Bier in einer Kneipe und quasseln dabei über Gott und die

テレビの中には友達がいっぱい

Welt. Ja, selbst zu Pachinko gehen Promi-Teams zu vorgerückter Stunde. Es gibt also ein TV-Publikum, das stundenlang dabei zuschaut, wie jemand anderes stundenlang Kugeln zuschaut, die durch ein Nagelbrett fallen.

Zumindest dann ist die Space-Night im Bayerischen Fernsehen doch noch aufregender als das japanische Fernsehen.

ERDBEBEN
Die Stunde null

Leben auf dem Wackelpudding.
Drei Minuten Panik. Drei Tage Flucht.
Drei Jahre Wiederaufbau. Dreißig Jahre verstrahlt.

68

想
定
外

All die Jahre war es so: Ein Erdbeben, bei dem es spürbar wackelt, gibt es in Tokio höchstens ein- oder zweimal in zwölf Monaten. Und bevor man anfangen kann, sich Sorgen zu machen, spätestens aber nach einer halben Minute, ist es auch schon wieder vorbei. Ein Beben bereitet niemandem großes Kopfzerbrechen – erst recht nicht Japanern, die Emotionen als Schwäche empfinden. Unter Japanern gehört es eher zum guten Ton, kleinere Beben zu ignorieren, ungefähr so wie einen Tischgast, der bei einem feinen Mahl plötzlich rülpsen muss.

Aber auch ausländische Bewohner Japans wussten, wenn sie erst ein paar Erdbeben durchgestanden hatten: Erfahrene japanische Architekten bauen selbst Wolkenkratzer sicher. Sie sind in sich flexibel und müssen sogar wackeln können, um nicht einzustürzen. Keiner ahnte aber in all den vielen Jahren, dass selbst ein Megabeben nur das kleinste aller Übel sein würde…

Die Morgenzeitungen, die am U-Bahn-Kiosk aushängen, beschäftigen sich immer noch mit den Folgen von zwei größeren Erdbeben. Das eine verwüstete vor vierzehn Tagen zu einem großen Teil die Innenstadt von Christchurch in Neuseeland und tötete auch mehrere japanische Gaststudenten. Das andere lag erst zwei Tage zurück, ein relativ starkes Erdbeben vierhundert Kilometer nordöstlich von Tokio. Selbst das Bürogebäude im Tokioter Stadtteil Marunouchi, in dem ich arbeite, hatte noch leicht gewackelt; in der Nähe des Epizentrums waren ein paar Leute sogar leicht verletzt worden.

Niemand vermutet heute Morgen, dass dieses Beben in Nordjapan nur das Vorbeben zum ganz großen Knall war. Die Zeitungen haken es vielmehr ab als ein mittelschweres Beben, das wieder einmal glimpflich ausging, und setzen es zum Beben in Christchurch in Beziehung. Zwischen den Zeilen liest man deutlich den Vorwurf: »Hättet ihr Neuseeländer unsere japanischen Baustandards, wären unsere Landsleute noch am Leben.«

In der U-Bahn stechen aus der Masse der grauen Bürouniformen junge Frauen in farbenprächtigem Putz heraus. Es sind Bilderbuchjapanerinnen in wunderschönen Kimonos mit eingebundenem Rückenkissen und mit bunten Stäbchen hochgesteckten voluminösen Frisuren. Weil es Stunden dauert, einen traditionellen Kimono korrekt anzulegen, trägt ihn die moderne Japanerin nur bei ganz besonderen Gelegenheiten. So sind die Frauen wohl auf dem Weg zu Abschlussfeiern an ihrer Uni oder Berufsschule. Am 1. April fängt in Japan in den meisten Institutionen das neue Jahr an, und die Wochen um dieses Datum herum sind von Abschieds- und Einstandsfeiern geprägt.

In der Mittagspause um eins entscheiden meine Kollegen und ich uns für ein beliebtes Fischrestaurant auf der nahe gelegenen Ginza. Fisch bedeutete in meiner süddeutschen Kindheit im Wesentlichen Fischstäbchen; erst in Japan habe ich Fisch lieben gelernt. Im Westen denkt man bei japanischem Fisch vor allem an rohen Fisch, an Sushi und Sashimi. Als Alltagsmahlzeit bevorzugen Japaner aber eher gebratenen oder gebackenen Fisch mit einer würzigen Soße. Ich nehme heute eine gebratene Makrele mit Miso-Soße, eingelegtem Gemüse, weißem Reis und einem rohen Ei. Das Ei mische ich zusammen mit Sojasoße unter den Reis, damit er nicht so fade schmeckt.

Unsere Henkersmahlzeit. Nicht lange danach wird der Stromkonzern Tepco immer wieder Abermillionen Liter radioaktiv verseuchtes Kühlwasser aus den Atomruinen von Fukushima in den Pazifik leiten, damit die Auffangbehälter des Kernkraftwerks nicht überlaufen und den Boden großflächig verseuchen. Stattdessen wird die Meeresfauna vor der japanischen Küste großflächig verstrahlt werden. Nach offiziellen Zahlen wird später der Fischkonsum in den Folgemonaten um mehr als die Hälfte einbrechen. »Tepco, friss den verstrahlten Fisch gefälligst selber!« – so wird die Promi-Klatschzeitschrift *Asahi Geino* im Juni auf einer für sie und für japanische Medien völlig untypischen Titelseite die Wut der Japaner darüber herausschreien, dass die Katastrophe ihnen auch noch ihr liebstes Nahrungsmittel geraubt hat.

Aber im Moment ist das Science-Fiction; eine gnädige Stunde bleibt uns noch im alten, friedlichen, lebensfrohen, leckeren Japan. Wir lachen, genießen das Essen, reden über unsere Wochenendpläne, lästern über nicht anwesende Kollegen. Kurz nach zwei sind wir zurück im Büro. Entspannt fahre ich meinen Rechner wieder hoch.

In dem Moment, als ich mein Passwort eingeben will, fängt der Fußboden plötzlich an zu schwanken. Die Fenster knirschen. Die Kollegen aber klappern zunächst weiter auf ihren Tastaturen. Einer ruft fast heiter: »Oh, schon wieder ein Erdbeben?!« Zwei Beben in drei Tagen, das ist allerdings ungewöhnlich. Es ist 14.46 Uhr.

想
定
外

14.46 Uhr, im japanischen Fernsehen

Ein YouTube-Video zeigt die ersten fünf Minuten aller sechs Hauptfernsehsender nach dem Beben in einer Art simultanen Collage. In der Sekunde, als die Erde zu wackeln beginnt, Punkt 14.46 Uhr, strahlen alle Sender ihr buntes Nachmittagsprogramm aus – einen grellen Mix mit ein bisschen Sex und kulinarischen Highlights. Auf einem Sender purzeln bunte Manga-Figuren über den Bildschirm, im nächsten, auf Fuji TV, betritt ein junger Mann leise das Zimmer, in dem eine hübsche Frau schläft, die nackten Beine ragen aus der Decke. Seine Freundin? Einen Kanal weiter besuchen Reporter einen Fischerort und lassen sich die fangfrischen Köstlichkeiten erklären.

Der Ton aller Programme überlagert sich, ist laut und disharmonisch, aber man hört vor allem heitere Melodien. Allein auf dem öffentlich-rechtlichen Sender NHK sind die Töne ernst, ebenso die Bilder – es wird die parlamentarische Fragestunde zu illegalen Spendengeldern an Premier Naoto Kan live übertragen. Viele nahmen an, dass er deswegen noch an diesem Nachmittag zurücktreten würde.

Auf einmal blendet NHK das Wort »Erdbeben« und eine Karte von Nordjapan ein. Nur Sekunden später ruft ein Sprecher aus dem Off alle Zuschauer dazu auf, sich sofort vor den Erschütterungen in Sicherheit zu bringen. Dazu ertönt ein durchdringendes Schrillen, ähnlich dem Warnsignal bei der Einfahrt von Shinkansen-Zügen.

In dieser langen ersten Minute ist NHK ein einsamer Warner. Selbst die Abgeordneten, die das schwere Wackeln in Tokio spüren müssen, machen zunächst scheinbar ungerührt weiter mit der Debatte.

Erst eine gute Minute nach Beginn des Bebens erscheint auf zwei weiteren Sendern – das eigentliche Programm läuft weiter –, oben im Bild die Standard-Erdbebenmeldung, die direkt vom Wetteramt in die Fernsehsender eingespeist wird. Nach einer Minute sind Beben sonst längst um, aber heute scheint es erst richtig loszugehen. Auf NHK werden jetzt erste Livebilder gezeigt, Wolkenkratzer, die vor dem Studiofenster schwanken, Menschenmassen in den Tokioter Stadtvierteln Shinjuku und Shibuya, die bereits auf die Straßen geflüchtet sind. Auf Fuji TV steht der junge Mann am Bett der Frau. Sie schläft immer noch. Er schiebt mit der Hand sanft die Bettdecke hoch und legt ihr nacktes Bein weiter frei. Darauf sind Wunden zu sehen.

Die Sender, die das Erdbeben bereits gemeldet haben, zeigen nun Karten, auf der die vom Beben betroffenen Gebiete markiert sind. Eine Farbskala von Blau über Grün bis Rot kennzeichnet die jeweilige Intensität des Bebens. Das halbe Land ist bunt eingefärbt. Das Epizentrum im Norden Japans leuchtet feuerrot. Fuji TV schaltet unvermittelt für ein paar Sekunden völlig planlos in ein Studio, in dem niemand sitzt, in dem aber leere Stühle und die gesamte Studiodekoration gespenstisch hin und her rutschen und eine Plastiktüte durch das Studio weht. Übergangslos und ohne Kommentar wird dann wieder die Bettszene gezeigt. Offensichtlich herrscht derzeit auch in den Fernsehanstalten selbst ein heilloses Wirrwarr. Erst nach unheimlichen weiteren Augenblicken wird das Programm endgültig unterbrochen. Man sendet jetzt aus einem Behelfsstudio. Der Sprecher trägt einen Schutzhelm und klammert sich am wackelnden Tisch fest, während die riesigen Deckenscheinwerfer gefährlich schwanken.

Drei Minuten nach Beginn des Erdbebens haben insgesamt vier der sechs Sender ihr Programm unterbrochen. Die verschiedenen musikalischen Untermalungen haben sich in ein lautes Durcheinander von aufgeregten Sprecherstimmen verwandelt, alle klingen düster und ernst. Auf einem der übrigen zwei Sender läuft noch das normale Programm: Werbung, ausgerechnet für einen Katastrophenfilm aus Hollywood mit »phantastischen Spezialeffekten«.

Jetzt wankt und schüttelt es bestimmt schon eine Viertel-
minute, normalerweise müsste es doch langsam zur Ruhe
kommen. Stattdessen geht es immer heftiger weiter. Der Boden scheint sich um mehrere Meter hin und her zu bewegen, wie ein Schiff in sehr stürmischem Seegang. Das ganze
Gebäude mit seinen fünfundzwanzig Stockwerken ist außerdem unheimlich laut geworden: Es grollt, brummt, knirscht.
Dazu rattern und knattern die rutschenden Schränke und
Tische, es klappern die aufgehenden Schranktüren, und das
Fensterglas vibriert. Die Lampen flackern. Da und dort rufen, schreien Kollegen Unverständliches. Es hört nicht auf.

Plötzlich mischt sich eine Stimme aus den Haus-Laut-
sprechern unter den Lärm: »Hier ist die Hausverwaltung.
Wir haben gerade ein schweres Erdbeben! Bitte suchen Sie
Zuflucht!«

Die Pflanzen fallen von den Schranken. Man hört Glas
zerbersten. Ich lege den Computerbildschirm vorsichtshal-
ber flach auf den Tisch und flüchte mich dann darunter.
Mittlerweile sind mindestens drei Minuten vergangen, und
es wackelt, klappert und klirrt immer noch in unveränder-
ter Stärke. Ich fange an zu schwitzen. Was, wenn das Gebäude dieses Mal wirklich einstürzt? Was, wenn genau das
das Superbeben in Tokio ist, vor dem seit Jahrzehnten ge-
warnt wurde?

Aus dem Fenster können wir sehen, wie sich die anderen
Hochhäuser seit Minuten hin und her biegen wie gigantische Bambusstangen im Wind.

Als das Gewackele und Gebrülle sich allmählich zu legen
scheint, schnappe ich Geldbeutel und Handy und rufe ins
Büro: »Wir müssen raus, sofort!« Mein chinesischer Kollege
ist in Sekundenschnelle bei mir, wir stürmen zu zweit aus
der Tür. Wie groß war noch mal das Zeitfenster zwischen
Detonation und Einsturz beim New Yorker World Trade
Center gewesen? Panikartig springen wir im Treppenhaus

想
定
外

mehrere Stufen auf einmal hinunter und rennen hinaus auf den Platz vor unserem Gebäude. Hier ist schon eine Menschentraube versammelt, viele haben Helme auf, die Standardausstattung für den Ernstfall in vielen Firmen.

Erst nach mehreren Minuten kommen unsere restlichen Kollegen nach, allesamt Japaner; anscheinend sind sie erst gegangen, nachdem die Hausverwaltung explizit per Lautsprecher zum Verlassen des Gebäudes aufgerufen hat. Mein Abteilungsleiter schlendert betont langsam aus dem Gebäudeeingang und wirft mir ein bitteres Lachen entgegen, als er mich erblickt. Das Lachen klingt nach: »Na, der Neumann ist ja wieder der Erste, wenn's darum geht, Arbeit zu vermeiden.« Oder überspielt er seinen eigenen Schrecken? In Japan ist Lachen auch ein Zeichen der Verlegenheit; manchmal lacht man einfach, weil man sonst schreien müsste.

Ich versuche zu Hause anzurufen, aber das Handy bekommt kein Signal. Der Fernsehempfänger dagegen funktioniert. Gerade wird bekannt gegeben, dass das Epizentrum des Bebens im Pazifik nahe der Küste Nordjapans ist und es an einigen Stellen die Intensität 7 erreicht hat. Mit der Intensitätsskala beschreibt das japanische Wetteramt die unterschiedlichen Schweregrade, wie stark ein Erdbeben in einer bestimmten Gegend von Menschen tatsächlich wahrgenommen wird. Dasselbe Erdbeben kann also, je nach Entfernung vom Epizentrum, in unterschiedlichen Gegenden unterschiedliche Intensitätsstufen haben. Für jede Stufe gibt das Amt anschauliche Beispiele. Stufe 1: »Nur einige Menschen nehmen das Beben überhaupt wahr.« Stufe 4: »Hängende Gegenstände pendeln stark, Stromleitungen schwingen, Schlafende erwachen.« Stufe 5+: »Bücher fallen aus Regalen, Menschen können sich nicht auf den Beinen halten, schwächere Gebäude bekommen Risse.« Tokio hatte gerade eine 5+ erlebt. Aber eine Sieben? »Strom, Gas und Wasser fallen komplett aus. Selbst auf allen vieren krabbeln ist einem Menschen unmöglich. Schwere Möbel fliegen durch die Luft. Auch erdbebengesicherte Häuser können umfallen.« Sieben ist die höchstmögliche Intensität eines Bebens. Eine Sieben hat es in Japan seit dem verheerenden Kobe-Erdbeben 1995 nicht mehr gegeben! Rundherum wird Fernsehen auf den Handys geschaut, denn überall hört man nun Leute diese Zahl fast ehrfürchtig raunen: »Sieben, im Norden war es sogar eine Sieben!«

Ein Mitarbeiter der Hausverwaltung tritt jetzt mit einem großen Megafon auf den Vorplatz: »Wir haben die Sicherheit in allen Stockwerken überprüft, Sie können wieder hineingehen.« Das ging ja schnell, fünfundzwanzig Stockwerke in zehn Minuten überprüft? Mein Abteilungsleiter und einige Kollegen sind schon auf dem Sprung nach drinnen. Ich zögere, da beginnt der Gehsteig plötzlich heftig zu schwanken. Ein Nachbeben, und das bereits nach nur einer Viertelstunde!

Die Menge kreischt, viele können sich nicht auf den Beinen halten und gehen in die Hocke, auch der Hausverwaltungsmitarbeiter mit seinem Megafon. Hier hat ja keiner einen Plan, überlege ich. Erst mal weg von dem hohen Gebäude, da muss ja nur eine Fensterscheibe runterkrachen …!

Ich laufe über die Straße in den Hibiya-Park, der bereits voll von Flüchtenden ist, die meisten in Businesskleidung. Bei einem historischen Gebäude, das oft für Veranstaltungen genutzt wird, stehen mit bleichen Gesichtern Hunderte junger Frauen in Kimonos; das Beben hat sie wohl bei ihrer Abschlusszeremonie überrascht.

In der Nähe eines Brunnens setze ich mich auf einen Stein. Ungefragt steckt mir jemand eine Zigarette in den Mund und zündet sie an. Das Telefon ist immer noch tot. Als ich in den bleigrauen, fast farblosen Himmel schaue, fällt mir auf, dass alle Vögel hoch über uns kreisen, selbst die Tauben, die sonst immer am Boden herumwatscheln. Seltsam. Da wackelt es schon wieder; es fühlt sich an, als wäre der Parkboden ein riesiges Gelee, das hin und her wabbelt. Die Leute schreien und setzen sich auf den kalten Boden. Das würden Japaner, etepetete wie sie sind, sonst nicht für eine Million Yen machen. Die sonst kerzengerade, meterhoch spritzenden Brunnenfontänen schwanken nach rechts und nach links, als wären es Wasserspiele, und spritzen die erstarrte Menge auch noch nass.

Dann ist es wieder vorbei. Das Telefon ist weiterhin tot. Ich will nach Hause, stehe auf und gehe los. In der breiten Allee vor dem Park hat sich mittlerweile ein endlos erscheinender Verkehrsstau gebildet; die Taxis sind alle belegt. Der Eingang zur U-Bahn-Station ist von einem gelben Band abgesperrt. Ein handgeschriebenes Schild weist darauf hin, dass der gesamte Bahnverkehr im Großraum Tokio bis auf Weiteres unterbrochen ist. Ich muss es zu Fuß versuchen.

Auf den breiten Gehsteigen am Kaiserpalast schieben sich Massen in beiden Richtungen aneinander vorbei, meist Anzugträger, alle mit halbem Blick auf die Handys, die immer noch kein Signal haben. Alle zwanzig Minuten jagt ein Nachbeben durch den Boden und bringt die Menschen aufs Neue an den Rand der Panik. Auf einmal reißt die Sonne, die sich an diesem Tag noch gar nicht gezeigt hatte, die grauen Wolken auf und taucht die steilen Hänge über dem Wallgraben des Kaiserpalasts in ein warmes Spätnachmittagslicht. Ein alter japanischer Aberglaube besagt, dass ein »zerrissener Himmel« ein böses Omen, Vorzeichen einer bevorstehenden Katastrophe, ist. Dabei sieht Tokio im hellen Sonnenlicht so vertraut normal aus. Die Wachgebäude des Palasts und der Komplex des Justizministeriums auf der anderen Straßenseite scheinen völlig unversehrt, auch die Wolkenkratzer in Roppongi in der Ferne sind zu erkennen. Aber die intakten Gebäude sind ohne Leben. Jeder Mensch ist auf der Straße, will sich in Sicherheit bringen, nur weg von den Gebäuden. Aber wo überhaupt ist man sicher? Zu Hause?

In Steven Spielbergs Science-Fiction-Film *Krieg der Welten* brechen mit einem Schlag überall monströse Aliens aus der Erde direkt unter den Städten; jeder ihrer stampfenden Schritte lässt den Boden erzittern. Niemand hält es mehr in den Häusern, alle Menschen drängen auf die Straßen, alle fliehen irgendwohin. In einer Szene pressen sich Menschen auf eine völlig überfüllte Fähre. Aber als sie an ihrem Ziel ankommen, warten auch dort schon die Aliens.

Als ich schließlich am frühen Abend den zweiundvierzigstöckigen Appartementwolkenkratzer erreiche, in dem ich wohne, drängen sich Hunderte von Menschen vor dem Eingang. Keine Aliens. Sie trauen sich noch immer nicht wieder rein. Das hält mich aber nicht auf. Alle Aufzüge sind außer Betrieb. Ich schleppe mich vierzehn Stockwerke auf den Treppen hoch. Die Wohnungstür geht auf. Wir fallen uns in die Arme.

Japanisches Fernsehen, 14.49 Uhr

Drei Minuten nach Beginn des Erdbebens zeigt das You-Tube-Video eine neue dramatische Entwicklung. In Ostjapan und Tokio, wo die Fernsehanstalten sitzen, ist das Beben noch voll im Gange, als vier Sender eine neue Karte Japans einblenden, mit Tsunami-Warnungen. Bei Tsunami-Warnungen werden die gefährdeten Küstenteile farblich markiert, sonst sind es nur einzelne lokale Strandabschnitte, aber heute blinkt die gesamte Pazifikküste Japans leuchtend rot, vom subpolaren Hokkaido bis zum tropischen Okinawa. Über fünftausend Kilometer sind tsunamibedroht. Große Schriftbänder, die durch das Bild laufen, und aufgeregte Stimmen aus dem Off warnen, dass die ersten Riesenwellen unmittelbar bevorstehen und spätestens innerhalb der nächsten halben Stunde auf die Küste treffen werden. Küstenbewohner werden dringend aufgefordert, sofort in höher gelegene Gebiete zu fliehen. NHK lässt immer wieder das durchgehende Schrillen ertönen; es handelt sich offensichtlich um einen Tsunami-Warnton für unaufmerksame Fernsehzuschauer. Schließlich wechselt der öffentlich-rechtliche Sender zu einer Live-Kamera, die eine so idyllisch wirkende freitagnachmittägliche Küste einer nordjapanischen Kleinstadt zeigt.

Es ist kurz vor 15 Uhr, fünf Minuten nach Bebenbeginn. Auch die letzten zwei Sender haben endlich im oberen Bildrand die Erdbebenmeldung des Wetterdiensts eingeblendet, aber sie setzen trotzdem noch das normale Programm fort, mit dem Bericht vom Fischmarkt, mit den witzigen Comicfiguren. Es sind die letzten Sekunden eines friedlichen Japans. Fünfzehn Minuten später wird die gesamte japanische Ostküste kilometerweit bis ins Landesinnere von einer Riesenwelle buchstäblich ins Meer gespült.

11. März abends, zu Hause

Als wir uns langsam beruhigt haben, schalte ich den Fernseher ein. Nordjapan, so erfahre ich, wurde direkt nach dem Beben von gigantischen Tsunamis verwüstet. Kilometerweit fraßen sie sich ins Land. Für Tausende von Menschen war jede Tsunami-Warnung zu spät gekommen. Aber auch jetzt noch, Stunden nach dem Beben, blinken immer neue Tsunami-Warnungen auf.

Plötzlich belebt sich mein Handy. Es beginnt, einen schrillen Quiekton auszustoßen, dabei vibriert es heftig. Auf dem Display erscheint eine Art SMS: »Es droht ein starkes Erdbeben. Bringen Sie sich sofort in Sicherheit.« Wir haben kaum Zeit, die Nachricht zu verdauen und uns hinzukauern, da fährt schon ein heftiger Stoß durch das Gebäude. Der Erdbebenwarnservice ist auf allen japanischen Handys eingestellt. Bei einem starken Erdbeben werden die Hauptwellen zehn bis zwanzig Sekunden vorher von schwächeren Wellen gleichsam angekündigt. Sobald die überall im Land verteilten Bebensensoren des japanischen Wetteramts die schwachen Wellen registrieren, wird automatisch eine Warnung auf alle Mobiltelefone in der jeweiligen Gegend geschickt. Aber nur, wenn die Handy-Netze funktionieren.

想
定
外

Kurz nach Mitternacht beginnen die Medien, Probleme aus dem Kernkraftwerk Fukushima zu melden. Es liegt zweihundert Kilometer nordöstlich von Tokio, direkt an der von den Tsunamis getroffenen Küste. Meine Eltern raten uns, aus Tokio zu fliehen. Ich winke ab: »Das ist völlig übertrieben, man muss doch nicht gleich die Stadt verlassen.« Meine Mutter bleibt skeptisch: »Wenn erst alle vierzig Millionen Einwohner von Tokio auf den gleichen Gedanken kommen, könnt ihr nicht mehr raus. Dann sind die Züge voll und die Straßen zu.«

In der Nacht werden wir dreimal von der quiekenden Erdbebenwarnung auf dem Handy geweckt. Um halb sieben morgens meldet sich das Mobiltelefon erneut, aber diesmal ist es meine Mutter. In Deutschland ist es spät am Abend, meine Eltern sind immer noch wach und haben anscheinend ununterbrochen Nachrichten geschaut. Sie sagt: »Sie sind sich jetzt sicher, dass das Atomkraftwerk im Norden von Tokio leckt. Ihr müsst da sofort raus!« Die ständigen Nachbeben in der Nacht haben mich so mürbe gemacht, dass der Anruf meiner Mutter das Fass zum Überlaufen bringt.

In weniger als dreißig Minuten stehen wir mit dem nötigsten Gepäck auf der Straße und erwischen sogar ein Taxi zum Bahnhof. Der Fahrer meint, dass an diesem Morgen die Shinkansen-Schnellzüge nach Osaka, ins vermeintlich sichere Westjapan, alle wieder normal fahren.

Im Hauptbahnhof von Tokio bekommt man normalerweise in wenigen Minuten ein Ticket. Jetzt stehen mehrere Hundert Menschen in einer sich endlos durch die riesige Halle windenden Schlange vor den Shinkansen-Fahrkartenschaltern. Niemand drängelt, aber die Menschen wirken unheimlich nervös.

Sobald wir unsere Tickets haben, jagen wir zur Fahrkartensperre. Auf der Treppe hoch zum Gleis hören wir bereits das schrille Klingeln, das die unmittelbar bevorstehende Abfahrt eines Zuges ankündigt. Alle fünf bis zehn Minuten fährt ein Shinkansen von Tokio nach Osaka. Normalerweise rennt niemand, um diesen Zug noch zu erreichen. Wer unmittelbar vor der Abfahrt in einen Shinkansen springt, brüskiert zum einen die Wartenden, die auf dem Bahnsteig bereits zwischen zwei auf dem Boden markierten Strichen für den nächsten Zug anstehen. Zum anderen bringt er den sekundengenau abgestimmten Shinkansen-Fahrplan durcheinander und bereitet damit allen Mitfahrern Schwierigkeiten.

Aber wir rennen weiter. Oben auf dem Gleis gehen die Türen des Zuges schon zu; wir schmeißen uns förmlich in die sich schließende Türspalte. Die Türen gehen wegen dieser Störung wieder auf, und prompt springt eine ältere Japanerin, die auf dem Bahnsteig in der markierten Wartezone gestanden hatte, auch noch zu uns in den Zug,

Als vor den Zugfenstern der schneebedeckte Fudschijama auftaucht, bin ich in der Verfassung, einige Bekannte über unsere Flucht zu informieren. Die Tokioter Freunde reagieren unisono vernichtend: »Du Weichei, haust gleich beim kleinsten Problem ab.«

Als wir unser Ziel Himeji erreichen, eine größere Landstadt 650 Kilometer westlich von Tokio, ist es früher Nachmittag. In Himeji herrscht… Normalität. Die Ampeln zwitschern ihr »Pi Pa«, das blinden Fußgängern signalisiert, dass grün ist. Die Angestellte der Tourismusinformation, die wir nach Hotels fragen, ordnet uns als Großstadtgeschädigte ein, die zur Erholung aufs Land gefahren sind. Sie will uns unbedingt davon überzeugen, in den nahen Bergen in einem traditionellen Ryokan-Hotel an einer heißen Quelle zu übernachten. In den Modeläden der Einkaufsmeile schauen sich Grüppchen junger Frauen kichernd schrille Accessoires an. Die Kühlregale des Kombinis quellen vor köstlich aussehenden Lunchboxen über, und so mancher packt sich ein Bier dazu in den Einkaufskorb, um das wohlverdiente Wochenende zu begrüßen. Auf der Straße flanieren Mütter mit ihren Töchtern.

Gestern, um die gleiche Zeit, hatten in Nord- und Ostjapan Millionen Menschen erwartet, dass ihr Samstag auch so aussehen würde. Sie hatten das Selbstverständlichste überhaupt erwartet: dass der Samstag einfach nur der nächste Tag nach dem Freitag sein würde.

An diesem Samstagnachmittag kommt es in Fukushima zum zweiten atomaren Super-GAU der menschlichen Geschichte, nach Tschernobyl. Der Reaktorblock I in Fukushima explodiert. Es war die Überflutung des Reaktorgeländes durch die Tsunamis, die eine unkontrollierte Kernschmelze auslöst und schließlich den Reaktor in die Luft jagt. Diese und viele Folgeexplosionen werden die freigesetzte Strahlung tief ins Land tragen und Luft, Wasser und Boden in halb Japan verseuchen. Ein Radius von zwanzig Kilometern um die Kraftwerke wird auf alle Ewigkeit für unbewohnbar erklärt, die Bewohner werden überstürzt evakuiert. Erst ein Jahr später wird die Betreibergesellschaft Tepco zugeben: Man hätte Warnungen von Fachleuten, die Tsunami-Schutzwände seien viel zu niedrig, jahrzehntelang ignoriert. Man habe einen Umbau vermeiden wollen, der erst die Aufmerksamkeit der Bevölkerung auf diese Achillesferse der japanischen Atomenergie gelenkt hätte.

Im Fernsehen werden die Dauerschleifen von den Tsunami-Verwüstungen abgelöst von Live-Übertragungen der Pressekonferenzen zur Lage in Fukushima. Mit hellsichtiger Klarheit hält das Nachrichtenmagazin *Der Spiegel* die Druckerpressen an. Vor vierundzwanzig Stunden erst hatte man die ursprünglich für nächste Woche geplante Ausgabe über den Haufen geworfen und die Erdbeben- und Tsunami-Katastrophe in Japan auf den Titel gehoben. Heute, am Samstagnachmittag, wird beschlossen, die Montagsausgabe mit einem völlig neuen Titel aufzumachen: »Fukushima, 12. März 2011. 15.36 Uhr: Das Ende des Atomzeitalters.«

Für Japan ist es dagegen der Anfang – der Anfang monatelanger Trauerarbeit, jahrelanger Aufräumarbeiten und jahrzehntelanger Verstrahlung.

想
定
外

LUXUS
Warum billig, wenn's auch teuer geht

Die goldenen Jahre der Seifenblase. Als Hostessen Geishas ersetzten. 40 000 Yen für eine Wassermelone, fünf Millionen für ein kurzes Gespräch. Als bei Fondue gerne Reiswein an Seetang getrunken wurde. Sparsamkeit bei Bierersatzgetränken.

82

取
り
敢
え
ず
高
い
ほ
う
が
い
い

Auf elf Stockwerken offeriert das Tokioter Edelkaufhaus Isetan dem betuchten Japaner die ganze Welt des Luxus: Möbel aus Mahagoni, edle Juwelen, Kimonos aus reiner Seide, Wandschirme aus feinstem Japanpapier oder auch sorgsam handgefertigte Kinderpuppen für 400 000 Yen das Stück. Im Souterrain von Isetan sieht man schnell, wo auf diesem Stockwerk die exklusivsten Produkte zu finden sind. Denn weit scheint das gleißende Licht der Edellampen, die auf die kostbare Auslage gerichtet sind. Der tragende Pfeiler der Palette der Luxusgüter hier im Untergeschoss ist: die Obstabteilung.

Hier findet man: einen Minikorb handverlesener Riesenerdbeeren (1500 Yen), eine im teuren Inland gezogene Ananas aus Okinawa (2000 Yen) oder auch eine der Dutzenden Sorten Zitrusfrüchte, die nur in Japan heimisch sind und allesamt sorgsam eingepackt einzeln zum Verkauf stehen. Die Frucht ist in Japan noch König, so auch ein dicker, roter Apfel der Sorte »Fuji«. Drei Lagen Verpackung schützen ihn vor der Welt. Wer ihn haben will, muss 698 Yen auf den Tisch legen. Dafür ummantelt die Verkäuferin ihn mit einer weiteren Schutzschicht, einem dicken Schaumstoffnetz, und packt ihn auf Wunsch als Geschenk ein, in einen Kar-

ton aus hübschem Papier und drapiert mit einem Schleifchen. Zum Schluss wird das Ganze in einer edlen Papiertüte überreicht, damit man mit dem Herumtragen des Ap-
fels keine Probleme hat.

Das teuerste Luxusobst bei Isetan ist eine quadratische,
nicht etwa runde, Wassermelone von der Nordinsel Hokkaido. Ihre unnatürliche Form macht sie besonders edel;
während der Reife auf dem Feld presste sie der Bauer be-
hutsam über Wochen hinweg mit Platten in die starre Wür-
felform. Für dieses Kunstwerk muss der Käufer mindestens
40 000 Yen hinlegen; dafür hängt an der Melone eine individuelle Seriennummer nebst handsigniertem Foto von
der Frucht und dem Bauern auf dem Feld. Die Melone wird
natürlich auch als Geschenk eingepackt, denn ein Dankeschön drücken Japaner gern mit exklusivem Obst aus, ähnlich wie wir eine Flasche eines guten Weins verschenken.
Schmecken tut sie – also die Frucht, nicht die Flasche – dagegen ganz normal, eben nach Melone.

Takano, nur ein paar Straßenzüge von Isetan entfernt, ist
sogar auf Früchte spezialisiert. Auf den sechs Etagen dieses wohl einzigen Obstkaufhauses der Welt bekommt man
den kompletten Garten Eden in glänzendes Zellophan ver-
packt. Nur eines findet man hier nicht: preiswertes Obst.
Wer nicht ein halbes Monatsgehalt zur Verfügung hat und
Äpfel oder Orangen mit dem ausgefallenen Hintergedan-
ken zu erwerben trachtet, sich täglich gesund zu ernähren,
hat Schwierigkeiten oder muss in schmuddeligen Seitenstraßen der Bahnhöfe nach den etwas preiswerteren Gemü-
segroßhändlern Ausschau halten, bei denen sich die lokalen Gaststätten eindecken. Denn in Japan pappt auf allem
und jedem ein deftiges Preisschild, und wenn mal etwas
kostenlos zu haben wäre, dann kleben die japanischen Konsumenten freiwillig von sich aus eins drauf.

Die teuersten Hefte im reichen Angebot der Zeitschrif-
tenecke eines Kombinis sind »Marken-Magazine«. Ein ein-
zelnes Exemplar kostet über 1000 Yen. Dabei sind diese
Magazine ganz normale Reklamekataloge ohne jeglichen

取
り
敢
え
ず
高
い
ほ
う
が
い
い

redaktionellen Teil. Von der ersten bis zur letzten Seite werden ausschließlich Taschen, Uhren und weitere Statussymbole der immer gleichen, üblichen Verdächtigen – Louis Vuitton, Gucci, Prada – mit Angabe des Preises und der Bezugsquellen auf sorgsam arrangierten Hochglanzfotos beworben. In Europa und Amerika zahlen dieselben Luxushersteller viel Geld für Anzeigen in Hochglanzzeitschriften. Von den Japanern bekommen sie dagegen Geld für das Privileg, sich die Anzeigen anschauen zu dürfen.

Bei Japanern beschleicht einen verdammt oft das Gefühl, dass sie beim Einkaufen nicht so sehr auf den Besitz eines neuen, schönen Produkts aus sind, sondern sie vor allem das Geldloswerden befriedigt. Im Zweifelsfall auch ganz ohne Gegenwert, wie ich kürzlich bei einem Gespräch mit meinem Wohnungsnachbar, einem Büroangestellten Mitte vierzig, zu ahnen begann. Ich erwähnte, dass ich regelmäßig Sport im nahen Fitnesscenter treibe.

»In welchem denn?«, hakte er nach.

»Im Tokyu Oasis in Kabukicho«, erwiderte ich.

»Ach was, da bin ich auch seit drei Jahren Mitglied. Ich hab sogar die goldene Mitgliedskarte, und gleich am Anfang hab ich mir ein komplettes Set Fitnesskleidung von adidas zugelegt.«

Da hat er ganz schön was springen lassen, denke ich im Stillen: Die Goldkarte kostet 17 000 Yen im Monat, doppelt so viel wie meine »Abendschicht-Mitgliedschaft«, und adidas ist in Japan eine Edelmarke.

»Komisch, dass wir uns in all den Jahren noch nie begegnet sind«, gebe ich jetzt laut kund.

Etwas verdruckst gesteht mein Nachbar: »Ich war nur am Anfang zwei-, dreimal dort drin. Seitdem bin ich nicht mehr in dieses Studio gegangen. Aber es stimmt, ich sollte mal wieder ins Tokyu Oasis gehen.«

Ende der Achtziger-, Anfang der Neunzigerjahre, als mein Nachbar sein erstes Gehalt verdiente und begann, sein eigenes Geld auszugeben, war er Anfang zwanzig. Genau in jener sagenumwitterten Epoche liegt der Schlüssel

取り敢えず高いほうがいい

zum Mysterium der seltsamen Beziehung zwischen Japanern und Geld. Reisen wir über zwanzig Jahre zurück in die Vergangenheit. Auf in die *Bubble*-Zeit!

Wenn die Veteranen vom Nachtleben im Tokio der frühen Neunzigerjahre erzählen, bekommen sie glänzende Augen. »In der Disko Gold gab es No-pants-Nächte. Frauen, die reinwollten, mussten am Eingang ihren Slip ausziehen und dort lassen«, berichtet Yutaro, heute achtundvierzig. Chefsekretärin Narumi war damals als Studentin frisch nach Tokio gezogen: »Das Gas Panic gilt ja nach wie vor als ein Abschlepptreff. Ich kann mir aber nicht vorstellen, dass es heute immer noch so wild ist wie zu meiner Zeit. Da tanzten die Besucherinnen auf der Theke nur in Höschen oder auch schon mal ganz nackt. Zu vorgerückter Stunde standen die Pärchen, die sich gerade gefunden hatten, vor den Toiletten sogar ordentlich in der Schlange an – für einen schnellen Quickie.«

Die Queen unter den Tokioter Diskos war damals das Juliana's. Nao, Anfang der Neunziger Oberschülerin im abgelegenen Sendai, erzählt ehrfürchtig: »Dauernd liefen im Fernsehen Berichte über die Partys im Juliana's, wie man dort tanzt, was die Besucherinnen anhaben und wie sie sich stylen. Wir alle wollten so sein wie die Frauen aus dem Juliana's, wir kauften uns die gleichen Kleider und übten die Tanzschritte in der Schulpause.«

Ein Deutscher, 1989 Gymnasiast auf der Deutschen Schule in Tokio, war Stammgast in dem Club, obwohl sie ihn als unter Zwanzigjährigen streng genommen nicht mal hätten einlassen dürfen. Seine Highlights: »Das Juliana's war berühmt für seine durchsichtige Tanzfläche aus Glas, unter der sich ein weiteres Geschoss befand, von dem aus man den Leuten von unten beim Tanzen zuschauen konnte – und natürlich sah man so einiges. Damals galt der ungeschriebene Code: Frauen, die ohne Höschen tanzen, suchen nach einer schnellen Nummer, sofort. Meine Freunde und ich waren dann immer in einer Art Wettbewerb. Sobald wir

取り敢えず高いほうがいい

in den Club kamen, stürzten wir runter in die Bar unter der Tanzfläche und suchten fieberhaft nach einer ohne Slip. Sobald einer eine solche Frau erspäht hatte, rannten alle so schnell wie möglich nach oben zur Tanzfläche, um sie zu kriegen. Der Erste, der ihre Hand hielt, konnte sie von der Fläche weg mit nach draußen nehmen.«

In Japan fand in jener Zeit eine endlose Party statt, denn die Japaner waren mit einem Schlag obszön reich geworden. Das nach dem verlorenen Zweiten Weltkrieg zunächst bitterarme Land hatte den internationalen Markt in den Jahrzehnten danach zunächst mit billigen Produkten überschwemmt und ihn dann mit innovativen und hochwertigen Produkten dominiert, namentlich Autos und Unterhaltungselektronik. Im Gegenzug schaffte die Welt immer mehr Geld nach Japan. Zum größten Problem der Achtzigerjahre wurde langsam, das Geld wieder loszuwerden. Für lange Urlaubsreisen hatten die Japaner keine Zeit; für teurere Konsumgüter wie Häuser, Möbel, Autos oder Yachten war auf den kleinen Inselchen kein Platz, zumindest nicht für jedermann. Die Japaner sparten also ihr Geld oder investierten es in Anlageobjekte, in Land und Aktien. Die Börsenkurse und Immobilienpreise explodierten. Exorbitante Summen wurden gezahlt. So soll angeblich der Grund, den ein Goldbarren bedeckt, im Tokioter Geschäftsviertel Marunouchi 1989 einen höheren Verkaufswert gehabt haben als der Goldbarren selbst. Mit dem Erlös aus dem Verkauf des auch im Stadtzentrum gelegenen Kaiserpalasts (der natürlich nicht zu verkaufen ist) hätte man damals den Boden ganz Kaliforniens kaufen können.

Wer den richtigen Riecher hatte, konnte in kurzer Zeit ein Vermögen machen, das hatte selbst ich schon im fernen Deutschland mitgekriegt. Meine eigene Beziehung zu Japan begann 1985, als ich mit siebzehn über ein internationales Brieffreundschaftsnetzwerk einen gleichaltrigen Japaner aus dem südlichen Kumamoto vorgestellt bekam. Schon bald entwickelten wir über Länder- und Sprachgrenzen hinweg eine intensive Freundschaft, zumal wir fest-

取
り
敢
え
ず
高
い
ほ
う
が
い
い

stellten, dass sich Teenager-Probleme anscheinend überall auf der Erde gleichen. Umso mehr haute es mich aus den Socken, als ich ein paar Monate später, im oberen Stockbett im kleinen Kinderzimmer liegend, das ich mir mit meinem Bruder teilte, einen Brief meines japanischen Freundes las. Er eröffnete mir darin, dass er von nun an nicht mehr bei seinen Eltern wohnen werde, sondern in einem eigenen Einfamilienhaus in der Innenstadt von Kumamoto. Den Kaufpreis für das Haus hatte er in nur zwei Jahren durch Spekulationsgewinne an der Börse erzielt.

In jener Zeit schien das Geld den Japanern aus den Ohren zu kommen. Taxis erwischte man in den Vergnügungsvierteln zu vorgerückter Stunde am besten, wenn man am Straßenrand mit mehreren 10 000-Yen-Noten »Extra-Trinkgeld« in der Hand wedelte. Ein Schwede, damals Austauschstudent, der beim Fernsehsender NHK hin und wieder Übersetzungsjobs auf Stundenbasis machte, erzählte einmal: »Manchmal wurde es später, sodass ich den letzten Zug verpasste. Sie zahlten mir dann immer ohne Umschweife das Taxi, dabei lag mein Wohnort sechzig Kilometer vom Sendezentrum entfernt. Die Fahrt kostete im Durchschnitt 50 000 Yen – dreimal mehr als ich für den Job selbst erhielt.«

Die Wirtschaft boomte allerorten, und Firmen nahmen offenbar jeden, der bei drei nicht auf den Bäumen war. Seiko machte 1990 ihren Bachelorabschluss in Informatik an der Nihon-Universität, der von der Studentenzahl her größten Universität Japans. Sie erzählt: »IBM Japan trat damals an unseren Professor heran. Man brauchte dringend Computerfachleute und wollte zehn Informatik-Bachelors vom Fleck weg einstellen, und zwar einfach auf seine Empfehlung hin. Stell dir das mal heute vor: Sie nahmen zehn Leute als Festangestellte, also mit lebenslanger Unkündbarkeit, blind, ohne ein einziges Einstellungsgespräch! Dabei ist und war die Nihon-Universität ja bei Weitem keine Elite-Uni wie zum Beispiel die Keio oder die Waseda.« Auch Seiko erhielt eine Offerte von IBM Japan, aber sie lehnte

取り敢えず高いほうがいい

ab, weil sie erst ein Jahr ins Ausland gehen wollte. »Hätte ich es nur so gemacht wie eine meiner Kommilitoninnen damals! Die nahm den Job, arbeitete drei Jahre lang und kündigte dann von sich aus, weil sie heiratete. IBM gab ihr als Entlassungsgeld sage und schreibe zehn Millionen Yen mit auf den Weg – zwei Jahresgehälter für drei Jahre Anstellung.«

Das viele Geld machte die Japaner dekadent, und die Restaurants mussten den *nouveaux riches* allmählich mehr bieten als nur gutes Essen. So kombinierten sie die Hauptvergnügungen des japanischen Mannes gleich in einer ganzen Reihe gewagter gastronomischer Neuerungen. Beim »Ohne-Höschen-Fondue« änderten die exklusiveren unter den traditionellen Restaurants für »Shabu-Shabu-Fondue« ein winziges Detail: Sie ließen ihre Kellnerinnen den Slip unter dem Rock ausziehen. Musste die Angestellte dann auf eine Bank oder einen Schemel steigen, um etwas aus einem Regal von oben zu holen (wo sich natürlich alle Gläser und andere wichtige Dinge befanden), gab sie so den starrenden Kunden den unversperrten Blick auf ihren nackten Po frei; und vielleicht sah man auch mehr. Beim *nyotai-mori* blieb's nicht nur beim Blick. Bei diesem »Frauenkörper-Sushi« arrangierte der Sushi-Koch seine exklusiven Fischhäppchen nicht, wie üblich, auf einem Holzbrett, sondern auf dem nackten Körper einer schönen Frau, die stundenlang stillzuliegen hatte. Dieses Gesamtkunstwerk wurde, wie Filme aus jener Ära zeigen, nicht in Lokalen bestellt, sondern vor allem nach Hause geliefert, wo, nachdem alle Sushis aufgegessen waren, die Frau selbst zum Verzehr bereitstand.

Auch beim Trinken ersetzten japanische Geschäftsleute bei so manchen Feiern schnöde Becher durch etwas viel Spannenderes. Reiswein trank der gehobene Geschäftsmann nun gern mal als *wakame-zake*, als »Reiswein im Seetang«. Na, schon eine Ahnung, wo die Reise hingeht? In das beliebte Nationalgetränk der Japaner tunkte man nun nicht

取り敢えず高いほうがいい

etwa salzigen Tang. Nein, vielmehr wurde der Reiswein in sehr speziellen Gefäßen serviert, in einer gewissen weiblichen Körperöffnung nämlich. Die Dame ging vor dem Gast auf alle viere, streckte den Po nach oben und ließ sich den Reiswein sachte in die Vagina gießen. Beim Schlürfen des Reisweins bekam der durstige Trinker immer wieder auch Schamhaare mit in den Mund. Ein dicker, langer Busch gilt in Japan nicht als eklig, sondern als erotisch. Die durch das Getränk nassen, schwarzen Schamhaare assoziierten die Poeten unter den Geschäftsleuten dann eben mit meeresfeuchtem Seetang.

Geishas, bis dato das teuerste Element einer exklusiven Geschäftsparty in Japan, schien sich plötzlich jeder Gastgeber leisten zu wollen. Dabei verlangt schon eine Maiko, eine bloße Geisha-Anwärterin, nicht unter 100 000 Yen für einen Abend, und man bucht Geishas nie einzeln, sondern immer als Gruppe mit mindestens einem halben Dutzend Kolleginnen. Geishas müssen nicht nur perfekt gestylt sein, sondern auch eine jahrelange Ausbildung in verschiedensten Unterhaltungskünsten, dem Spielen eines Instruments, der geistreichen Konversation oder der Teezeremonie, durchlaufen. Kaum eine moderne Japanerin will daher mehr Geisha werden, und so waren echte Geishas in jenen Jahren bald so schwer zu bekommen wie Land in Marunouchi.

Stattdessen etablierten sich in den Achtzigerjahren die schon erwähnten Hostess-Clubs als superluxuriöser Rahmen für exklusive Abende mit Geschäftsfreunden. Protzen konnte man vor ihnen vor allem mit den Preisen, die groß angeschlagen waren. Eine japanische Bekannte war Hostess im Royal Garden auf der Ginza. Von außen eher unscheinbar im siebten Stock eines Entertainment-Gebäudes mit lauter Clubs und Kneipen untergebracht, kostete das Royal Garden allein 50 000 Yen Eintritt pro Person.

Eines Abends besuchte der berühmte japanische Showmaster und Regisseur »Beat« Takeshi Kitano mit seiner Entourage das Royal Garden und berichtete von seiner eigenen Beziehung zu Nobellokalitäten: »Um 1981 oder 1982

取り敢えず高いほうがいい

fing ich an, regelmäßig in die Hostess-Clubs auf der Ginza zu gehen. Lauter hübsche Frauen und immer interessante Gäste an den Nachbartischen, Schriftsteller, Schauspielerinnen, einflussreiche Geschäftsleute. Ich dachte mir, mein Gott, das ist es! Eigentlich bin ich damals jeden Abend nach einer Vorstellung losgezogen.« Heute ist Kitano der japanische Super-Prominente schlechthin, den Japaner in Umfragen regelmäßig als Wunschkandidaten für den Posten als Ministerpräsidenten nennen, wenn sie ihn denn direkt wählen dürften. Anfang der Achtzigerjahre aber begann Kitano als Mitglied des Komikerduos »Two Beat« erst allmählich einem breiteren Publikum bekannt zu werden.

Er erzählt weiter: »Eines Abends saß ich in einem Laden auf der Ginza, als plötzlich ein junger Angestellter auf mich zukommt und auf einen Tisch deutet: ›Da sitzt der Chef der Spedition Sagawa Kyubin, der hat Sie im Fernsehen gesehen und will mit Ihnen reden. Er möchte unbedingt, dass Sie sich zu ihm setzen.‹ Ich ließ ihm ein Nein ausrichten, daraufhin kehrte der Boy zurück und meinte, Sagawa Kyubin würde mir auch Geld geben, wenn ich käme. Ich war empört und dachte, ich bin doch nicht käuflich, und blieb bei meinem Nein. Nach einigen Minuten erschien der Geschäftsführer des Clubs an meinem Tisch. Er meinte, der Sagawa-Typ sei ein wichtiger Kunde und ob ich es nicht ihm zuliebe tun könne? Schließlich gab ich nach, ging zu dem anderen Tisch, redete ein paar Minuten mit den Sagawa-Leuten und setzte mich dann wieder zu meinen Freunden. Eine halbe Stunde später tauchte eine Dame, wohl die Sagawa-Chefsekretärin, bei uns auf und überreichte mir einen prallen Umschlag mit vielen Verbeugungen und Dankesworten. Drin waren fünf Millionen Yen in großen Scheinen.«

Jetzt ist Kitano selbst reich und berühmt. Bevor er an jenem Abend das Royal Garden verließ, bat er die gesamte Belegschaft des Clubs, sich zu versammeln. Er ging die Reihe ab und reichte jedem einzelnen Mitarbeiter, ganz gleich ob Hostess, Barkeeper, Kellner oder Toilettenfrau,

取り敢えず高いほうがいい

die Hand, dankte ihnen kurz und drückte jedem einen 10 000-Yen-Schein als Trinkgeld in die Hand.

Das Teuerste im Royal Garden war unverkäuflich, ein echtes Gemälde von Marc Chagall, das an der Wand hing und laut der Club-Besitzerin vier Millionen Dollar gekostet hatte. Die Höhe des Preises kann man ihr gern glauben. 1987, auf der Höhe der Dekadenz, hatte ein japanischer Geschäftsmann die Kunstwelt geschockt, als er eines der »Sonnenblumen«-Gemälde von Van Gogh für 40 Millionen Dollar ersteigerte – mehr als das Vierfache des bis dahin je für ein Bild gezahlten Höchstpreises. In jenen Jahren kauften die Japaner die teuersten Kunstwerke, die besten Grundstücke in Kalifornien und auf Hawaii, die höchsten Wolkenkratzer in New York und die schönsten Schlösser in Europa. Japan eroberte die Welt mit Geld, so schien es.

Schaut man sich zeitgenössische Hollywood-Filme wie *Stirb langsam* oder *Die Wiege der Sonne* an, hat man den Eindruck, die USA hätten insgeheim vor den superschlauen, mit geheimnisvollen Kräften und prallen Geldbeuteln ausgestatteten Japanern kapituliert. Zur Metapher für das damalige Kräfteverhältnis wurde ein Schwächeanfall des amerikanischen Präsidenten George Bush senior auf einer Japan-Visite Anfang 1992. Bush befand sich auf einer Handelsreise durch Asien, die schon im Vorfeld als vergebliche Mission des »höchstrangigen Ford-Angestellten« verspottet wurde. Angeblich kam er nämlich vor allem nach Japan, um die japanischen Konsumenten zum Kauf von mehr der als unattraktiv und altbacken empfundenen US-Autos zu bewegen. Am Nachmittag des Besuchs verlor Bush zunächst ein offensichtlich kräftezehrendes Tennis-Match gegen den japanischen Kaiser Akihito. Am Abend, bei einem Dinner mit dem japanischen Ministerpräsidenten, erbrach sich Bush dann plötzlich mitten während des Essens und fiel anschließend in Ohnmacht. Die japanische Öffentlichkeit delektierte sich fast unverhohlen an diesem modernen Pearl Harbor.

取り敢えず高いほうがいい

Dann platzte die Blase. So wie in der Geschichte der Wirtschaft noch jede Immobilien- und Börsenblase platzen
musste. Immer mehr Leute versuchten, mit den überhöhten
Preisen für Land und Aktien Kasse zu machen, immer weniger Leute waren bereit, diese Mondscheintarife zu zahlen,
und so begannen Kurse und Preise ab einem bestimmten
Zeitpunkt einfach abzurutschen. 2004 betrug der durchschnittliche Preis für Grund und Boden der Güteklasse A
im Zentrum Tokios weniger als ein einziges Prozent dessen,
was 1989 gezahlt worden war; der Nikkei-Aktienindex fiel
von fast 40 000 Punkten Ende 1989 auf ein Drittel des Wer-
tes im Jahr 1993.

Die Blase platzte nicht mit einem Schlag, sondern der
Werteverfall begann Anfang 1990 und erstreckte sich über
Monate und Jahre. Aber irgendwann merkten die Japaner, dass die Party vorbei war. Die Disko Gold machte 1993
dicht, das Juliana's schloss 1994 die Pforten. In Shabu-
Shabu-Restaurants zogen die Kellnerinnen ihre Höschen
wieder an. Mitte der Neunzigerjahre war jedem klar geworden, dass der überbordende Reichtum vor allem eine
dünnhäutige Seifenblase, englisch: *bubble*, gewesen war,
die nun geplatzt war. Seitdem sprechen Japaner sehnsüch-
tig von jenen goldenen, unwirklichen Jahren von 1985 bis
1992 als der Bubble-Zeit.

Seither haben Japaner jedes Gefühl für Geld verloren. Präziser gesagt: Seit der Bubble-Phase kann man Japaner rup-
fen wie eine Weihnachtsgans: Sie sind daran gewöhnt, dass
nichts auf der Welt für lau zu haben ist. Das freut nicht nur
Händler, Hoteliers und Restaurantbesitzer an den Touris-
tendestinationen dieser Erde. Vor allem ist der japanische
Staat glücklich, weil er den Leuten nichts für ihre Steuern
bieten muss. Zwar ist die Belastung durch Steuern und Sozialabgaben in dem Land vergleichsweise gering – von meinem eigenen Monatsgehalt werden dafür insgesamt knapp
30 Prozent abgezogen.

Aber dafür gibt es auch nix, gar nix, nicht mal Müllton-

92

取り敢えず高いほうがいい

nen. Im japanischen Stadtbild weisen stattdessen Banner darauf hin, dass man Abfall nicht einfach auf die Straße schmeißen und stattdessen zu Hause im eigenen Mülleimer entsorgen soll. Dabei ist Japan nicht Amerika, sondern ein stolzer Sozialstaat: Vom Gehalt gehen alle auch aus Europa bekannten Spezies von Sozialabgaben ab: Arbeitslosen-, Pflege-, Renten- und Krankenversicherung. Ich zahle happige 40 000 Yen pro Monat für die staatliche Krankenversicherung, in der jeder Arbeitnehmer versichert sein muss. Bei lebensbedrohlichen Leiden, sagen wir einem Husten, ist das japanische Gesundheitssystem supereffektiv. Erkranke ich an einer randständigen Malaise, sagen wir Krebs, hilft mir diese Versicherung aber überhaupt nicht mehr. Sie deckt nämlich nur 70 Prozent jedweder medizinischer Kosten ab. Bei der Diagnose Krebs beispielsweise kann jedoch kaum einer jahrelang die restlichen 30 Prozent Eigenbeteiligung an den Kosten für Operationen, Medikamente und langwierige Krankenhausaufenthalte aus der eigenen Tasche aufbringen. Deswegen sind Fernsehen und Zeitung voll von Werbung für private Anti-Krebs-Versicherungen, die alle Kosten übernehmen. Und wer sich diese teuren Zusatzversicherungen nicht leisten kann, der stirbt eben früher. Das ist die bittere Realität im reichen Industrieland und Sozialstaat Japan.

Staatliche Universitäten, Gymnasien, Grundschulen, Kindergärten – alle werden mit Steuergeldern finanziert, und alle kosten trotzdem separate Schulgebühren. Die 200 000 Yen im Jahr für eine staatliche Universität sind allerdings ein Schnäppchen, wie Mamoka, sechsundfünfzigjährige Kinderärztin, klarmacht: »Unsere Tochter hat es zum Glück auf die private Tokyo Women's Medical University geschafft, die Aufnahmeprüfung ist dort ziemlich hart. Aber seitdem blechen wir ordentlich. Allein als Aufnahmegebühr zahlten wir acht Millionen Yen, und die Studiengebühr beträgt jedes Jahr noch einmal 4,5 Millionen. Als wäre das nicht genug, verlangt die Uni von den Eltern regelmäßig ›freiwillige‹ Spenden für dies und das. Wir finden das unverschämt, aber alle zahlen.«

取り敢えず高いほうがいい

Selbst deutsche Institutionen verlangen in Japan Bubble-Preise. Ein Jahr an der Deutschen Schule Tokyo Yokohama, selbst ernannte »exzellente deutsche Auslandsschule«, kostet für Gymnasiasten 1 380 000 Yen. In Japan lebende Deutsch-sprachige, die von ihrer Firma nicht bubble-mäßig entlohnt werden, haben allerdings kaum eine Chance, ihren Kindern diese »exzellente« Erziehung in ihrer Muttersprache teilwer-den zu lassen. Man wird mich wohl nicht mehr zum tradi-tionellen Weihnachtsmarkt auf dem Schulgelände in Yoko-hama einladen, aber die Sonderdiskriminierung gegen arme Österreicher muss ich einfach noch erwähnen: Die zahlen nämlich sogar 1 525 000 Yen Jahresgebühr an dieser Schule; der niedrigere Preis gilt nur für Deutsche, Schwei-zer und Japaner.

取
り
敢
え
ず
高
い
ほ
う
が
い
い

Wohin nun mit all dem gesparten Steuergeld? Das geht in die seit Bubble-Zeiten dahinsiechende Wirtschaft. Erster Adressat der Finanzspritzen war und ist die japanische Bau-wirtschaft. Takeshi Kitanos TV-Show »Die spinnen, die Ja-paner« stellte in einer witzigen Miniserie die unsinnigsten Steuermillionengräber aus Beton vor: vierspurige Straßen-brücken, die fast unbewohnte Inseln mit dem Festland ver-binden. Zehn nur für die Fußball-Weltmeisterschaft 2002 nigelnagelneu gebaute Stadien nach dem FIFA-Standard für internationale Länderspiele, davon sieben buchstäblich in-mitten von Reisfeldern (wohl weil das Land billiger war), aber weit entfernt vom nächsten Erst- oder Zweitligaclub. Pompöse Kunstmuseen in der Pampa ohne nennenswerte Exponate oder Besucher. Bürohochhäuser, die mit Mitteln für den sozialen Wohnungsbau in Randlagen Tokios hoch-gezogen wurden und jetzt gratis vermietet werden, damit sie nicht leer stehen.

Ein ökonomisches Notstandsgebiet im heutigen Japan sind die zahllosen Tante-Emma-Läden in den Vororten und Dörfern. Laut einer Erhebung folgen in Japan 60 Prozent der Kinder den Eltern im Beruf nach; wodurch seit Gene-rationen auch kleinste Geschäfte weitervererbt werden. Oft sind sie erstaunlich spezialisiert: Überall findet man zum Beispiel noch Läden für Reis. Das sind nicht etwa Spezialhandlungen mit exotischem Reis aus aller Welt, sondern ganz banale Stationen zur Grundversorgung mit dem Hauptnahrungsmittel: Hier gibt's genau die gleichen drei japanischen Reissorten in vier verschiedenen Verpackungsgrößen wie im Supermarkt, aber eben gar nichts anderes – auch keine Kunden. Die sind zum Einkauf nämlich längst lieber in die umliegenden Supermärkte oder in die attraktiven Einkaufszonen in den Innenstädten abgewandert.

1999 griff die japanische Regierung den kleinen Händlern endlich unter die Arme, mit der erst stolz hinausposaunten und dann sagenhaft unwirksamen Kampagne »Förderung des Handels vor Ort«. Jeder japanische Jugendliche unter sechzehn Jahren und jeder japanische Rentner über fünfundsechzig bekam von der Regierung einen Einkaufsgutschein über 15 000 Yen geschenkt. Der Trick dabei: Der Gutschein konnte in jedem beliebigen Geschäft eingelöst werden, solange es – Achtung, professionelle Wirtschaftspolitik! – innerhalb des eigenen Wohnorts lag. Als Kombinis im ganzen Land aber begannen, Wechselgeld in bar auf die Gutscheine herauszugeben, verpufften die investierten Steuermilliarden auf einen Schlag. Ein Jugendlicher musste nämlich nun am Wohnort nur noch einen Softdrink für 100 Yen kaufen, die restlichen 14 900 wurden ihm ausgezahlt, und die konnte er dann in coolen Läden in Shibuya auf den Kopf hauen.

Schaut man sich japanische Wirtschaftspolitik an, möchte man heulen oder sich kräftig einen hinter die Binde kippen – schließlich machen es die Verantwortlichen genauso. Im Februar 2009 trafen sich die G7-Finanzminister zum ersten Mal seit Ausbruch der weltweiten Finanzkrise im Herbst 2008 zu ihrem jährlichen Gipfel in Rom. Die Weltwirtschaft stand kurz vor dem Zusammenbruch; der Internationale Währungsfonds (IWF) setzte größte Hoffnungen auf einen Plan des japanischen Finanzministers Shoichi Nakagawa, wackelnde Volkswirtschaften mit gigantischen

取
り
敢
え
ず
高
い
ほ
う
が
い
い

Sonderkrediten vor dem Abgrund zu bewahren. Nakagawa, Vertreter der zu dieser Zeit zweitgrößten Wirtschaftsmacht der Erde, sollte die Details des Plans auf ebenjenem Gipfel erläutern und die Teilnehmerländer zur gemeinsamen Ratifizierung des Sonderkredits von über 100 Milliarden Dollar bewegen, der bis dato je in der Geschichte größten verliehenen Einzelsumme. Schon auf dem Flug in die italienische Hauptstadt begann er sich laut eigener Angabe mit »drei bis vier Gin Tonic« auf die schwere Aufgabe vorzubereiten. In Rom trank er weiter, unter anderem Wein, »wie das in Italien üblich ist«, auch direkt vor der entscheidenden Pressekonferenz, auf der er dann in einem fort lallte, gähnte und gegenüber Journalisten ausfällig wurde. Drei Tage später trat er unter weinerlichen Entschuldigungen zurück, trotz Bitten des damaligen Premiers Taro Aso, sich zusammenzureißen und weiter seinen Pflichten nachzukommen.

Allein in den darauffolgenden vier Jahren wechselten sich sage und schreibe sieben verschiedene Politiker auf dem Posten des japanischen Finanzministers ab, bis Anfang 2013 Aso selbst zum Finanzminister ernannt wurde. Da bleibt niemandem groß Zeit, sich in die Feinheiten des Jobs einzuarbeiten. Vielleicht greift die japanische Politik deshalb immer wieder zum bewährten Bubble-Prinzip: Reichlich für jeden, und am Schluss ist egal, ob was dabei herausspringt.

So ist Bubble vielleicht noch in den Köpfen. Aber in den Herzen ist es schon lange nicht mehr das Goldene Zeitalter. Heute blicken die Japaner nämlich noch weiter zurück in die Vergangenheit, wenn sie von den guten alten Zeiten sprechen. Sie sehnen sich nach der sogenannten *Showa*-Phase vor der Bubble-Zeit, den Fünfziger- und Sechzigerjahren, in denen die Japaner ohne Schnickschnack und mit harter Arbeit ihr Wirtschaftswunderland eigenhändig aufbauten. Kaum einer von den gegenwärtigen Verklärern war damals schon so alt, dass er in einer Kneipe ein Bier bekommen hätte, aber als Vehikel für die Zeitreise in die glo-

取
り
敢
え
ず
高
い
ほ
う
が
い
い

rifizierte Vergangenheit dienen vor allem japanische Kneipen. Je einfacher und primitiver (manche würde sagen:
unbequemer), desto populärer sind die Showa-Retro-Knei-
pen heutzutage. Mittlerweile dominieren sie ganze Vergnügungsviertel wie das Tokioter Shimbashi.

Die Kneipenbesucher müssen entweder stehen, dann dienen ausgediente Reisfässer als Tische, oder sie hocken auf
umgedrehten Getränkekisten, dann sind einfache, aufge-
bockte Bretter die Tische. Glühbirnen hängen nackt in der
Fassung von der Decke, und die Speisen stehen auf handge-
schriebenen Zetteln an der Wand (gell, man hatte ja noch
keine Drucker damals), wenn man sie nicht mit Schiefer-
kreide (»authentisch, authentisch!«) auf eine große Tafel
gekritzelt hat. Mit Vorliebe verzehrt man in einer Showa-
Retro-Kneipe auf offenem Feuer gegrillte Fleisch- und
Gemüsespießchen; vor allem Innereien wie Schweinele-
ber, Hühnerherz, Rinderpansen. Geflügelgelenke sind der
größte Hit (»Damals bekamen wir doch gar kein besseres
Fleisch!«).

Auch Drinks, die ursprünglich aus der Not geboren worden waren, sind wieder total angesagt. Der *Highball*, ein
alkoholisches Getränk mit Limonade, die pappsüß sein
musste, damit sie den Geschmack des schwarzgebrannten
Alkohols überdeckte, wird heute immerhin mit importier-
tem Wodka gemischt. *Hoppy* wiederum ist ein kohlensäure-
haltiger Trunk mit Getreidegeschmack; nach dem Zweiten
Weltkrieg mixte man ihn mit billigem Fusel, um eine ent-
fernte Idee von damals nirgendwo erhältlichem Bier zu bekommen. Heute wäre ein echtes Bier vom Fass günstiger als
die Hoppy-Kombination – und vor allem dreimal genießba-
rer. Aber die Nostalgie macht's anscheinend.

Selbst die Schriftzeichen auf den Namensschildern von
Gaststätten und Restaurants sehen mittlerweile im ganzen
Land wie hingeschmiert, pardon, mit freier Hand kalligra-
fiert aus; eine leserliche Version würde wohl die Kunden
vergraulen. So ist die Bubble-Zeit zumindest in der Gastronomie definitiv vorbei – bis man die Rechnung sieht.

取
り
敢
え
ず
高
い
ほ
う
が
い
い

GEISTER
Japaner glauben auch alles

Okkulte Listen im Giftschrank des Tokioter Woh-
nungsamts. Die Großväter stehen wieder auf von den
Toten. Der fette Buddha im Supermarkt. Christliche
Kirchen mit jüdischen Priestern.

日
本
人
は
何
で
も
信
じ
ち
ゃ
う

»Drei Minuten zu Fuß vom Bahnhof Shinjuku, 26 m², zwei
Zimmer, Bad, Küche und zwei Balkons für 90 000 Yen
Miete« – meine Wohnung, in der ich jahrelang leben sollte,
schien ein Superschnäppchen zu sein, als ich sie damals im
Internet entdeckte: Nur drei Minuten von Shinjuku, Tokios
verkehrsreichstem und überhaupt weltweit größtem Bahnhof? In Shinjuku läuft man schon eine Viertelstunde, um
vom Zug zum Ausgang zu gelangen; später sollten mich
Leute immer wieder einen Lügner strafen, wenn ich ihnen
beschrieb, wie unglaublich zentral ich wohnte.

Dass die Maklerin am Telefon nur widerwillig eine Besichtigung vereinbarte, schob ich dann darauf, dass dieses
Schnäppchen wohl bereits genügend andere Interessenten
gefunden hätte. Schließlich ist es für japanische Makler
mühsam: Auch die letzte Bruchbude schauen sie mit jedem
Kunden einzeln an; in der Regel holen sie ihn am Bahnhof
oder gar zu Hause mit dem Auto ab.

»Der Vermieter sucht seit Monaten einen Mieter, er hat
den Preis noch einmal gesenkt, auf jetzt 83 000 Yen Miete«,
erklärte mir die Maklerin gleich zu Anfang. Diese Begrüßung hatte ich am wenigsten erwartet. Die Wohnung wirkte
hell und modern. Das kleine Wohnzimmer war ein Eckraum

mit Fenstern zu drei Seiten, in Nordrichtung sah man auf einen schönen buddhistischen Tempel, im Süden den Shinjuku-Park. Es schien alles perfekt zu sein, ganz zu schweigen vom Preis und der zentralen Lage.

»Was hat denn den anderen Leuten an der Wohnung nicht gepasst?«, fragte ich.

Sie seufzte und deutete aus dem Fenster zum Tempelgelände: »Hier ist ein Friedhof.« Dann zeigte sie auf die entgegengesetzte Seite des Zimmers: »Und dort liegt nach ein paar Hundert Metern ein Krematorium.« Aha? Dem begriffsstutzigen Ausländer musste man auch alles erklären: »Ist der Tote verbrannt, fliegt seine Seele nachts auf dem kürzesten Weg zum Grab. Da hier auf beiden Seiten Fenster sind, fliegen die Seelen also mitten durch die Wohnung.« Ich musste fast lachen, aber die Maklerin blickte resigniert: »Fünfzehn Leute habe ich schon durch die Wohnung geführt, aber am Schluss sind doch alle abgesprungen – schließlich will keiner Geister im Haus haben!«

Mich konnte der Aberglaube der Maklerin nicht mehr wirklich schocken. Bei meiner Suche nach einer neuen Bleibe war das nämlich nicht das erste Mal gewesen, dass die Miete einer Wohnung eine Art »Geistpreisbindung« hatte. Nur eine Woche vorher hatte ich das Wohnungsamt der Provinz Tokio aufgesucht. Die Provinz selbst ist mit über 200 000 Wohneinheiten die größte Vermieterin in Tokio, und ich hatte gehofft, dass mit Steuergeldern errichtete Appartements vielleicht preisgünstiger wären als von privat vermietete Häuser. Einige der Wohnungen waren in der Tat preisgünstig – aber aus einem ganz anderen Grund, als ich vermutet hatte.

Das Wohnungsbüro befand sich im sonnendurchfluteten vierundvierzigsten Stock eines modernen Wolkenkratzers in Shinjuku. Das Amt hielt Hunderte von Prospekten bereit, in denen jede Information auf Tabellen und Zahlen heruntergebrochen wurde; sämtliche Auskünfte konnten sofort am Computer abgeglichen werden. In dieser Umgebung wirkte alles logisch, rational und exakt begründbar. Für Un-

日
本
人
は
何
で
も
信
じ
ち
ゃ
う

abwägbares, für irrationalen Aberglauben schien hier kein Platz.

Die freundliche Angestellte legte mir mehrere Angebote in meiner Wunschgegend vor. Die Mieten waren allerdings durch die Bank praktisch auf dem gleichen Niveau wie auf dem freien Wohnungsmarkt – also viel zu teuer für mich. Als ich wohl langsam etwas verzweifelt wirkte, zögerte die Dame etwas und meinte dann: »Sie sind ja Ausländer – da gäbe es eventuell noch einen anderen Weg ...« Ich befürchtete schon das Schlimmste, aber ihre Gedanken gingen in eine unerwartete Richtung. Fast peinlich fuhr sie fort: »Es gibt nämlich Wohnungen, in denen Japaner auf keinen Fall wohnen wollen. Da könnten Sie sofort einziehen.«

Ich hakte nach: »Warum?«

»Da ist ein Brand passiert – oder noch Furchtbareres ...« Und nun senkte sie die Stimme und flüsterte nur noch: »Jemand ist in der Wohnung gestorben ... und dadurch ist sie verflucht.«

Ich musste unwillkürlich laut auflachen: »Meinen Sie das ernst? Das ist doch bloßer Aberglaube!«

»Nein, überhaupt nicht«, hauchte die Angestellte ehrfürchtig. »Danach sind Gespenster in der Wohnung.« Offensichtlich steckt der Geist eines Verstorbenen da fest, wo er stirbt. Oder so. Und das nicht nur als Geist, sondern gar als Gespenst.

Aber ist Tod nicht einer der Hauptgründe, warum Wohnungen frei werden? Ich konnte die Bedenken der Dame jedenfalls nicht ganz nachvollziehen. Auf ihre sorgenvolle Nachfrage bestätigte ich ihr gerne, dass mir als taffem Ausländer solche Hintergründe in der Tat nicht im Geringsten etwas ausmachen. Erst dann holte sie eine spezielle Liste aus einer Art Giftschrank, die überschrieben war mit: »Unfall, Brand, Tod«. Manche der Wohnungen auf der Liste standen seit Jahren leer. Und die Mieten waren in der Tat preisgünstig.

日
本
人
は
何
で
も
信
じ
ち
ゃ
う

Japaner fürchten sich vor Gespenstern – im hochtechnisierten, regelgesteuerten Japan, in dem es ohne A kein B geben darf, überrascht nichts mehr als das. Aber dass es Geister gibt, steht für viele außer Frage. So berichtet die achtundzwanzigjährige Kaori, eine aufgeweckte und intelligente Bankangestellte, die wie viele Japaner mit den Großeltern unter einem Dach aufgewachsen ist, voller Ernst: »Bis zu seinem Tod hatte Opa in einem etwas abgelegenen Zimmer im ersten Stock gewohnt. Er war über ein Haustelefon in seinem Zimmer mit dem Erdgeschoss verbunden. Auch heute noch steht das Haustelefon an seinem alten Platz. Vor ein paar Tagen war ich mit meiner Mutter allein daheim. Gerade war sie im Badezimmer verschwunden, da klingelte auf einmal das Haustelefon im Wohnzimmer. Automatisch nahm ich ab. Am anderen Ende der Leitung war Stille – jemand hatte also in Opas altem Zimmer ebenfalls den Hörer abgenommen, denn sonst hätte es getutet. Ich traute mich nicht, nach oben zu gehen und nachzuschauen, was oder vielmehr wer da ist. Plötzlich schwebte ein weißer Schatten direkt an mir vorbei, und ich schrie auf. Als meine Mutter aus dem Bad gerannt kam und sich die Geschichte anhörte, meint sie: ›Heute ist der einjährige Todestag deines Großvaters. Hast du das nicht gewusst?‹ Da fiel auch bei mir der Groschen: Opa hatte uns an seinem Todestag ermahnen wollen, ihn ja nicht zu vergessen!« Für Mutter und Tochter war das die naheliegendste Erklärung: Opas geistern manchmal durchs Haus, vor allem, wenn sie tot sind.

Telefone, die nicht klingeln dürften, Schatten ohne Körper – gerade den Japanern müssen solche kleinen Phänomene ihrer akkuraten, ja pedantisch geordneten Welt unheimlich erscheinen. Japanische Horrorfilme kommen aus diesem Grund ohne Unmengen von Blut, abgetrennten Körperteilen oder Aliens mit unmenschlichen Fratzen aus; der sogenannte J-Horror ist weltweit erfolgreich mit Filmen wie *Ring* oder *Ju-on*, die eine irre Gänsehaut allein dadurch erzeugen, dass Dinge, die in einem anderen Kontext ganz normal und unspektakulär wirken, in vollkommen unerwarteten Situationen auftauchen. So ist das Parademonster japanischer Geisterfilme eine »Frau in Weiß«. Nüchtern betrachtet ist das nur eine jüngere Japanerin mit langen schwarzen Haaren und in ein weißes Gewand gekleidet. Bloß hängt sie dann einfach mal kopfüber im Schlafzimmer von der Decke und schaut einen regungslos an.

Uns sind lange stürmische Herbst- oder Winternächte unheimlich, in Japan dagegen haben Geistergeschichten im Hochsommer Konjunktur. Mitte August feiern Japaner zum einen das buddhistische Gedenkfest der Verstorbenen. Zum anderen sind die oft stockdunklen Sommernächte die ideale Projektionsfläche für unterbewusste Ängste: Mit den Augen sieht man gar nichts, während die anderen Sinne mit fremden Reizen bombardiert werden: die tropische Hitze der Nacht, die Sommergerüche, aber vor allem das unaufhörliche Höllengeschrei von Zikaden und anderen Insekten, das mehrere Dutzend Dezibel von einem lieblichen Grillenzirpen trennt. Allein der eher nüchterne Titel eines Meisterwerks des Literaturnobelpreisträgers Yukio Mishima ruft beim japanischen Leser geheimnisvollste Assoziationen hervor: *Tod im Hochsommer.*

In den Nächten des Hochsommers sitzen Japaner in ihren von weißen Neonröhren beruhigend grell erleuchteten Wohnzimmern auf Reisstrohmatten, trinken Sake und Bier und machen einander Angst vor der tiefschwarzen Dunkelheit da draußen vor den Fenstern mit selbst erlebten oder von anderen gehörten Gespenstergeschichten. Oder sie gruseln sich beim Fernsehen – denn im August dominiert auch in den Programmen Übernatürliches: »Wahre erlebte Geistergeschichten« werden von Schauspielern in Szene gesetzt, okkulte Medien nehmen Kontakt mit Mordopfern im Jenseits auf, um ungelöste Fälle aufzuklären, und Menschen mit allerlei übersinnlichen Fähigkeiten bewegen Wolken, lassen Leute mit einem Fingertipp zehn Meter durchs Studio fliegen oder schweben selbst in der Luft.

日
本
人
は
何
で
も
信
じ
ち
ゃ
う

Den Promis, die den Wunderheilern und Geisterbe-
schwörern im TV-Studio über die Schulter schauen dürfen,
würde es nie einfallen, über diese angeblich übernatürli-
chen Experimente zu lachen, so offenkundig auch manche als Tricks erkennbar sind. Denn nicht nur die Gäste im
Studio, auch viele Fernsehzuschauer halten Übernatürliches für absolut möglich, so wie der fünfunddreißigjährige
Takenobu: »Das ist unglaublich – was es nicht so alles gibt!
Gruselig!«

Was sind eigentlich Gespenster? Für den christlich gepräg-
ten Westler ist das ganz klar: Gespenster sind Seelen von
Problem-Verstorbenen. Menschen, die sich eigentlich schon
auf ein gemütliches Leben nach dem Tod gefreut hatten,
aber es aufgrund irgendeiner auf sich geladenen Schuld
oder Sünde vergeigt haben und deshalb immer noch auf
der Erde herumgeistern. Und wer hat das zu entscheiden?
Genau, Gott, mit seinem klaren Kanon von Gut und Böse.

Zeigt also der in Japan weitverbreitete Glaube an Geister, dass das Leben und Denken in diesem Land von Religion durchdrungen ist, dass die Japaner ein spirituelles Volk
sind?

Laut dem *Fischer Weltalmanach* ist Japan Jahr für Jahr sogar das spirituelle Super-Volk. In der Kategorie »Religions-
zugehörigkeit« registriert das Länderlexikon: »80 Prozent
Buddhismus, 90 Prozent Schintoismus, zwei Prozent Chris-
tentum« – insgesamt fast 200 Prozent Gläubige, da kann
Saudi-Arabien mit seinen 99 Prozent Muslimen aber ein-
packen. Überhaupt: Bei den meisten Völkern dieser Erde
gehören Menschen einer einzigen Religion an – oder eben
gar keiner. Japaner machen es jedoch nicht unter zwei
Glaubensrichtungen – pro Individuum.

Bei Hochzeiten huldigt man am liebsten sogar gleich drei
Religionen – und das hintereinander. Eine mögliche Reihenfolge: Das Paar, das sich binden will, gibt sich zunächst in
einer christlichen Kirche in Brautkleid und Anzug, begleitet
von Felix Mendelssohn Bartholdys »Hochzeitsmarsch«, das

日本人は何でも信じちゃう

Jawort. Dann erbittet es mit Unterstützung eines buddhistischen Priesters den Segen der Verstorbenen. Schließlich erscheint es im traditionell schintoistisch-japanischen Hochzeitsoutfit zum Shooting der Erinnerungsfotos.

Gerade der Schintoismus, eine japanische Naturreligion, bietet seinen Anhängern farbenprächtige Hochzeitszeremonien, wie jeder 007-Fan weiß: In *Man lebt nur zweimal* heiratet James Bond eine japanische Geheimagentin im Schinto-Schrein, umringt von Dutzenden Schreinjüngerinnen in einem orangefarbenen Gewand. Der Priester singt während der gesamten feierlichen Handlung in auf- und abschwellender Lautstärke, nur ab und zu vom dröhnenden Klang eines riesigen Gongs unterbrochen. Alles wirkt sehr mystisch. Das Brautpaar muss fortwährend nach geheimnisvollen Ritualen aus Reisweinschälchen trinken. Solche exotischen Schinto-Hochzeiten können Besucher der Schrein- und Tempelstadt Kamakura übrigens mit etwas Glück an jedem Wochenende erleben.

Für die allermeisten japanischen Brautpaare aber geht nichts über eine authentische christliche Hochzeit in einer Kirche. Sie bietet offenbar den besten Mix aus Hollywood-Romantik und Rührung, wie der Amerikaner Ken erläutert, der diese Zeremonien leitet: »Ich möchte nicht nur Formeln vom Blatt ablesen, ich möchte die Hochzeitsgesellschaft emotional bewegen. Dazu informiere ich mich vorher über Braut und Bräutigam und versuche dann, deren persönliche Geschichte mit den großen Hochzeitshemen – gemeinsames Glück, Verantwortung vor Gott, ein Miteinander bis zum Tod – zu verbinden. Wenn ich sehe, dass die Mutter der Braut zu schluchzen beginnt, dann weiß ich, dass ich erfolgreich war.«

Ken arbeitet als Englischlehrer in einer der zahlreichen Konversationsschulen für Hausfrauen und Geschäftsleute, dort bekommt er im Monat circa 300 000 Yen. Der Wochenendjob mit den Eheschließungen ist äußerst lukrativ, denn dort erhält er 100 000 Yen für einen Nachmittag. Dem Veranstalter macht es nichts aus, dass Ken keine christliche

Aus- oder Vorbildung hat – das wäre auch schwierig, denn er ist Jude. Selbst wenn er es wüsste, auch das wäre dem Veranstalter völlig egal: Hauptsache, der »Priester« ist ein weißer Ausländer, denn das verlangen die Kunden, damit eine westliche Hochzeit authentisch wirkt. Schließlich ist der Veranstalter, von dem hier die Rede ist, keine christliche Gemeinschaft, sondern in der Regel ein Hotel, das im *All-inclusive*-Paket nicht nur das Hochzeitsbankett anbietet, sondern auch die Organisation und die Räumlichkeiten für eine christliche Trauung. Die Kirche selbst entpuppt sich als eine Las-Vegas-Karikatur, manchmal ist es ein kapellenähnlicher Aufbau auf dem Dach des Hotels mit Türmchen und gotischen Fenstern, aber oft nur einfach ein Saal des Hotels, der mit Kreuzen und anderem Brimborium auf pseudochristlich getrimmt wurde, gleich neben den Sälen für buddhistische und schintoistische Hochzeiten.

Für einen Christen muss das an Blasphemie grenzen. Die wenigen christlichen Gemeinden in Japan kennen ihre Pappenheimer und geben ihre Gotteshäuser für diese religiösen Pseudohochzeiten natürlich nicht her. In meiner unterfränkischen Heimat ging man vor ein paar Jahren weniger rigide vor. Da hatte die evangelische Gemeinde von Amorbach ihre romantische Barockkirche an ein japanisches Hochzeitspaar vermietet. Das war samt Gästen und japanisch sprechendem Miet-»Priester« eingeflogen und konnte so ihr Tauschritual mit den Ringen in der authentischsten aller christlichen Locations vollziehen – einer echten Kirche!

日本人は何でも信じちゃう

Nehmen die Japaner wenigstens ihre Hauptreligionen ernst? Von außen gesehen scheint das mit den 80 Prozent Schintoismus zu stimmen. Denn so wie der Gelegenheitschrist einmal im Jahr, an Weihnachten oder zu Ostern, die Kirche betritt, gehen die meisten Japaner am Neujahrstag zum Schinto-Schrein. So bildet sich jedes Jahr vor dem Tokioter Meiji-Schrein, der den Seelen des Meiji-Kaisers und seiner Gemahlin gewidmet ist, schon ab dem Silvesterabend eine Riesenschlange. Sie reicht weit in die Straßen des angrenzenden Szeneviertels Harajuku hinein. Der gleichnamige Bahnhof hat sogar einen eigenen Ausgang, der direkt zum Schrein führt und ebenfalls wie dieser nur am 1. Januar geöffnet ist. Mit Schlag Mitternacht, mit Beginn des neuen Jahres, wird der Zugang zum Hauptschrein geöffnet, und dann schiebt sich die Schlange langsam vorwärts für die religiöse Zeremonie.

Einen Gottesdienst mit gemeinsamem Gebet oder Gesang sucht man ebenso vergeblich wie einen Priester oder Vorbeter, der die Gläubigen bei dieser Zeremonie spirituell begleiten würde. Wer einen Schinto-Schrein besucht, muss alles selbst machen: Im Vorhof wäscht man sich die Hände an einem Brunnen mit einer Schöpfkelle, anschließend muss man die paar Stufen hinauf zum Hauptgebäude des Schreins steigen. Dann bleibt man draußen vor einer riesigen, oben offenen Kiste stehen, die den Weg ins Innere versperrt. Jetzt hat man an einer an einem dicken Seil herabbaumelnden großen Glocke zu ziehen, danach klatscht man einmal in die Hände, faltet diese für drei Sekunden, neigt den Kopf und schmeißt am Ende einen nicht zu kleinen Geldbetrag in die große Box. Da wird man gerade an Neujahr auch schon wieder die Stufen heruntergescheucht (einziger Kontakt mit dem Priester), weil das nächste Grüppchen bereits unten wartet. Die Kernzeremonie ist damit beendet.

Im hauseigenen Shop im Vorhof bieten Schinto-Jüngerinnen neben Räucherstäbchen und Glücksamuletten, die man sich an den Autorückspiegel oder ans Handy hängen kann, auch Täfelchen an, auf die man Wünsche schreiben kann, die ganze Palette: Erfolg bei Prüfungen, Gesundheit, die große Liebe etc. Vor allem aber verkaufen sie Lose, die wie die kleinen Zettel in chinesischen Glückskeksen oft eine Horoskop-Weisheit enthalten. Wichtiger als der Kalenderspruch ist bei den Losen aber, dass man eine von fünf »Glücks«-Kategorien zieht: Die gehen von »Durchschnittliches Glück« (geschäftsschädigende Nieten gibt es nicht) bis »Super-Wahnsinnsglück«. Glück bezieht sich dabei allein auf ein Glück in der Zukunft, bei was und wann auch immer man es braucht. Damit reiht sich der Schintoismus dann doch in die großen Religionen ein: Sie machen Reibach mit vagen Versprechen für die Zukunft im Gegenzug für bares Geld im Heute. Und hat man nur ein »Durchschnittliches Glück« auf dem Zettel stehen, schaut man eben, ob man für weitere 200 Yen nicht mehr Glück haben wird.

Man hat beim Schintoismus also Action, kann für Bimbes Geld ausgeben und steht lange in einer Schlange – das kennt der Japaner ja auch von Disneyland. Der Philanthrop mag hinter dem Schinto-Treiben spirituelle Befriedigung vermuten, und sicher gibt es auch einige Menschen, denen das Ganze Seelenfrieden verschafft, und bestimmt steht irgendeine uralte schintoistische Tradition hinter diesen Ritualen, bei der die 33 521 Götter dieser Naturreligion alle eine wichtige Bedeutung haben – aber das alles spielt keine Rolle, weil es für die Japaner am Schrein keine Rolle spielt. Auf die Frage, warum sie sich dieser Prozedur unterziehen, hat bis jetzt noch jeder Japaner geantwortet: »Weil man das an einem Schrein so macht.«

Sie verknüpfen ihr Tun nicht einmal originär mit dem Schintoismus. Den religiösen Sprint – Waschen, Läuten Klatschen, Verneigen und Yen-Scheine einwerfen – löst der Anblick von ein paar Stufen, die zu einer Geldbox hinaufführen, bei einem Japaner so automatisch aus wie ein Klingelton beim pawlowschen Hund das Sabbern. Ein Schild, das an einem Tempel einer strikteren buddhistischen Schule im westjapanischen Himeji direkt neben der Geldbox hing, beweist das: »Bitte das Händeklatschen unterlassen. Händeklatschen ist ein schintoistisches Ritual; dies hier ist ein buddhistischer Tempel.« Die Geldbüchse hatte der Tempel aber auch nicht vergessen. Denn ob Tempel oder Schrein, ob an Neujahr oder sogar nur, wenn wie am Takao-Berg der ausgewiesene Wanderweg zufällig hundert Meter durch ein Schreingelände führt: Japaner bleiben stehen, klingeln, klatschen und lassen Geld da.

日
本
人
は
何
で
も
信
じ
ち
ゃ
う

Im Trevi-Brunnen in Rom werden Scheine bekanntlich nass. Da wäre es besser, ein paar Holzstufen an die Wand des Kolosseums zu tackern und oben gut sichtbar große Geldboxen und eine Glocke mit Bommel aufzustellen. Nicht zu vergessen: Vor den Stufen noch eine schwülstige Erklärung in alten japanischen Schriftzeichen anbringen – und schon würden die japanischen Touristen kräftig mithelfen, das italienische Staatsdefizit zu reduzieren.

Nun zum Buddhismus. Der Buddhismus leuchtet nicht nur in Japan. Keine andere Religion verbreitet sich gerade in der westlichen Welt so friedlich und unaufgeregt wie der Buddhismus. Er scheint vor allem durch seine Konzepte und Ideen zu überzeugen, nicht durch Zwang, Drohung oder aggressive Missionierung. Zu dieser Ideenwelt steuern japanische Buddhisten seit Jahrhunderten einen Riesenanteil bei. Die deutsche Regisseurin Doris Dörrie, die ohnehin von Japan angetan ist, lässt in ihrem Film *Erleuchtung garantiert* zwei Münchner in einer Sinnkrise ausgerechnet nach Tokio reisen, in die Hauptstadt der Hektik. Die beiden Bayern, von Uwe Ochsenknecht und Gustav Peter Wöhler dargestellt, buchen einen Schnupperaufenthalt in einem Zen-Kloster – und selbst der Zuschauer empfindet schließlich die Ruhe und totale Entspannung, die die minimalistischen, monotonen Rituale in dem Kloster den beiden Protagonisten bringen.

Als Wertekanon, Lebensanleitung und Trostspender wird der Buddhismus von Millionen Japanern ernsthaft praktiziert. Die zweiundzwanzigjährige Yuka, eine angehende Fotografin, hat in ihrem sonst schlicht ausgestatteten Zimmer einen kleinen, aber auffällig verzierten Altar stehen, vor dem sie jeden Abend betet. Dabei gibt es genauso wenig einen einzigen Buddhismus, wie es eine einzige christliche Kirche gibt. Yuka erzählt: »Auf dem Weg zur Arbeit könnte ich eine Abkürzung durch das Gelände eines Tempels der Shingon-Schule nehmen, aber da setze ich meinen Fuß nicht rein. Die Shingon-Anhänger sind keine echten

Buddhisten, die glauben, dass es für das Seelenheil schon reicht, einmal im Jahr dem Tempel Geld zu spenden.«

Yuka ist Anhängerin der Nichiren-Schule. Zwar ist diese buddhistische Glaubensrichtung nirgendwo amtlich registriert, aber hinter den Nichiren-Anhängern steht eine schlagkräftige Organisation, die Soka Gakkai, die man – je nachdem – als Firma, Verein oder Religionsgemeinschaft betrachten kann und die in Japan Millionen registrierte Mitglieder hat, darunter Yukas Mutter. Die Soka Gakkai hat in ihrer Gruppierung als politischen Arm die einflussreiche Komeito-Partei, die auch immer wieder an der japanischen Regierung beteiligt ist – damit ist die Soka Gakkai sicher ebenso die größte politische Organisation des Landes. Vor Wahlen, bei denen Wahlwerbung im öffentlichen Raum streng limitiert ist, erkennt man Soka-Gakkai-Mitglieder leicht, weil bei ihnen Wahlplakate der Komeito-Kandidaten in Fenstern oder an Hauswänden hängen. So wird auch der Buddhismus, wie jede Religion, gesellschaftlich instrumentalisiert.

Einige Millionen Japaner sind registrierte Buddhisten, aber laut Statistik gehören ja 90 Prozent der Religion an, das wären also weit über hundert Millionen Japaner – wo sind die alle? So wie fast alle Japaner an Neujahr oder bei Hochzeiten kurzzeitig zu Parade-Schintoisten werden, verwandeln sie sich zu einem anderen, für den Hauptteilnehmer spätestmöglichen Zeitpunkt im Leben zu Buddhisten – nämlich im Tod.

In der Tokioter U-Bahn fallen dem aufmerksamen Japan-Besucher Werbeplakate mit großformatigen Landschaftsaufnahmen ins Auge. Im Vordergrund der Fotos drängen sich prall blühende Kirschbäume, im Hintergrund ist der am Gipfel noch schneebedeckte Fudschijama zu sehen. Auch wer die Schriftzeichen nicht lesen kann, erkennt schnell, dass es sich bei der hohen Zahl in der Mitte des Plakats um einen Preis handeln muss – mehrere Millionen Yen. Etwa für ein Häuschen in der Sommerfrische? Nein, das wäre dann doch zu günstig – trotz der hohen Summe. Wer jetzt aber

日
本
人
は
何
で
も
信
じ
ち
ゃ
う

die Schriftzeichen entziffert, erfährt: Die Plakate sind Anzeigen für zwei mal zwei Meter große Gräber. Wer die doch längere Periode des ewigen Friedens nicht auf einem Vorortsfriedhof zwischen zwei Stadtautobahnen verbringen will, sondern im Schatten des majestätischen Fudschijama, der auch noch (da ja majestätisch) eine zusätzliche Mystik mit ins Spiel bringt, der muss tief in die Tasche greifen. Dabei werden die sterblichen Überreste, die in Japan traditionell in einer Urne aufbewahrt werden, oft gar nicht auf dem Friedhof, sondern zusammen mit einem Foto des Verstorbenen im Hausaltar der Hinterbliebenen aufbewahrt. Auf dem Friedhof steht nur die buddhistische Grabstele als Vertreterin der Seele.

Bis in den Tod hinein hat der japanische Konsument die freie Wahl zwischen recht bunten Alternativen. Lage und Größe des Grabes sind nur ein Teil aller Variationen. Schon der Ort der öffentlichen Trauerzeremonie wird unmissverständlich nach dem Status des Verstorbenen gewählt. Eine Beerdigung in Japan erfolgt, wie gesagt, meist nach buddhistischem Ritus, der mehrere Trauerriten, gestreckt über Wochen, vorschreibt. Die öffentliche und größte Trauerfeier findet allerdings weder im Tempel noch am Grab statt, sondern in den Räumen des Beerdigungsinstituts. Wer es sich also leisten kann, mietet die lichtdurchfluteten Räume eines solchen Instituts direkt an der Bucht von Tokio, mit hohen Glaswänden, die den Blick auf die Wogen der stürmischen See freigeben. Trauergäste werden vom nächsten Bahnhof in Limousinen abgeholt; beim Beerdigungsschmaus im Obergeschoss serviert man feine Gerichte der *Kaiseki*-Küche, und die Gäste haben die Möglichkeit, bei einer Kellnerin den Jahrgangswein aus der Karte zu bestellen. Weniger Betuchte können sich einzig ein Institut in einem anonymen Vorort leisten, alle Gäste laufen vom nächstliegenden Bahnhof mindestens fünfzehn Minuten zu Fuß. Die Räume werden von Neonlicht erleuchtet, die Tapeten sind abgeblättert, und beim Essen bedient man sich selbst bei den Bierflaschen, die auf den Tischen stehen.

日
本
人
は
何
で
も
信
じ
ち
ゃ
う

Der Verlust eines geliebten Menschen ist immer unerträglich. Das Schlimmste an japanischen Totenfeiern ist nicht, wie luxuriös oder schäbig das Ambiente ist, es ist, dass sie den Hinterbliebenen keinerlei Ventil für die Trauer bieten, obwohl ein religiöses Ritual im Zentrum steht. Am Eingang sammeln Angestellte des Instituts von den ankommenden Gästen zunächst das mitgebrachte Kondolenzgeld ein und registrieren Namen und Summe penibel in einer Liste. Danach erhält man eine kurze Unterweisung, wie der Ritus der Beileidsbekundung abläuft, sobald man den Trauersaal betritt. Oft bekommt man dabei einen Mistelzweig oder anderen Gegenstand in die Hand gedrückt. Damit stellt man sich dann stumm in der langen Reihe der Kondolierenden an. Man sieht viele bekannte Gesichter, aber man hat kaum die Gelegenheit, ein Wort zu wechseln, denn sobald man in der Schlange steht, gebietet der Respekt, stumm zu bleiben.

Der Verstorbene selbst liegt aufgebahrt in der Mitte des Saals unter einem großen Foto, links und rechts davon haben die Angehörigen in mehreren Reihen Platz genommen. Es ist vollkommen still im Raum, nur ab und zu lassen an den Seiten sitzende oder stehende buddhistische Priester auf traditionellen Saiteninstrumenten einzelne tragende Töne erklingen. Mit dem Geklimper hat sich auch schon die spirituelle Fürsorge durch die Priester erschöpft. Wenn man in der Schlange der Leidtragenden ganz nach vorn gerückt ist, hält man kurz inne und vollzieht die rituellen Trauerbekundungen: Man wedelt langsam mit dem Mistelzweig (oder dem sonstigen Gegenstand) und verbeugt sich danach würdevoll in Richtung der Angehörigen. Auf die Verbeugung reagieren die Hinterbliebenen kollektiv mit einer tiefen Gegenverbeugung. Nie ist Zeit, mehr als eine kurze Gedenksekunde stehenzubleiben, um sich vom Verstorbenen zu verabschieden oder den Angehörigen, denen man nahesteht, eine individuelle Beileidsbekundung auch nur per Augenkontakt, geschweige denn im direkten Gespräch zu übermitteln. Man will in dieser schweren Stunde die Feier nicht für seine eigene

日本人は何でも信じちゃう

Trauer monopolisieren, denn hinter einem warten schon die nächsten Gäste. So tritt man dann schnell aus dem Raum.

Beim Leichenschmaus ergäben sich eventuell Gespräche mit anderen Trauernden, aber sehr viele verschwinden sofort, ohne den Speisesaal aufzusuchen, einfach, weil es zu deprimierend ist. Auch später hat man fast nie Gelegenheit, die Angehörigen zu sprechen, denn sie haben die ganze Zeit im Trauersaal zu bleiben; es gibt keinerlei Trauerreden, keinerlei Trost. Alles, was die berufsmäßigen Trostspender bieten, ist esoterisches Geklimper. Dafür halten sie nachher umso kräftiger bei den Verbliebenen die Hand auf. Je mehr Priester auf der Trauerfeier herumsitzen, desto höher ist das Prestige – und desto teurer wird es.

Auf einer buddhistischen Grabstele darf nicht der echte Name des Verstorbenen stehen, stattdessen wird ein neuer, ein »Jenseits«-Name eingraviert, den die Priester bestimmen – natürlich nur gegen einen Obolus. Je mehr die Angehörigen dafür auf den Tisch legen, einen desto karmageladeneren Namen versprechen die Priester. Was schreiben sie wohl auf die Stelen, deren Verbliebene gar nichts zahlen? »Hier ruht $&#%!«? Wo im christlichen Westen die Sakramente der Kirche die entscheidenden Abschnitte im Leben adeln, ist es im Japanischen das Sakrament des Geldes.

Anfang April 2011, drei Wochen nach dem Reaktorunglück in Fukushima, betrat ich zum ersten Mal wieder den Supermarkt in meiner Shinjukuer Nachbarschaft. Auf alles war ich gefasst, aber nicht darauf, dass mir ein intensiver Räucherstäbchengeruch entgegenwehte. Im Eingangsbereich stand doch tatsächlich ein mannshoher buddhistischer Altar, mit breiten, geöffneten Türen, prachtvoll mit Gold verziert. Er wirkte wie direkt vom Himmel gefallen. Völlig von den Socken blieb ich stehen. Im profanen Japan wirkt ein solch pompöses und religiöses Monstrum am Eingang eines Lebensmittelladens noch abgefahrener, als wenn – sagen wir – am Ausgang eines deutschen Media-Markts ein leib-

日
本
人
は
何
で
も
信
じ
ち
ゃ
う

haftiger Bischof mit Mitra und Stab anbieten würde, den gekauften Fernseher zu segnen.

Auf dem Altar lagen, der buddhistischen Tradition folgend, Äpfel und Orangen, was irgendwie zu der sich gleich anschließenden Obst- und Gemüseabteilung passte. Außerdem gab es eine Klingel, und es brannten eben viele Räucherstäbchen. Auf der linken Seite des Altars erklärte ein großes Transparent unter dem Foto einer goldenen Buddha-Statue: »Zu Ehren von Buddhas Geburtstag am 8. April. Ihr Supermarkt Santoku.«

Allerdings hatte Buddha auch schon in den Jahren davor an diesem Tag Geburtstag gehabt, doch noch nie wurde dies in meinem Supermarkt oder überhaupt in irgendeinem Geschäft, das ich am 8. April besuchte, gewürdigt. Das große Transparent auf der rechten Seite des Altars gab endlich Aufschluss über die plötzliche Frömmigkeit. Natürlich, es war das Beben, die Tsunami-Katastrophe. Ein langer Text erinnerte an die Opfer. Die Supermarktkunden wurden eingeladen, der Tradition gemäß ein Stäbchen anzuzünden, die Klingel kurz zu schwingen, die Hände zu falten und eine Gedenkminute einzulegen.

Diese unerwartete Spiritualität packte mich, ließ mich im Eingangsbereich still und nachdenklich verharren. Mehrere Kunden betraten währenddessen den Markt, und alle blieben kurz am Altar stehen. Eine junge Frau mit einem Baby auf dem Rücken und ein älteres Paar nahmen, ohne Zögern und ohne vorher die Erklärung zu lesen, die Klingel in die Hand, falteten die Hände und zündeten ihr Räucherstäbchen an, ganz so, als wären sie genau deswegen in den Supermarkt gekommen und nicht wegen einer Packung Eier. Und alle drei haben dann auch noch geklatscht.

Wie passt dieses spirituelle Flickwerk zusammen? Die Japaner glauben an Geister und gehen regelmäßig zum Schrein, suchen dort aber nicht nach Antworten zu den großen Fragen des Lebens, nach seinem Sinn. Vielleicht gibt es keine Antwort, weil schon die Frage falsch gestellt ist. Guido Buchwald, der nach seiner Karriere als Fußball-

日
本
人
は
何
で
も
信
じ
ち
ゃ
う

spieler ein erfolgreicher Trainer in der japanischen Profiliga war, sinnierte einmal in einem Interview über die Japaner: »Vielleicht wollen wir Deutsche immer tief unter die Oberfläche schauen – aber darunter ist eigentlich gar nichts.«

KNAST
Das bessere China

Besondere Merkmale: Glatze, Ausländer.
Besondere Kapitalverbrechen: Leichenschändung,
Beschädigung amtlicher Dokumente, Ampelmissachtung.
Besonderes Gerichtsurteil: Unschuldig.

Das staatliche Gefängnis von Nagasaki erlangte tragische Berühmtheit. Beim Atombombenabwurf am 9. August 1945 lag die Haftanstalt dem Epizentrum der Nuklearexplosion am nächsten, näher als alle anderen Gebäude der west-japanischen Stadt. Die insgesamt 134 Wärter und Insassen starben innerhalb von Sekunden, darunter auch, sozusagen verfrüht, die zwei Kandidaten im Todestrakt.

Längst ist das Gefängnis wieder aufgebaut und bietet seinen Insassen so manche Annehmlichkeit: Jede der geräumigen Gemeinschaftszellen hat fließendes Wasser und einen Fernseher; die Kontrolle der Fernbedienung wechselt täglich unter den durchschnittlich acht Insassen. Sobald die Schlaffutons am Morgen in den Schränken verstaut sind, wird ein großer Tisch mit Stühlen in die Mitte des Raums gerückt, an dem die Insassen sitzen und lesen, essen, reden oder spielen. Jeder hat das Recht auf eine bunte Auswahl verschiedenster Artikel des persönlichen Bedarfs. So darf man bis zu hundert Bücher oder Comics in sein Regal stellen, eine eigene Flasche Haarshampoo beanspruchen oder auch auf den Besitz von Spielkarten oder Briefmarken pochen. An jedem zweiten Tag nehmen die Gefangenen im gefängniseigenen Badehaus ein ausgiebiges, anregend heißes Vollbad.

中
国
よ
り
き
つ
い

Und hier in Nagasaki, in der dem chinesischen Festland nächstgelegenen Großstadt Japans, werden Verbrecher chinesischer Nationalität gezielt eingesperrt, selbst wenn sie für ihre Schandtaten ganz woanders in Japan verurteilt wurden. Das hat aber auch Vorteile: Der speziellen Klientel serviert die Nagasakier Gefängnisküche häufig chinesische Hausmannskost wie Schweine-Gemüse-Pfannen oder scharfe Nudelsuppen. Alkohol steht nicht auf der Karte, aber findige Gefangene vergären Reste des täglich servierten Reises in leeren Shampoo-Flaschen zu einer Art Reiswein. Den Glücksspielern dienen beim Kartenspiel die Briefmarken als Jeton-Surrogat. Solange alles friedlich bleibt, schauen auch die Wärter weg.

Die fast heimelige Idylle in einem Gefängnis wie Nagasaki wird aber beileibe nicht allen zuteil, die die japanische Justiz wegsperrt. In diese »richtigen« Gefängnisse kommen nur die Menschen, die überhaupt einen ordentlichen Gerichtsprozess hatten (in dem sie zu einer Freiheitsstrafe oder zum Tode verurteilt wurden). Menschen dagegen, deren Fallakte, deren be- oder entlastende Beweise nie ein Gericht gesehen hat, werden in Japan woanders eingesperrt, nämlich in den sogenannten Verwahrcentern. Einmal drin in einer der meist fensterlosen, in aggressivem Gelb gestrichenen Zellen, in denen jeder Gefangene durchschnittlich gerade die zwei Quadratmeter zur Verfügung hat, die ein ausgerollter Schlaffuton einnimmt, bleibt man auch drin: in aller Regel wochen- oder monatelang ohne irgendein Gerichtsverfahren, oft ohne Anwalt, nicht selten auch ohne jeglichen Kontakt zu Verwandten oder Bekannten. Diese suchen häufig verzweifelt nach der verschwundenen Person, denn die Behörden informieren höchstens eine einzige Kontaktperson über den Verbleib des Festgehaltenen – und zwar nur dann, wenn diese in der heutigen Zeit noch einen Festnetzanschluss hat und der Verwahrte nach all dem Verhaftungsstress die Nummer noch im Kopf parat hat.

»Untersuchungshaft« nennt die Regierung in internationalen Publikationen das willkürliche Wegsperren missliebi-

中
国
よ
り
き
つ
い

ger Menschen in den Verwahrcentern, und westliche Demokraten nicken wohlwollend. Denn nicht von China ist die Rede, nein, vom stabilsten Pfeiler in Asien überhaupt, was Demokratie und Menschenrechte angeht, *formerly known as Japan*. Bei jeder China-Visite fordern deutsche Politiker wie Zwangsneurotiker lauthals die Einhaltung der Menschenrechte und die Einführung eines fairen Strafrechts – Japan aber bleibt unter dem Radar. Denn nirgendwo hat das Land sein ureigenes Prinzip von Schein versus Sein, von *Tatemae* und *Honne*, mit so viel Chuzpe und Erfolg in die Tat umgesetzt wie im Justizsystem.

Über den Aufenthalt in den Gefängnissen entscheiden die Gerichte, aber wer wann in welchem Verwahrcenter weggesperrt wird, entscheidet in Japan die Polizei, und zwar praktisch alleine. Die Verwahrcenter sind auch deshalb in den Polizeipräsidien untergebracht und nehmen in der Regel ein ganzes Stockwerk ein, oft im vierten oder fünften Stock. Wer an einem solchen Gebäude vorbeikommt, in Tokio zum Beispiel am Polizeipräsidium Shinjuku mitten im Wolkenkratzerviertel des gleichnamigen Bezirks oder am Polizeipräsidium Azabu direkt neben der Vergnügungsmeile Roppongi, kann das Verwahrcenter von außen leicht sehen – es ist die Etage, deren Fenster durchweg vergittert sind.

In den Verwahrcentern fehlt jegliche Annehmlichkeit; »spartanisch« wäre ein Euphemismus. Jeder Aspekt des Aufenthalts an diesem Ort ist bewusst darauf angelegt, den Insassen das Leben an diesen Stätten so unerträglich wie möglich zu machen (auf das »Warum« kommen wir noch): Werden die Futons morgens weggeräumt, sind die engen Zellen tagsüber leer. Die Insassen sitzen den ganzen Tag lang auf dem Boden und starren die Wand an. Es gibt keine Möbel, keinen Wasserhahn und keinerlei persönliche Gegenstände, denn die Festgehaltenen dürfen nichts mit in die Zellen nehmen – außer den Kleidern, die sie am Leib tragen. Die wenigen Habseligkeiten, eventuell saubere Wäsche zum Wechseln, sind gemeinsam mit der Zahnbürste in einem Fach außerhalb der Zelle untergebracht, an das sie nur zweimal am Tag gelassen werden, nämlich jeweils vor und nach dem Zähneputzen am Gemeinschaftswaschbecken. Seinen ganzen Körper mit Seife reinigen darf ein Insasse im Verwahrcenter nur alle fünf Tage. Wer dem Wärter kein Geld für Waschpulver zustecken kann, wird wochenlang die Kleidung tragen, die er zufällig bei der Verhaftung anhatte. Wer Durst verspürt, hat sich hoffentlich mit den Wärtern gut gestellt, denn außerhalb der Mahlzeiten bekommt man ein Glas Wasser nur auf ausdrückliche Bitte durch die Gitterstäbe gereicht.

Mehrmals am Tag laufen sie an den Zellen zum Zählappell vorbei. Hat man Angst, dass die Leute bei der kargen, eintönigen Knastkost dermaßen abmagern, dass sie sich zwischen den Gitterstäben hindurchzwängen und ausbüxen können? Wie in der Schule müssen alle Gefangenen laut »Hier!« schreien, wenn sie aufgerufen werden – allerdings nicht mit Namen, sondern mit einer Nummer: Bei Ankunft im Verwahrcenter erhält jeder aus einer Reihe durchnummerierter Plastikpantoffeln ein Paar Schlappen für die Zeit des Aufenthalts (kein Zellenzutritt in Straßenschuhen). Die Pantoffelnummer wird ab sofort zur Identitätsnummer. Ausschließlich mit ihr werden in den kommenden Wochen Polizisten, Wärter, Staatsanwalt und Richter den Gefangenen anreden und ihm so ein weiteres Stück Selbstachtung nehmen.

Jeden Nachmittag öffnen sich die schweren Stahltüren am Eingang des Verwahrcenters für eines der bizarrsten Rituale. Dann tritt nämlich der Polizeipräsident höchstselbst herein und schreitet langsam die Reihe der Zellen ab. An jeder der je nach Größe des Polizeibezirks fünf bis zwanzig Zellen bleibt er kurz stehen, nickt aufmunternd und wirft ein freundliches »Guten Tag, wie geht es heute so?« in die Zelle hinein. Entfernt erinnert er an einen Restaurantbesitzer, der sich an jedem einzelnen Tisch nach der Zufriedenheit der Gäste erkundigt. Vielleicht soll die tägliche Besorg-

中
国
よ
り
き
つ
い

nis-Show des höchstrangigen Polizeioffiziers im Haus der willkürlichen Gefangenschaft einen Hauch von Rechtsstaatlichkeit verleihen. Mancher Insasse, auch im Knast ganz der kultivierte Japaner, quittiert den Gruß sogar mit einem kräftigen Nicken. Bei vielen erntet der Präsident auf seiner Visite allerdings nur phlegmatische Blicke. Was sollen die Gefangenen auch antworten: »Danke der Nachfrage, aber Küche und Service waren heute mal wieder unter aller Sau«?

Die japanische Polizei kann jede Person ohne große Formalitäten in ihren Verwahrcentern festhalten. Mit der »Verhaftung auf frischer Tat« kann man Missliebige kurzerhand einsperren; als »frische Tat« gilt zum Beispiel »Tätlichkeit gegen Beamte«, etwa wenn man sich von einem Polizisten, der einem frech die Tasche oder den Geldbeutel aus der Hand reißt, um sie zu durchwühlen, zu einer Handgreiflichkeit provozieren lässt.

Im Frühjahr 2013 machte wieder einmal ein tragischer Selbstmord Schlagzeilen. Die Polizei hatte einen mittelalten Japaner wegen mutmaßlichen Rauschgiftkonsums verhaftet (ein schweres Verbrechen in Japan). Beim ersten Verhör schon stellte sich aber heraus, dass man sich beim Verdächtigten geirrt hatte. Dieser polizeiliche Schnitzer erboste den Mann so sehr, dass er den vor sich liegenden Haftbefehl kurzerhand in den Mund nahm und aufaß – eine Steilvorlage für den eben noch peinlich berührt vor ihm sitzenden Ermittler, der eigentlich seinen Irrtum zugeben und die Freilassung hätte anordnen müssen. Stante pede konnte er ihn nun doch verhaften – wegen »Beschädigung amtlicher Dokumente«. In der Folge saß der Mann über anderthalb Jahre in Untersuchungshaft, bevor es zum Prozess kam. Der Richter verurteilte ihn wegen des aufgegessenen Haftbefehls zu einer Freiheitsstrafe von drei Monaten. Da er die schon längst abgesessen hatte, wurde er sofort entlassen – und stürzte sich zwei Tage später von einer Brücke in den Tod.

中
国
よ
り
き
つ
い

In Europa kenne ich keinen einzigen Menschen, der im Gefängnis war oder auch nur verhaftet wurde; in Japan dagegen erzählt jeder Ausländer aus meinem Bekanntenkreis beim Stichwort »Polizei« wie auf Knopfdruck von einer haarsträubenden Begegnung. So mancher hat die Verwahrcenter schon von innen gesehen, und zwei Bekannte saßen aus an den Haaren herbeigezogenen Gründen sogar jahrelang im Knast.

Nicht ich bin in Japan plötzlich in dunkle Kreise abgedriftet – es sind die dunklen Kreise, die Japan im Griff haben. Japaner bezeichnen ihr Land immer wieder als Polizeistaat auf 2chan, dem bei Weitem populärsten und sicher offensten Diskussionsforum. Nicht zufällig wird 2chan im Ausland – auf einem US-Server – gehostet, und man kann hier völlig anonym posten, auch das im japanischen Internet eine Rarität.

Japan ist nicht nur ein Polizei-, es ist ebenso ein byzantinischer Behördenstaat, denn die meisten japanischen Behörden agieren praktisch unbehelligt von demokratischen oder gesellschaftlichen Kontrollorganen. So entscheiden sie praktisch über alle Einstellungen und Beförderungen intern, zu Deutsch: Es wird mit Posten geschachert und gemauschelt, was das Zeug hält. Die einzige Führungsperson innerhalb der Polizei beispielsweise, die das Parlament bestimmen darf, ist der oberste Polizeichef Japans. Selbst hier legt die Polizeibehörde aber in der Praxis dem Parlamentsausschuss eine Liste von Wunschkandidaten vor, allesamt aus den eigenen Reihen; es ist Usus, dass der Ausschuss den obersten Kandidaten auf der Liste auch zum neuen Polizeichef macht (zwinker, zwinker).

Niemand kontrolliert die Polizei – also kontrolliert die Polizei, was und wen sie will. Wie überall auf der Welt sind Ausländer und Minderheiten die ersten Opfer einer entfesselten Polizeimacht – und auch einer entfesselten Faulheit und Schlamperei, wie der Fall eines bulgarischen Bekannten zeigt. Er erzählt: »Ich war damals Magisterstudent in Japan und stand kurz vor meiner Abschlussprüfung. Eines

Sonntagabends, gegen sieben, lag ich auf meinem Sofa und schaute fern, als es plötzlich klingelte. ›Polizei‹, schallte es vielstimmig von draußen herein. Als ich aufmachte, standen da acht Beamte. Einer hielt mir postwendend einen Haftbefehl unter die Nase, ich wurde beschuldigt, zu einem bestimmten Datum im Vorjahr Marihuana für 10 000 Yen und Kokain für 50 000 Yen an einen namentlich genannten Japaner verkauft zu haben. Komisch nur, dass sie dauernd etwas von ›Iran‹ und ›Nahem Osten‹ murmelten – ich bin schließlich aus Bulgarien. Sie hatten sogar einen Polizeidolmetscher im Schlepptau, der verzweifelt mit mir zu reden versuchte; ich verstand aber kein Wort. Erst viel später ging mir ein Licht auf: Er hatte die ganze Zeit persisch gesprochen.«

Obwohl sie sich bei ihrer gut vorbereiteten Verhaftung offensichtlich bei einem nicht ganz unbedeutenden Identitätsmerkmal wie »Nationalität« geirrt hatten, nahmen die Polizisten meinen Bekannten mit aufs Revier – und steckten ihn dort ins Verwahrcenter. Er berichtet weiter. »Nachdem ich genug Hollywoodserien im Fernsehen gesehen hatte, dachte ich in meiner Naivität, ich würde meine Rechte kennen. Weit gefehlt! Niemand verlas mir irgendetwas. Obgleich ich nachdrücklich darum bat, zumindest meine Freundin über mein Verschwinden aufklären zu dürfen, wurde mir nicht erlaubt, auch nur einen einzigen Anruf zu tätigen. Dann bekam ich ein Blatt, das mich darüber informierte, ich hätte das Recht auf einen Anwalt. Ich wurde aufgefordert, es zu unterschreiben. Dem Beamten erklärte ich, dass ich in der Tat einen Anwalt möchte, aber keinen kennen würde. Da begann er einige Worte aufs Blatt zu schreiben, so etwas wie: ›Verdächtiger verzichtet freiwillig auf Anwalt.‹ Ich weigerte mich daraufhin, das Papier zu unterschreiben, nachdem er es mir zugeschoben hatte. Wütend riss er mir nun das Blatt aus der Hand und zerriss es in kleine Stücke.

Am nächsten Tag wurde ich gleich morgens zum Verhör ins Kriminalkommissariat gebracht, nur einen Stock höher.

中国よりきつい

Für die Verhöre werden einem immer Handschellen und Bauchfessel angelegt. Die Bauchfessel ist eine Art Lasso aus blauem Plastik, das sie dir fest um die Taille binden, um dich wie an einer Hundeleine durch das Gebäude zu führen.«

Beim Verhör war zwar wieder ein Dolmetscher zugegen, diesmal für Englisch, aber kein Anwalt. Selbst wenn sich über Nacht einer gefunden hätte – Anwälte dürfen in Japan weder Polizeiverhören noch Terminen beim Haftrichter oder beim Staatsanwalt beiwohnen. Sie sehen ihre Mandanten ausschließlich bei Besuchen im Verwahrcenter.

»Der Kommissar murmelte immer wieder etwas von: ›Man hat Sie auf den Fotos eindeutig identifiziert, es gibt handfeste Beweise‹, und schlug demonstrativ auf einen furchtbar dicken Ordner, aus dem die Papiere schon hervorquollen. Zu sehen bekam ich diese Aufnahmen aber nie, genauso wie die anderen ›Beweise‹. Ich versuchte zu erklären, dass ich erst dieses Jahr in das Haus gezogen sei und am Tag des Drogendeals noch gar nicht in der Gegend gewohnt hätte. Da das Datum aber schon mehrere Monate zurücklag, konnte ich mich nicht mehr erinnern, was genau ich an jenem Tag gemacht hatte – streng genommen hatte ich kein Alibi.«

Laut Gesetz beträgt in Japan die maximale U-Haft-Dauer zweiundsiebzig Stunden, dann muss der Gefangene, wenn es keine stichhaltigen Beweise gibt, freigelassen werden. Aber: In gut begründeten Ausnahmen darf ein Haftrichter nach Prüfung des Falles auf Antrag der Staatsanwaltschaft eine Verlängerung der U-Haft um zehn Tage anordnen. In sehr komplizierten Fällen kann eine weitere Verlängerung von zehn Tagen genehmigt werden. Auch der bulgarische Student sollte zu so einem Sonderfall werden:

»Am dritten Tag wurde ich gemeinsam mit anderen Gefangenen dem Haftrichter vorgeführt. Vor der Fahrt durch die Stadt wurden die Handschellen auf die engste Position eingestellt, sodass ich am Abend an den Handgelenken blutete. Wir wurden mit einer Leine verbunden und mussten wie die Schwerverbrecher im Film *Con Air* dicht an dicht in einer Reihe zum Polizeibus marschieren. Als dabei ein offensichtlich psychisch angeschlagener Gefangener trotz mehrmaliger Ermahnung immer wieder anfing, wirres Zeugs laut von sich zu geben, löste ihn ein Wärter von der Leine und stieß ihn mit einem Knüppel auf den Asphalt. Dort, vor unser aller Augen, traten und schlugen ein halbes Dutzend Wärter immer wieder auf ihn ein, bis sie ihn in die Reihe zurückbrachten.

Im Gericht angekommen, wurden wir zunächst in eine Art Bahnhofswartesaal geführt. An der Wand stand groß zu lesen, dass der Staat auf Wunsch in zwei Fällen einen Pflichtanwalt stellt: erstens bei Verbrechen mit einer Freiheitsstrafe von mehr als einem Jahr und zweitens bei Verbrechen, auf die die Todesstrafe steht. Das war nicht gerade beruhigend. Ein Beamter erklärte, dass man die Gefangenen nun einzeln aufrufen würde, sie sollten sagen, ob sie einen Anwalt und einen Bekannten zu kontaktieren wünschten – die große Mehrheit verzichtete aber mit einem lakonisch gerufenen ›Nashi nashi‹ (›Nein und nein‹) auf die zwei Kontaktmöglichkeiten zur Außenwelt. Sie erhofften sich wohl eh nichts – oder hatten nach vier Tagen Haft die Festnetznummer ihrer Bekannten nicht mehr im Kopf.

Dann führte man uns einen Film über die Details der Prozedur beim Haftrichter vor – leider bekam niemand etwas vom Inhalt mit, denn in der ansonsten anschaulichen Dokumentation redeten eine japanische und eine chinesische Erzählerin gleichzeitig. Netter Service für die Chinesen unter den Gefangenen, aber in etwa so effektiv, wie die Sicherheitshinweise im Flugzeug in allen Sprachen simultan zu verlesen.

Endlich stand ich vor dem Haftrichter. Ohne Umschweife wurde ich gefragt, ob ich schuldig sei. Als ich verneinte und anfing, dies zu begründen, fuhr mir der Richter ins Wort und meinte, ich hätte während der Gerichtsverhandlung genügend Gelegenheit, meine Argumente zu erläutern. Damit war ich entlassen.«

中
国
よ
り
き
つ
い

Dass es, wenn es erst zum Prozess gekommen ist, für Argumente längst zu spät ist, darüber klärte aber niemand meinen Bekannten auf. »Man gab mir ein Formblatt«, fuhr er fort, »auf dem der Richter die U-Haftverlängerung um zehn Tage angeordnet hatte. Unter ›Begründung der besonderen Umstände‹ war angekreuzt: ›Vernichtung von Beweismitteln‹. Das war hanebüchener Unsinn, denn Beweise hatte man mir ja gar nicht erst gezeigt. Außerdem erhielt ich ein zweites, vom Richter abgestempeltes Formblatt mit der Überschrift ›Kontaktsperre‹. Darin stand, dass mir aus ›Verdunkelungsgefahr‹ jeglicher Kontakt zur Außenwelt untersagt sei, außer zum Anwalt, den ich ja nicht hatte, und zu Angehörigen der Botschaft.« Nach einer inoffiziellen Umfrage werden Ausländer in japanischer U-Haft grundsätzlich mit Kontaktsperre belegt.

中
国
よ
り
き
つ
い

Erst in den darauffolgenden Tagen begannen die Ermittler das zu tun, was sie schon längst hätten machen sollen, nämlich ermitteln. Ein Blick ins Melderegister reichte, um herauszufinden, dass mein Bekannter zum Zeitpunkt des Drogendeals tatsächlich nicht in der Wohnung lebte, in der man ihn verhaftet hatte. Es kristallisierte sich langsam heraus, dass der einzige Anhaltspunkt bis dahin die Aussage des japanischen Drogenkunden war, die in Richtung »Iraner in dem und dem Haus hat mir Drogen vertickert« ging. Als »Besondere Kennzeichen« bei der Beschreibung des Dealers hatte der Japaner offenbar angegeben: »Er hat eine Glatze.« Das traf in der Tat auf meinen bulgarischen Bekannten zu – und auf ein Viertel aller erwachsenen Männer weltweit. Zum Zeitpunkt der Ermittlungen wohnte zwar kein einziger Iraner mehr in dem Gebäude, wohl aber ein Ausländer mit Glatze – ein hieb- und stichfester Grund für eine traumatische Kerkerhaft in einem Land mit einem demokratischen Rechtswesen.

Kein Wunder, dass da auch mein bulgarischer Bekannter nicht entlassen werden konnte. Im Gegenteil, nach dreizehn Tagen wurde sein Freiheitsentzug noch einmal um zehn Tage verlängert. In diesen Tagen verhörte man ihn insgesamt nur ein einziges Mal – und dabei wollte der Kommissar mit ihm auch nur über Fußball und seine Gedanken zu Japan plaudern. Es war allen Beteiligten klar, dass er unschuldig war, aber raus aus seiner Zelle ließen sie ihn erst nach vollem Ablauf der zweiten Verlängerung, also nach dreiundzwanzig Tagen. Weder Richter noch Polizei entschuldigten sich bei ihm; er erhielt keine Entschädigung. Sicher war ihnen die Schlamperei oberpeinlich, aber ich kenne meine japanischen Pappenheimer – in einer Art reziproken Denkweise wird ein Häftling umso schuldiger, je länger er in U-Haft sitzt. Da ließen sie ihn einfach ein bisschen länger drin, damit er am Schluss wenigstens ein klein wenig schuldig wirkte.

Sie finden das alles irre? Dann haben Sie nie in Japan gelebt.

Ausländer in Sippenhaft, renitente Gefangene verprügeln, nach was klingt das? Genau, nach der reifen, in sich ruhenden Musterdemokratie Asiens, die sich Japan nennt. Und jetzt geht's erst richtig los. Die japanische Justiz ist ein absolutistischer Lehnsherr, der seine Untertanen schon mal ungerechtfertigt grausam bestraft, aber oft auch unverhofft milde agiert.

So ließ man vor einigen Jahren bei Zollbeamten am Tokioter Flughafen Narita Gnaden walten. Im Kampf gegen die internationale Drogenmafia wollten die Beamten ihre Drogenhunde besonders realitätsnah trainieren. Dazu versteckten sie zu Übungszwecken ein dickes Paket Kokain aus der Asserevatenkammer in einem Koffer. Nur war das der ganz normale Reisekoffer eines echten Touristen, eines Chinesen. Die Zöllner hatten sich aus den Gepäckstücken einer gerade aus Hongkong gelandeten Maschine einfach einen beliebigen Koffer herausgesucht (wie wir unsere Japaner kennen, achteten sie aber natürlich darauf, keinen japanischen Besitzer zu erwischen), steckten das Päckchen Drogen hinein und hievten ihn wieder zurück aufs Gepäckband. Als der nichtsahnende Tourist mit seinem Gepäck durch den Zoll ging, bellte der Drogenhund los.

Die verantwortlichen Beamten wurden weder suspendiert noch angeklagt. Die Zollbehörde hatte sie bereits intern mit unnachgiebiger Härte bestraft: Entzug eines halben Monatslohns *und* die tiefe, formelle Entschuldigung vor allen Kollegen. Beim Reisenden aus Hongkong entschuldigte sich niemand, und eigentlich hätte er sich ja auch bedanken können: Da Drogenschmugglern in Japan wie überall in Asien härteste Strafen drohen, hätte er ziemlich sicher den Rest seines Lebens im Gefängnis verbracht, wenn der ehrliche Hundetrainer nicht den Mut zur Courage gehabt hätte, seine unkonventionelle Trainingsmethode zuzugeben.

Aus ähnlichen Gründen ist für die Nuklearkatastrophe in Fukushima bis heute noch kein Angehöriger der japanischen Atomaufsichtsbehörde oder der Betreiberfirma, des Stromriesen Tepco, verhaftet, angezeigt oder auch nur Gegenstand einer Ermittlung geworden – schließlich haben sich die Verantwortlichen in einer vom Fernsehen landesweit übertragenen Pressekonferenz zur Entschuldigung verbeugt, fast eine Minute lang, noch dazu in dem Neunzig-Grad-Beugungswinkel, der in Japan maximale Reue ausdrückt. Das reicht, da muss man sie nicht noch weiter demütigen und behelligen.

Aber selbst Georg Normalverbraucher, der keinerlei Connections zum Establishment hat, lässt das gütige japanische Justizsystem schon mal unverhofft Nachsicht zuteilwerden. Selbst bei Serienmördern wird so mal ein Auge zugedrückt, gerade dann, wenn die Opfer irgendwelche blonden Schlampen sind. Für in Japan lebende Ausländer sind dagegen die Namen dieser Opfer Synonyme für die verrottete japanische Justiz geworden.

Die zweiundzwanzigjährige Britin Lindsay Hawker war eine Englischlehrerin in Tokio, die 2007 von ihrem japanischen Freund Tatsuya Ichihashi stundenlang gefoltert und dann umgebracht wurde. Neun Polizisten waren angerückt, um Ichihashi zu verhaften, aber unglaublicherweise spazierte er einfach mit einem Rucksack aus der Tür mitten durch die Polizisten hindurch – und entkam. Die Polizei

中
国
よ
り
き
つ
い

entschuldigte sich anschließend ein wenig; die ausländische Community aber schrie auf: Man war überzeugt, Ichihashis Flucht müsse gedeckt gewesen sein. T-Shirts mit seinem Konterfei und der Aufschrift »Haben Sie diesen Mann gesehen? Wir werden nicht ruhen, bis die japanische Polizei Ichihashi stellt« wurden populär; demonstrativ und etwas kindisch flanierten damals Englischlehrer mit dem T-Shirt am Leib vor Polizeistationen auf und ab. Die Familie von Hawker reiste mehrmals unter großem Medientrara aus dem britischen Coventry an, um intensivere Ermittlungen zu fordern. Aber erst im Herbst 2009, kurz nach einem richtungweisenden Regierungswechsel, wurde Ichihashi plötzlich gefasst.

Lucie Blackman war eine einundzwanzigjährige Engländerin, die seit 1999 auf einem Touristenvisum, also illegal, in einem Tokioter Hostess-Club arbeitete. Sie verschwand im Juli 2000 auf mysteriöse Weise. Monatelang fand die Polizei sie nicht, obwohl alles auf ein Verbrechen deutete. Eindeutige Hinweise führten zu einem Kunden des Clubs, den die Justiz aber unbehelligt ließ. Die nachlässige Polizeiarbeit artete schließlich zu einer Staatsaffäre aus; der britische Premier Tony Blair setzte das Thema bei einem Staatsbesuch in Japan auf die Agenda. Erst danach, im Oktober 2000, wurde der Hauptverdächtige verhaftet. Dabei stellte sich heraus, dass er Jahre zuvor mindestens eine weitere Hostess ermordet hatte. Man fand außerdem Videos in seiner Wohnung, die zeigten, dass er Hunderte von Frauen über die Jahre betäubt und in seinen vier Wänden vergewaltigt hatte. Blackmans Leiche, in acht Teile zerstückelt, wurde erst im Folgejahr in der Nähe der Wohnung des Täters gefunden. Da war sie laut Gerichtsmedizin zu verwest für eine Obduktion.

Für das japanische Establishment steht der Fall Blackman in einer Linie mit dem Walfang – die eigene Schuld einzugestehen heißt nicht, Dinge endlich geradezubiegen, sondern dem Ausland einen Triumph zu gönnen, und das geht nie und nimmer. Joji Obara, geboren 1952 in Osaka,

中
国
よ
り
き
つ
い

heißt der Serienmörder, der auch Blackman umgebracht hat. Aber japanische Medien, selbst die japanische Wikipedia weigern sich mit Hinweis auf seine Privatsphäre bis heute, seinen Namen abzudrucken. Sonst sind sie nie so etepetete: Das japanische Fernsehen zeigt jeden, der auch nur in U-Haft kommt (und das kann ja sehr schnell gehen), in Großaufnahme bei seinem *perp walk*, seiner öffentlichen Vorführung beim Haftrichter, unter Angabe des vollen Namens, einschließlich der Nennung des Alters und der Heimatstadt. Der Betroffene ist gebrandmarkt für den Rest seines Lebens. Unschuldsvermutung: Pustekuchen.

Obara bekam am Ende wegen seiner ersten Tötung lebenslänglich; für den Mord an Blackman dagegen wurde er freigesprochen, dafür aber wegen Leichenfledderei verurteilt – eine Petitesse. Dass er an Blackmans Leiche herumgemacht hatte, stand also für die Justiz außer Frage. Aber die Tötung an sich war aufgrund des schlechten Zustands der Leiche leider Gottes nicht mehr hundertzwanzigprozentig nachweisbar gewesen. *Honni soit qui mal y pense*: Mord, und nur dieses Verbrechen, wird in Japan mit der Todesstrafe geahndet – in der Strafrechtspraxis verhängen die Gerichte sie aber erst bei einem Mord im Paket, also wenn mindestens zwei Leute umgebracht wurden. Hätte man Obara auch für den Tod Blackmans verurteilt, hätte man ihn hängen müssen – einen der unseren, einen Japaner!

Die Liste der Fälle, in denen die Justiz das Recht beliebig biegt, ist endlos – aber viel schlimmer ist, dass ich selbst bei intensivem Nachdenken keine einzige Geschichte kenne, in der die japanische Polizei so richtig nützlich war. Glückliche Japan-Urlauber werden jetzt voller Empörung Storys auftischen, die von überaus hilfsbereiten Wachtmeistern an den sogenannten Polizeiboxen handeln. Das sind Mini-Polizeistationen an zentralen Stellen, meist vor Bahnhöfen und an großen Straßenkreuzungen, vielfach nur mit einem oder zwei Beamten besetzt. Eine ausdrückliche Aufgabe dieser Box-Polizisten ist es, Menschen zu unterstützen, die

中
国
よ
り
き
つ
い

nach dem Weg fragen – denn im komplizierten japanischen Häuserblocksystem, das keine Straßen oder Hausnummern kennt, half bis zur Verbreitung der Smartphone-Navigation oft nur ein Ortskundiger. Die meiste Zeit stehen die Wachtmeister vor ihren Boxen wie ein Grüßaugust, also wie bestellt und nicht abgeholt. Aus lauter Langeweile kontrollieren sie vorbeifahrende Radfahrer oder stauchen Passanten in Donnerlautstärke über ihr Megafon zusammen, die die Fundamente des Rechtssystems bedrohen (»Sie da im gelben Mantel, die Dame mit den langen Haaren, ja, genau Sie, nach der sich jetzt alle umdrehen – bei Rot über die Straße zu rennen ist ziemlich gefährlich!«), und verursachen durch das Verschrecken der Menge selbst fast den einen oder anderen Unfall.

Auch andere nett gemeinte Aktionen, mit denen sich die japanische Polizei in erster Linie selbst auf Trab hält, werden es wohl nicht in internationale Lehrbücher schaffen. So die Slogans in Haiku-Metrik (»Doch nur gemeinsam/schaffen wir stets Sicherheit/und auch mit Rücksicht«), die in riesigen Bannern außen an allen Präsidien hängen. Mit den Gedicht-Miniaturen wird die große Gruppe der heimlichen Philologen unter den zahlreichen Verbrechern, die regelmäßig vor Polizeipräsidien herumlungern, sicher zum Reflektieren über ihr schlimmes Tun angeregt.

Einmal geriet ich mit dem Auto wegen einer Kundgebung vor dem Bahnhof von Tsukuba, rund sechzig Kilometer nordöstlich von Tokio, in einen langen Stau. Es stellte sich heraus, dass es eine offizielle Kundgebung der Polizei war. Die zahlreichen Beamten in Uniform demonstrierten, wie auf ihren Transparenten zu lesen war: »Gegen Staus! Sie stören uns alle, lasst uns sie daher vermeiden!«

Wenn's dann aber richtig brenzlig wird und es um Verbrechensaufklärung geht – trotz der vielfältigen Belastungen durch Wegfindungsberatung und Co. sicher auch eine Kernaufgabe –, versagt die Polizei. Einem Freund wurde im Tokioter Vergnügungsviertel Kabukicho von einem japanischen Mafiosi nachts auf offener Straße ein Messer in den

中
国
よ
り
き
つ
い

Bauch gerammt. Er konnte sich gerade noch zur nächsten Polizeibox retten, die einen Krankenwagen rief. Er überlebte und genas, war monatelang aber arbeitsunfähig. Ermittlungen nahm die Polizei aber nie auf.

Als ich diese Geschichte einer Freundin aus der Volksrepublik China erzählte, rief sie empört: »So was wäre bei uns nie möglich gewesen. Wäre ihm das in China passiert, hätte die chinesische Polizei den Verbrecher dingfest gemacht; auf die Polizei ist bei uns Verlass.«

Ein Tadel aus dem Reich der Mitte mit seiner Einparteiendiktatur – rüttelt das die Lichtgestalt der Demokratie wach? Nein, denn die Justiz in Japan irrt sich nicht. Das sieht man an einer haarsträubenden Zahl, die mehr als jede tiefschürfende Analyse erfasst, wie krank das Justizsystem ist: 99 Prozent. Das ist der durchschnittliche Anteil von Strafprozessen vor japanischen Gerichten, in denen der Angeklagte schuldig gesprochen wird. Je nach Quelle sind es mal 99,7 Prozent mal 97,5 Prozent. Zwar können in Japan beide Parteien in Berufung gehen, aber eines ist schon mal klar: Kommt es zum Prozess, dann wird man auch verurteilt. Anders gesagt: Jeder Angeklagte wird in Japan schuldig gesprochen.

Formal haben Richter alle Entscheidungsfreiheit, formal findet ein Prozess mit Protokollar, Zeugenaussagen, Verteidigern, Plädoyers, Urteilsfindung und allem Pipapo einer modernen Gerichtsordnung statt – aber das Urteil steht vor Beginn des Prozesses fest: Der Angeklagte ist schuldig. Immer. Die wenigen Urteile, in denen ein Gericht tatsächlich auf »unschuldig« urteilt (also durchschnittlich in einem von hundert Prozessen), schaffen es dann auch in die Zeitungen, so ungewöhnlich ist allein die Nachricht.

Japan-Experten erklären, dass Richter den Vorermittlungen der Kollegen von der Staatsanwaltschaft einerseits zu sehr vertrauen (also zu faul sind, den Fall selbst gründlich durchzugehen), ihnen andererseits aber auch die Schande ersparen wollen, das Gesicht zu verlieren. Ein verlorener Fall hieße nämlich – in dieser Denkweise –, dass die Staatsan-

中
国
よ
り
き
つ
い

waltschaft beim Zusammentragen der Beweise geschlampt hat. Ein Verteidiger ist oft nicht auszumachen *(nashi nashi),* man mag sich sowieso gar nicht vorstellen, wie ratzfatz so ein Prozess um ist. Er würde die Beweise ohnehin erst nach der Anklageerhebung zu sehen bekommen – dann ist, wie gesagt, das Spiel eh aus. Daher strengen sich viele Verteidiger nicht besonders an, auch sie sind faul.

Am faulsten sind aber die Ermittler der Polizei, die, statt fleißig Beweise pro und contra zusammenzutragen, alles daran setzen, ein Geständnis zu bekommen. Zwar ist nicht nur in Japan der stichhaltigste Beweis einer Schuld das schriftliche Geständnis des Verdächtigen, aber in anderen Ländern erhält man dieses Geständnis meist erst, wenn die Indizien ohnehin erdrückend sind – schließlich belastet sich der Verdächtige damit selbst. Den japanischen Kriminalbeamten kommt aber das Schmoren im Verwahrcenter zupass. Was den armen U-Häftlingen im Einzelnen versprochen oder vorgegaukelt wird, ob die Ermittler »Guter Bulle, böser Bulle« spielen, all das wissen wir nicht. Aber wir wissen eins: Sage und schreibe 80 Prozent aller japanischen U-Häftlinge gestehen während der dreiundzwanzig Tage und unterschreiben das Geständnis mit einem Fingerabdruck, denn einen spitzen Stift geben ihnen die Justizler nach drei Wochen in der Hölle wohlweislich nicht mehr in die Hand.

Dieser hohe Anteil an Geständnissen geriet in den letzten Jahren unter Beschuss, sodass das japanische Parlament 2010, nach dem richtungweisenden Regierungswechsel, die Videoaufzeichnung von Verhören beschloss, um besser zu kontrollieren, ob Geständnisse gewaltsam erzwungen wurden. Da haben sie dann alle mal kurz herzhaft gelacht in den Polizeipräsidien und Staatsanwaltschaften des Landes, denn physische Gewalt brauchen die Kommissare gar nicht. Es ist einfach der zermürbend monotone grausame Trott über Wochen in den spartanischen Wartekerkern, der die Gefangenen freiwillig gestehen lässt – damit sie möglichst bald in ein echtes Gefängnis kommen, mit Stühlen, gutem Essen und Vollbad an jedem zweiten Tag.

中
国
よ
り
き
つ
い

JOBS
Firma, lass mich dein Sklave sein!

Zwangsheirat. Zwangsüberstunden. Zwangsstreiks.
Zwangsjacken. Zwangshaarfarben.
Der treue Mitarbeiter, der Krebs bekam.
Der überflüssige Chef. Der renitente Kollege.

132

ねえ、会社さん。私を奴隷にしてよぉ

Im Zweiten Weltkrieg stürzten sich japanische Soldaten als Selbstmordattentäter mit Flugzeugen, die mit Bomben voll gepackt waren, auf feindliche Schiffe, eine im Westen als Kamikaze bekannt gewordene letzte Verzweiflungstaktik der untergehenden japanischen Armee. Der Tsukubaer Arzt Saga Junichi erzählt in seinem Buch *Von Stroh und Seide* die Geschichte einer älteren Patientin. Sie war im Krieg Armeeprostituierte auf dem Flugplatz in Ibaraki, von dem aus die Spezialeinsätze der Kaiserlichen Marineluftwaffe starteten. Für die Flieger, oft erst Anfang zwanzig und notdürftig angelernt, fand am Vorabend ihres Einsatzes eine Party statt, auf der sie sich zunächst gehörig mit Reiswein betranken und dann mit den Kurtisanen schlafen konnten. Für die meisten war es das erste Mal – der letzte Tag ihres Lebens eröffnete ihnen einen kurzen Blick auf die Schönheiten, die das Leben bereithält.

Die Kamikazeflieger hatten sich meist freiwillig für den Einsatz gemeldet. In diesem freiwilligen Entschluss, für die Gemeinschaft zu sterben, sehen Japaner bis heute einen Beweis für den einzigartigen Samurai-Spirit ihrer Landsleute, den todesverachtende Vaterlandsliebe, Kaisertreue und vor allem ein stählerner Charakter ausmacht, der verweichlichten Westlern beziehungsweise Feinden gegenüber haushoch überlegen ist.

Die Entscheidung für den Kamikazetod war in der Tat typisch japanisch. Das arbeitete eine ZDF-Dokumentation heraus. Hier wurden Kamikazeflieger interviewt, die aufgrund des Kriegsendes nicht mehr zu ihrem Einsatz gekommen waren. Einer der Veteranen erzählte von dem Schicksalstag, an dem er und seine Kameraden aufgefordert wurden, sich für das Kamikazeprogramm zu melden. Er bestätigte, dass ihnen die Teilnahme in der Tat ausdrücklich freigestellt wurde. Da er selbst nichts als panischen Horror bei dem Gedanken empfand, so bald zu sterben, hob er seinen Finger zunächst nicht. Doch er spürte die Erwartung, sich zu melden. Als die ersten Kameraden das getan hatten, fühlte er den Druck der Gruppe zu stark werden, und schließlich meldete auch er sich für den Einsatz. Er sah durchaus, dass einige Soldaten bis zum Schluss den Finger unten ließen (und anschließend auch nicht zum Einsatz gezwungen wurden), aber das ignorierte er: »Ich dachte, ich hätte keine Wahl.«

Obwohl er wusste, dass er die Wahl hatte, dachte er, er hätte sie nicht. Er entschied sich zu sterben – aufgrund eines Gruppendrucks. Geht's noch ferngesteuerter? Aber die Kamikazefans haben ja ganz recht, sein Entschluss, sich zu melden, war typisch japanisch. Es war die Mischung aus Feigheit, auf die eigene innere Stimme zu hören, und Unfähigkeit, Alternativen zu erwägen, kürzer: Es war die Unfähigkeit zum selbstständigen Denken – das macht nämlich einen japanischen Untergebenen aus.

Klingt krass? Bei Arbeitgebern in Japan stehen die Kamikazegeschichten sicher seit Langem im Handbuch für Mitarbeiterführung. Nicht den Freitod, aber bedingungslosen Gehorsam, den bekommt eine Firma in Japan von ihren Angestellten frei Haus. Denn Japaner sind die idealen Untergebenen: Sie reden sich ganz von selbst ein, dass sie keine andere Wahl haben, als ihr ganzes Leben der Firma zu opfern.

ねえ、会社さん。私を奴隷にしてよお

Deutsche Arbeitnehmer müssen ganz stark sein, wenn sie das hören, denn das hat noch jeden deutschen Japan-Neuling umgehauen: Japaner nehmen bezahlten Urlaub, wenn sie krank werden, und sie sparen all ihren Urlaub auch fürs Kranksein auf. In den ersten Jahren bekommt ein japanischer Arbeitnehmer ohnehin nicht mehr als zehn Tage Jahresurlaub, und er wird sich hüten, diese Tage für einen Entspannungsurlaub oder gar eine Reise zu nutzen – er könnte ja irgendwann krank werden, und dann wäre kein Urlaub mehr übrig. Was für ein entsetzlicher Gedanke! Auch wer nur für zwei Stunden zu einem Arzt geht, muss gleich einen halben Tag freinehmen, ein Nach- oder Vorarbeiten wird nicht genehmigt.

Mit ungläubigem Entsetzen erzählt ein Deutscher von einem ehemaligen japanischen Kollegen bei einer Versicherung in Osaka, der an unheilbarem Krebs erkrankte: »Er hatte zwanzig Jahre dem Unternehmen treu gedient, wie üblich in einem Arbeitsverhältnis auf Lebenszeit. Als er zwei Monate im Krankenhaus lag und sich keine Besserung abzeichnete, also der Urlaub ins unendliche Minus abzugleiten drohte, kündigte er von sich aus seinen Job mit den Worten: ›Entschuldigung, dass ich der Firma mit meiner Krankheit in den letzten Monaten so sehr zur Last gefallen bin.‹ Einige Wochen später starb er.«

Gibt es in Japan kein »Krankmelden«, ist das nicht geregelt? Schaut man in japanische Arbeitsverträge, sind dort der bezahlte Urlaub und die »Lohnfortzahlung im Krankheitsfall« genau definiert. Aber die gängige Praxis in den Betrieben sieht anders aus, und bisher hat sich niemand dagegen aufgelehnt.

Einmal angefangen, würde es mit dem Aufmucken ohnehin kein Ende nehmen. Nicht nur die Zahl der Arbeitstage pro Jahr ist hoch in Japan, auch die tägliche Arbeitszeit ist oft verrückt lang. Mittags wird in vielen Berufen nur eine Pause von dreißig Minuten zugestanden. Einige Betriebe schreiben sogar vor, dass diese dreißig Minuten am Arbeitsplatz verbracht werden müssen, um erreichbar zu bleiben.

ねえ、会社さん。私を奴隷にしてよぉ

Viele verharren so mehr oder minder freiwillig am Schreibtisch und essen dort ihr *Bento*. Bento nennt man jedes Gericht, das in eine Box abgepackt wird, in der die einzelnen Speisen mit Schiebern voneinander getrennt sind. So vermischen sich die Speisen beim Transport zum Schreibtisch nicht. Ein Bento bereitet einem die Ehefrau morgens zu, oder man ersteht eine solche Box bei einem nahen Kombini. Auch viele Restaurants bieten mittags ihre Speisen als Bento zum Mitnehmen an, wohl wissend: Das spart Zeit. Die Angestellten müssen sich nicht extra in ein Lokal oder in die Kantine setzen, um zu essen. Stattdessen sind die Büros jeden Mittag von lautem Schmatzen und Schlürfen erfüllt.

Der eigentliche Knaller sind aber die Überstunden. In praktisch jeder Branche in Japan gelten Überstunden als Teil der zu erbringenden Arbeitsleistung; nahezu nirgendwo werden Überstunden gesondert bezahlt. Auch mein eigener Arbeitsvertrag, obwohl bei einem nichtjapanischen Arbeitgeber, hält diese Ausbeutung ohne Gewissensbisse schwarz auf weiß fest: »Der reguläre Arbeitstag dauert acht Stunden. Die ersten vierzig Überstunden pro Monat werden nicht entgolten, ab der 41. Überstunde wird 125 Prozent des regulären Stundenlohns bezahlt.« Das ist eine Win-win-Situation für die Firma, denn in der 41. Überstunde ist man eh schon tot. Ich jedenfalls. Nicht so die Japaner.

»Wer abends vor zehn nach Hause geht, wird schief angesehen, oft wird es später als elf«, beschreibt ein Verkaufsleiter beim Computerspiel-Riesen Gree seinen Arbeitstag. »Nur der Mittwoch ist von der Firmenleitung offiziell zum ›Früher-heim-Tag‹ erklärt worden, dann komme ich oft schon um acht raus. Sobald es Mitternacht im Büro wird – manchmal bin ich bis zwei Uhr morgens dort –, dürfen wir immerhin am nächsten Tag statt um 9.30 Uhr erst um 10.30 Uhr anfangen.« Geschichten wie diese hört man häufig.

Am schlimmsten ist es bei kleineren Betrieben. Noriko, einunddreißig, Friseurin in einem Schönheitssalon, klagt: »Ich arbeite sechs Tage in der Woche, nur am Montag haben

ねえ、会社さん。私を奴隷にしてよお

wir frei. Praktisch jeden Tag geht's bis Mitternacht. Wenn wir neue Schnitte ausprobieren oder für die Friseurmeisterschaft trainieren, machen wir das in frühmorgendlichen Sessions. Die ganze Belegschaft bleibt dann nach der Arbeit da, also nach Mitternacht, und zusammen üben wir, bis die Sonne aufgeht. Anschließend schlafen wir ein paar Stunden auf den Friseurstühlen, bis die ersten Kunden den Laden betreten.« Noriko kommt gelegen, dass der Kunde bei einem japanischen Friseurbesuch am Schluss der Behandlung meist eine Nacken- und Kopfmassage erhält. »Beim Haarewaschen nicke ich oft für ein paar Sekunden ein. Wenn dabei meine Hand wegrutscht, verklickere ich den überraschten Kunden, es sei eine spezielle Massagetechnik.« Hoffentlich passiert ihr das nie beim Schneiden…

Der japanische Arbeitnehmer hat dabei nicht immer so unglaublich viel zu erledigen, wie es die Überstunden suggerieren mögen. Nicht selten verplempert er einfach seine Zeit im Büro. Kollegen, die quer über den Schreibtisch gestreckt ein Nickerchen halten, sind zu allen Tageszeiten in allen Büros ein üblicher und auch geduldeter Anblick. Die lange Arbeitszeit hat eher damit zu tun, dass man in vielen Büros nicht so einfach bei Arbeitsschluss aufstehen und gehen kann. Hier gilt ein ungeschriebenes Gesetz: Solange der Chef da ist, macht kein Untergebener Feierabend.

Überstunden sind keine Pflicht, aber sie werden irgendwann selbstverständlich, weil man es nicht mehr anders kennt, weil man sich dran gewöhnt hat. Marika, fünfunddreißig, hat in vier Jahren bei einer Bank keinen einzigen Tag Urlaub genommen. Sie erzählt: »Abends gegen sieben denkt man, ich hab alles erledigt, eigentlich könnte ich heim, und die Kolleginnen sind ebenfalls mit ihrer Arbeit fertig. Da aber ruft eine, die es noch nicht ist: ›Klar, auch heute führt kein Weg an Überstunden vorbei, oder?‹, und alle nicken. Niemand traut sich, vor ihr zu gehen, das würde egoistisch ausschauen. Also bleiben alle zwei Stunden länger.«

Die Arbeitsethik wird nicht nur im eigenen Land hochgehalten. Japaner haben sie so verinnerlicht, dass sie überall auf der Welt abgerufen werden kann. Eine Japanerin, die in der Mailänder Filiale des Tokioter Touristikkonzerns JTB gearbeitet hat, berichtet: »Die Angestellten waren zur Hälfte Japaner und zur Hälfte Italiener. Die Italiener gingen jeden Abend um sechs Uhr heim, auch wenn noch was zu tun war. Wir Japaner blieben fast immer bis um neun, auch wenn nichts mehr zu tun war.«

Auch nach Feierabend steht der Japaner der Firma noch zur Verfügung, fürs Pflichttrinken nämlich. Wenn der Chef vorschlägt, noch gemeinsam auszugehen, traut sich kaum einer abzulehnen. Das gemeinschaftliche Saufen ist aber meist ohnehin hochwillkommen. Wie überall auf der Welt ist der Kneipenbesuch nach Feierabend wichtig für kollegiale Beziehungen – man kann so viel leichter Missstände an- und aussprechen als am Schreibtisch. In Japan ist das nicht anders. Aber der Unterschied zwischen Tag und Nacht, zwischen Büro und Kneipe, ist hier fulminant. Kollegen wechseln von Dr. Jekyll zu Mr. Hyde.

Die Grenze zwischen den zwei Welten markiert der Alkohol. Sobald ein Japaner trinkt, darf er es ordentlich krachen lassen.

Die Ergebnisse der Firmengelage sind allabendlich in Tokios Bahnen zu erkunden. Durch die letzten Züge wabert ein durchdringender Alkoholgeruch, viele Fahrgäste haben gerötete Gesichter, Krawatten hängen lose um den Hals, manche haben die Hemden bis zum Brustnabel offen. Es ist lärmend laut, alle lallen auf Teufel komm raus, einige grölen und schreien, ein völliger Kontrast zu der geradezu buddhistischen Stille in den Morgenzügen. Vor den Fahrkartensperren versuchen alkoholisierte Anzugträger der jüngeren Generation die nicht minder besoffene Kollegin von der Heimfahrt abzuhalten und in eins der umliegenden Liebeshotels zu zerren. Auf den Bahnsteigen und um die Bahnhöfe herum liegen Schnapsleichen, oft von besorgten Kollegen umringt oder von herbeigerufenen Bahnan-

ねえ、会社さん。私を奴隷にしてよお

gestellten und Polizisten. Riesige gelbe Pfützen warten auf Beseitigung durch die auf jedem Bahnsteig bereitstehenden Erste-Hilfe-Kotz-Sets (Schaufel und Sägemehl).

Derart wild endet der Werktag in Japan, und zwar jeder einzelne. Aber nirgends wird dieses Chaos von Politikern oder in den Medien kritisiert, niemand empört sich. Wenn dagegen einmal im Jahr Ausländer in Japan in der Bahn auf die Pauke hauen, schreit das japanische Establishment Zeter und Mordio. Seit Anfang der Neunzigerjahre verabreden sich Ende Oktober, am Samstagabend vor Halloween, in Tokio Hunderte, darunter sehr viele Nicht-Japaner, zu einer Art Guerilla-Party. Kostümiert entert man gemeinsam am Bahnhof Shinjuku die Tokioter Ringbahn Yamanote, bis man wieder in Shinjuku ankommt, also für etwa eine Stunde. Dabei wird im Zug ordentlich getrunken und gefeiert, hin und wieder kommt es zu Exzessen. Die Öffentlichkeit beschwört dann jedes Mal den Untergang des Morgenlandes, und einmal warnte die japanische Polizei sogar in großen Tageszeitungsanzeigen eindringlich vor der Teilnahme am Kapern. In manchen Jahren erwarten Hundertschaften der Bereitschaftspolizei die Feierfreudigen schon auf dem Bahnsteig, 2010 blockierten Dutzende rechter Demonstranten mit Plakaten wie »Ausländer raus – Japan muss sauber bleiben« den Bahnsteigeingang. Ein Internet-Video eines sich während der Yamanote-Party im Jahr zuvor im Zug nackt ausziehenden Brasilianers hatte die japanische Volksseele komplett beleidigt. Viele der Demonstranten hatten gerötete Gesichter und ihren Schlips im Haar.

Japanische Drogerien bieten den fast immer von Natur aus schwarzhaarigen Japanern Färbemittel in Dutzenden modischer Schattierungen von Wasserstoffblond bis Dunkelbraun an. Kombinis haben dagegen nur ein kleines Colorationsspektrum im Regal, aber dafür findet man in ihnen eine Farbe immer: Schwarz. Garantiert. Man fragt sich, wer so blöd ist, Geld zu bezahlen, um seine Haare in der Farbe zu tönen, die man ohnehin schon hat.

ねえ、会社さん。私を奴隷にしてよお

Nicht ergraute Damen und Herren sind dabei die Zielgruppe. Die Käufer sind vielmehr junge Japaner, die sich kurzfristig ihre Haare zurückfärben müssen, wie die blonde Studentin Natsuko. Die Achtzehnjährige erklärt lakonisch, warum sie um Mitternacht noch einmal zum Kombini geeilt ist, um zur Packung mit dem Schwarzton zu greifen: »Morgen früh habe ich mündliche Prüfung. Die Professoren lassen mich durchfallen, wenn ich als Blondine auftauche.« Ähnliches gilt bei Vorstellungsgesprächen. Nur mit natürlicher, also schwarzer Haarfarbe gilt ein Bewerber Firmen als seriös genug. Für sie gilt zwar nicht: blond = dumm, aber: blond = unseriös.

Diese Gleichsetzung ist in der restlichen japanischen Gesellschaft längst überholt. In den Trendvierteln der Städte flanieren mehr Blondinen herum als in Skandinavien. Künstler (die sowieso), aber auch freischaffende Ärzte oder Handwerker ohne Kundenkontakt wie Maurer wählen ihre Haarfarbe selbst, genauso wie Programmierer oder Unistudenten, zumindest außerhalb der Prüfungen. Ein ehemaliger Informatik-Professor von mir, japanweit eine Koryphäe in seinem Fach, färbt sich seine Haare sogar provokant lila.

Viele Firmen jedoch schreiben ihren Angestellten explizit die Haarfarbe vor. So sieht man nur schwarzhaarige Bankangestellte – Banken haben offenbar einen besonders starken Bedarf, seriös zu wirken. Auch gehobene Kaufhäuser, bessere Supermärkte und Kombinis verlangen in der Regel schwarze Köpfe. Während die japanische Fluggesellschaft JAL noch auf einem züchtigen Schwarz besteht, erlaubt der Rivale All Nippon Airways seinen Stewardessen immerhin schon die Färbung bis zum Grad »Mittelbraun«. Man will sich offensichtlich auch vom Haar her moderner geben als JAL. In Krankenhäusern wie dem »International Medical Centre« in Shinjuku dürfen Krankenschwestern und -pfleger fast jede Farbe tragen, außer Hell- oder Wasserstoffblond. Diese Blondschattierungen werden nämlich stark mit *Chapatsu*-Mädchen assoziiert, blonden, aufgedon-

ねえ、会社さん。私を奴隷にしてよお

nerten Mädchen, die als sexuell freizügig und damit irgendwie unhygienisch gelten.

Die Haarfarbe ist jedoch erst der Anfang: Firmen kennen keine Scham und keine Grenzen bei der Einmischung ins Privatleben ihrer Angestellten. Mehrere Jahre habe ich mit einem Zeitvertrag in einer Softwareabteilung bei Asahi Kasei gearbeitet. Asahi Kasei ist eine typische Stütze der sogenannten »Japan AG«: ein mittelgroßer Mischkonzern mit fast 30 000 Mitarbeitern, im Ausland praktisch unbekannt, aber für Japaner ein Markenname und für Uni-Absolventen ein begehrter Arbeitgeber. Jeder Festangestellte (also nicht ich) bekam bei der Einstellung eine unsäglich nichtssagend aussehende graue, billige Plastikjacke, auf deren Rücken groß »Asahi Kasei« gedruckt war. Obwohl keinesfalls vorgeschrieben, trug sicher die Hälfte der Kollegen tagtäglich mit Stolz ihre Jacke, selbst in der Großkantine. Dort hoben sie sich deutlich ab von den im selben Gebäudekomplex tätigen Nissan-Leuten, denn die hatten alle das Wort »Nissan« auf dem Rücken ihrer Jacke stehen.

Mein ehemaliger Chef bei Asahi Kasei war eigentlich ein smarter, weltgewandter Kerl mit vielen Jahren Auslandserfahrung. Er hatte aber eine ganz japanische Art, Festangestellten zum dreißigsten Geburtstag zu gratulieren. Wer noch Single war, bekam nämlich zu hören: »Suchen Sie sich bitte bald einen Ehepartner. Hier bei Asahi Kasei erwarten wir nämlich, dass unsere Angestellten über dreißig verheiratet sind.« Mit einer stabilen Partnerschaft, so offensichtlich das Kalkül, ist ein Angestellter produktiver. Wer sich weigerte, wurde zwar nicht entlassen. Auf Beförderungen oder Gehaltserhöhungen konnte derjenige allerdings lange warten. Umgekehrt wurden Frischverheiratete mit Extra-Boni und Sonderurlaub belohnt. Alle älteren Kollegen bei Asahi Kasei waren verheiratet. Alle hatten Fotos der Kinder auf dem Schreibtisch; kein einziger eins seiner Frau. Eine unglückliche Ehe, in die einen der Chef hineinzwang, macht es sicher auch leichter, abends länger in der Firma zu bleiben.

Viele japanische Konzerne lassen nachmittags ihre Ange-

ねえ、会社さん。私を奴隷にしてよぉ

stellten tanzen. Um Punkt 15 Uhr läuft beim Elektronikgiganten Sony (und auch bei Asahi Kasei) über die Hauslaut-
sprecher die »Gemeinsame Firmengymnastik«-Sendung. Zu
rhythmischer Musik können die Mitarbeiter Dehnungs- und
Fitnessübungen absolvieren, sie sollen sich nämlich während der Arbeit entspannen. Man muss nicht teilnehmen,
aber viele springen auf und bewegen sich im Takt, und
während des penetrant lauten Musikgedudels fällt sowieso
jede Konzentration auf die eigentliche Arbeit flach.

Warum lassen sich Japaner diese ganzen Gängeleien gefallen? Gibt es keinen Betriebsrat, keine Gewerkschaft, die
sich für die Freiheiten der Arbeitnehmer einsetzen?

Aber hallo! Landesweit sind fast zehn Millionen Japaner
in einer Arbeitnehmerorganisation. Natürlich gibt es Gewerkschaften, gerade in den großen Unternehmen ist der Or-
ganisationsgrad sehr hoch. Bei Asahi Kasei waren fast alle
Mitarbeiter Gewerkschaftsmitglieder – in der firmennahen
»Asahi-Kasei-Gewerkschaft« nämlich. Die meisten Arbeitnehmer sind in einer dieser »firmennahen« Gewerkschaften organisiert, die alle zusammen den Dachverband Rengo bilden.
Rengo ist ein japanischer Schwesternverband des DGB, des
Deutschen Gewerkschaftsbunds. Japanische Firmen gründe-
ten diese firmennahen Organisationen (diesen Satz lasse sich
der DGB auf der Zunge zergehen) als sogenannte Zweite Gewerkschaften, als die »Ersten«, unabhängigen, »echten« Gewerkschaften, mit dem wirtschaftlichen Boom Japans immer
mehr Rechte einzufordern begannen. Wikipedia zitiert aus
der Satzung der JALFIO, der firmennahen Gewerkschaft der
Fluglinie JAL: »Wir versprechen, Maßnahmen wie der ökonomischen Lage widersprechende Forderungen, die Nähe zu
politischen Parteien sowie Streiks nicht zu ergreifen.« Eine
Gewerkschaft, die freiwillig auf zu hohe Gehaltsforderungen
und Streik verzichtet – der Traum eines Fabrikanten.

Heute führen die unabhängigen »Ersten« Gewerkschaften
in Japan ein Schattendasein. So stehen der JAL zwar sechs
Gewerkschaften gegenüber, aber die firmennahe JALFIO

ね
え
、
会
社
さ
ん
。
私
を
奴
隷
に
し
て
よ
お

hat doppelt so viel Mitglieder wie die fünf restlichen Vereinigungen zusammen. Sachiko, eine sechsundzwanzigjährige JAL-Stewardess, erzählt: »Wir wurden alle mehr oder weniger gezwungen, bei Firmeneintritt auch gleichzeitig der JALFIO beizutreten. Die anderen fünf Organisationen werden firmenintern ganz offen als die ›Roten Gewerkschaften‹ diffamiert.« Rot steht auch in Japan abwertend für Sozialismus/Kommunismus. »Jeder Mitarbeiter hat einen kleinen Briefkasten im Aufenthaltsraum. Wann immer ein Vertreter der Roten vorbeikam, um seine Broschüren einzuwerfen, wurde ihm der Zutritt in den Aufenthaltsraum verboten. Angeblich, um die Privatsphäre der Mitarbeiterinnen zu schützen.«

Klar, dass eine firmennahe Gewerkschaft die herrschende Firmenpolitik nie kritisieren wird. Als große internationale Fluglinie beschäftigt die JAL eine Menge nichtjapanischer Piloten, Stewardessen oder sonstiges Personal. Ausländische Mitarbeiter bekommen – wie bei allen etablierten japanischen Unternehmen und Institutionen – auch bei der JAL nie reguläre Arbeitsverträge, sondern nur befristete Zeitverträge, die nach Belieben verlängert werden – oder eben nicht. Eine Gewerkschaft, eine wahre Interessenvertretung, würde die vertragliche Gleichstellung ihrer Mitglieder unabhängig von der Nationalität zu einer Hauptforderung machen. Die JALFIO löst das Dilemma elegant: Sie nimmt Ausländer erst gar nicht als Mitglieder auf.

Bei Asahi Kasei wird immerhin einmal im Jahr für eine Verbesserung der Arbeitsverhältnisse gestreikt – zumindest beinahe. Die Vertreter der firmeneigenen, pardon, Tippfehler, firmennahen Gewerkschaft lassen sich den Streiktag (genau ein Tag!) lange vorher von der Firmenleitung genehmigen. Danach werden die Kunden des Unternehmens fast schon mit einem gewissen Stolz in speziellen Anschreiben auf den Tag X vorbereitet: »Die Belegschaft von Asahi Kasei wird ihr demokratisches Recht wahrnehmen und am Soundsovielten in den Streik treten, wenn vorher keine Einigung mit der Firmenleitung erzielt wird. Wir bit-

ねえ、会社さん。私を奴隷にしてよお

ten schon im Vornhinein um Verständnis dafür, dass wir für diesen Tag keine Termine vereinbaren können.«

Niemand aber glaubt tatsächlich an den Streik. Als ich ausländischer Frischling nachhakte, was für spezielle Vorbereitungen ich denn für diesen Tag treffen müsse, bekam ich nur ein lächelndes Kopfschütteln und ein Augenzwinkern. Am Tag vor dem Streik wird dann auch nur scheinbar plötzlich eine Rundmail von der Gewerkschaftsleitung verschickt: »Wir konnten im letzten Moment eine Einigung mit der Firmenspitze über eine Verbesserung der Arbeitsverhältnisse erzielen. Details folgen, der Streik wird abgeblasen.« Allen ist klar, dass »der Streik« von Anfang an eine Posse war. Unter siebenundzwanzig Industrieländern bildet Japan abgeschlagen das Schlusslicht oder wahlweise die Speerspitze mit durchschnittlich einem Tag pro Jahr, an dem *irgendwo* in Japan gestreikt wird. Da wird Asahi Kasei nicht das ganze Land bloßstellen.

Ihren Festangestellten garantieren japanische Unternehmen die lebenslange Unkündbarkeit. Dieses Versprechen halten die Firmen auch, auf Biegen und Brechen. Wer nicht wirklich Mist baut, hat bis zur Pensionierung seinen Job sicher, und wer Mist baut, eigentlich auch. Der Betreiber der havarierten Atomkraftwerke in Fukushima, die Stromfirma Tepco, hat bis heute keine Angestellten gefeuert, obwohl Tepco menschliches Versagen ausdrücklich als Ursache der Nuklearkatastrophe zugab.

Wie bestraft eine japanische Firma nun die menschlichen Versager, ihre Untergebenen, dafür, für eine der größten Katastrophen der japanischen Geschichte verantwortlich zu sein? Nein, sie wurden nicht freiwillig in den Kamikazetod getrieben, sie wurden nicht einmal gezwungen, selbst mit Hand anzulegen bei den lebensgefährlichen Aufräumarbeiten in den radioaktiv verstrahlten Reaktoren (dafür heuerte Tepco billige Leiharbeiter auf Zeit an). Aber ungeschoren ließ man sie nicht, man haute den unartigen Mitarbeitern durchaus kräftig auf die Fingerchen. Mit großem Medien-

ねえ、会社さん。私を奴隷にしてよぉ

trara wurde einigen leitenden Angestellten der Sommer-
bonus, der drei Monate nach der Katastrophe im Juni 2011
fällig war, um die Hälfte(!) gekürzt, andere Angestellte
wurden versetzt. Selbst wer seinem Arbeitgeber mal eben
einen atomaren Super-GAU einbrockt, kommt also offenbar mit nichts Schlimmerem als einer vorübergehenden Ge-
haltskürzung oder einer Veränderung des Postens davon.

Wer einer japanischen Firma absolut nicht mehr dienlich
ist oder wer sich einen großen Patzer erlaubt hat, wird auf
einen »Fensterplatz« versetzt. So nennt man in Japan Stellen, bei denen man so wenig zu tun hat, dass man den ganzen Tag aus dem Fenster schauen kann.

In meiner Abteilung bei Asahi Kasei gab es einen älteren
Herrn, der etwas entfernt von den Kollegen seinen eigenen Schreibtisch – der einzige im Büro aus Edelholz – stehen und außerdem den größten und komfortabelsten Stuhl
der Abteilung hatte. Der Bürostuhl zeichnete sich nämlich
durch Armstützen aus, ein Bonbon, das einem in Japan erst
eine leitende Position einbringt. Der Schreibtisch war allerdings vollkommen leer, und der Stuhl meist auch, denn den
größten Teil des Tages verbrachte der ältere Herr im Aufenthaltsraum und schaute fern. Nur ganz selten nahm er,
dann immer ganz stumm, an Besprechungen teil. Manchmal ging er abends mit zum Singen in eine Karaoke-Bar,
aber in der Regel nahm er um Punkt 17.45 Uhr, dem offiziellen Feierabend, seinen Hut und ging nach Hause. Das
alles fand ich schon bald recht seltsam, aber da ich wie
auch keiner meiner Kollegen je mit ihm direkt zu tun hatte,
erfuhr ich erst nach Monaten, dass er der Vorgänger des jetzigen Abteilungsleiters gewesen war: Er war der alte Chef.
Man hatte die Abteilung wegen ungenügender Ergebnisse
restrukturiert und offensichtlich nicht gewusst, wohin sonst
mit dem Mann. Die drei Jahre bis zu seiner Pensionierung
ließ man ihn einfach am Fensterplatz absitzen.

ねえ、会社さん。私を奴隷にしてよお

Trotz des wohlbekannten Horroralltags hatten japanische Studenten lange Zeit nur ein Berufsziel: die lebenslange Festanstellung bei einer japanischen Firma, vor allem bei einem der großen Konzerne der Japan AG. Der amerikanische Börsenhasardeur Michael Lewis beschreibt in seinem Buch *Wall Street Poker*, wie selbst den renommiertesten Firmen der übrigen Welt oft nur der Bodensatz der japanischen Uni-Absolventen blieb. Mitte der Achtzigerjahre heuerte er beim Investmentgiganten Salomon Brothers an, und mit ihm waren unter den amerikanischen Firmeneinsteigern nur die Topabsolventen der Elite-Unis zu finden. Mit Handkuss aber nahm die Firma jeden Japaner mit Hochschulabschluss, der überhaupt bereit war, für eine nichtjapanische Firma zu arbeiten. Selbst mangelnde Englischkenntnisse waren kein Hindernis. Von seinem Einführungskurs, an dem auch die neuen Mitarbeiter aus der Tokioter Niederlassung teilnahmen, berichtet Lewis: »Alle sechs Japaner saßen in der ersten Reihe im Unterrichtszimmer und schliefen. Die gutmütigste Erklärung für ihr Desinteresse war wohl, dass sie Englisch nicht verstanden. Japaner verbringen ihr Leben bei einer japanischen Firma; die, die was auf dem Kasten hatten, hätten nie im Leben daran gedacht, für eine US-Firma zu arbeiten.«

Japanern, die es entweder nicht in eine große Firma schaffen oder die keine Lust auf lebenslange Sklavenschaft haben, bleiben nur wenige Optionen. Frauen versuchen, einen Angestellten der großen Konzerne zu heiraten, und schicken dann den Mann an die Front. Die Heiratsentscheidung fällt aufgrund seiner Position und seines Gehalts, selten aus Liebe oder Zuneigung. Das ist nicht tragisch: Da die Frau ihren Mann während seines Berufslebens höchstens mal am Wochenende zu sehen bekommt, ist die Ehe auch mit wenig Commitment verbunden.

Für eine Festanstellung bleiben ansonsten nur kleinere Unternehmen. Aber auch die verlangen die ständige Verfügbarkeit der Mitarbeiter, ohne im Gegenzug Aufstiegschancen und ein Versprechen auf lebenslange Anstellung

ねえ、会社さん。私を奴隷にしてよお

bieten zu können. Als einzige echte Alternative, der Firmen-
hölle zu entgehen, sehen selbst gut ausgebildete Japaner
das ewige Jobben auf Stundenbasis, als Kellner oder Pizza-
ausfahrer für ungefähr 1000 Yen brutto in der Stunde. Diese
japanischen Bohemiens erhalten sich immerhin ihre Freiheit: Wenn sie Urlaub brauchen, kündigen sie einfach und
arbeiten ein paar Monate später woanders. Aber Geld oder
Erfüllung im Beruf wird ihnen zeit ihres Lebens fehlen.

Menschen, denen ihr Beruf oder ihr erlerntes Fachgebiet
eigentlich Spaß macht, der Rest des Lebens aber auch, entdecken in jüngster Zeit die japanischen Filialen ausländischer Firmen. Die bieten ein im Vergleich moderates Arbeiten, man darf bezahlten Urlaub nehmen, um zu reisen,
hat zu vernünftigen Zeiten Feierabend und kann sich aussuchen, wann man mit welchen Kollegen trinken geht. Englisch wird heutzutage allerdings verlangt. So sind gerade in
Tokio viele Recruiter, die neue Mitarbeiter gewinnen sollen,
mittlerweile auf ausländische Firmen spezialisiert.

Ein ehemaliger Kollege von Asahi Kasei sollte aus irgendeinem Grund von Tokio weg in eine andere Stadt und Abteilung strafversetzt werden – wie gesagt, direkt gekündigt
wird niemandem. Sein Chef sah diese Versetzung wohl als
Wohltat, als goldene Brücke, die er seinem renitenten Untergebenen baute. Wie perplex war der Vorgesetzte, als der
Kollege stattdessen kündigte, die mit jahrzehntelangem
Duckmäusertum erkaufte Garantie auf eine unkündbare Beschäftigung in den Wind schlug und mitten im Berufsleben
ins kalte Wasser sprang und zur Tokioter Filiale des größten
Konkurrenten wechselte, einer US-Firma. Nach zwei Monaten hatte er den größten Kunden von Asahi Kasei zu seiner
neuen Firma abgeworben, nach einem Jahr den zweitgrößten zum Wechsel bewogen.

Bei Asahi Kasei haben sie das wohl noch gar nicht bemerkt. Sie waren dafür zu sehr mit Trinkspielen, der De-
tailplanung des nächsten Streiks und dem modekonformen
Tragen der Firmenjacke während der Firmengymnastik beschäftigt.

PARTYS
Feste feiern, wie sie nicht fallen

Das Land der blauen Planen. Kimonos statt Dirndl.
Bambusgestecke statt Tannenbäumen.
Liebeshotels: an Heiligabend ausgebucht.
Die beste Party der Welt.

Wir sitzen auf einem Deich am Edogawa-Fluss inmitten
Hunderttausender Feierlustiger und haben gerade unsere
zweite Sektflasche geköpft. Die Ersten harren schon seit
den Morgenstunden aus; sie haben mit großen blauen Planen ein Areal für sich und ihre Lieben am Flussufer abge-
steckt. Jetzt sind alle Logenplätze längst belegt, nur noch
ein paar Nachzügler tapsen vorsichtig durch schmale Gras-
streifen, um nicht die Planen mit ihren Schuhen zu berühren. Das wäre peinlich.

Neben uns sitzt ein älteres Paar. Die Frau schenkt ihrem
Mann gerade etwas Reiswein nach und scheint dabei »Immer diese Leute, die erst im letzten Moment auftauchen« zu
grummeln. Hinter ihnen schaut ein junges Pärchen, beide
in Kimonos, erwartungsvoll in den fast schwarz geworde-
nen Himmel hinauf. Auf der anderen Seite sitzt eine Studen-
tengruppe, die heftig, aber noch streng nach Männlein und
Weiblein getrennt, Dosen-Cocktails zuspricht: Offensichtlich
haben sie beschlossen, eine der beliebten *Gokons,* der Date-
Partys, am heutigen Sommerabend nicht in einer Kneipe,
sondern im Freien stattfinden zu lassen.

Da durchbricht eine helle Frauenstimme aus Lautsprechern das allgemeine Gemurmel: »Lasst uns gemeinsam

den Countdown zählen. Noch zehn Sekunden, neun…« Allmählich zählt die Menge mit: »Zwei, eins, null!«, und in der gleichen Sekunde explodieren am Himmel fünf riesige weiße Feuerwerksballons mit einem gewaltigen Donnern. Die Menschen begrüßen es mit einem ebenso gewaltigen Gekreische, nur um wenige Sekunden später vor Staunen zu verstummen, als sich über den abregnenden Feuerballons fünf goldene Feuerkaskaden ergießen. Kurzzeitig erleuchten sie die Nacht so taghell, dass man erkennen kann, wie die Flussdeiche und -auen bis zum Horizont schwarz vor Leuten sind, wie in einem endlos in die Länge gestreckten Fußballstadion. Insgesamt sind heute über eine Million Menschen gekommen, keinen hält es an diesem Abend zu Hause. Augenblicklich ertönt eine feierliche Fanfare aus den Lautsprechern, und die Frauenstimme verkündet: »Willkommen zum vierunddreißigsten Edogawa-Feuerwerk!«, und die Massen antworten mit einem gigantischen Gejohle und Geklatsche.

Feuerwerke sind im japanischen Jahresablauf die Megaevents schlechthin. Wochenlang lockt allein im Großraum Tokio fast jeden Tag im Hochsommer irgendwo ein Großfeuerwerk Hunderttausende Besucher an. »Brot statt Böller« hätte hier als Slogan extrem schlechte Karten, denn der Hochsommer ist für Japaner genauso untrennbar mit großen Feuerwerken verknüpft wie der Beginn des Frühlings mit der Kirschblüte. Viele der in dieser Jahreszeit ubiquitären Bierwerbungen zeigen hübsche Kimonoträgerinnen, die andächtig mit einem Bier in der Hand in einen farbenprächtig erleuchteten Himmel blicken. Die großen Zeitschriften und Netzportale bieten Feuerwerkskalender, in denen nach Regionen detailliert aufgelistet wird, welche Feuerwerke wie lange dauern, wie viel Raketen abgeschossen und wie viel Zuschauer erwartet werden. Als im Sommer 2011 die meisten japanischen Gemeinden ihre Sommerfeuerwerke aus Respekt für die Opfer der Erdbeben- und Tsunami-Katastrophe im Frühjahr absagten, war das für viele die zweite große Katastrophe des Jahres.

Beim Wort »Feuerwerk« sollte man sich von einem Konzept von vier, fünf Silvesterraketchen unbedingt freimachen. Selbst kleine Gemeinden wie Okutama in den Japanischen Alpen oder die abgelegene tropische Inselgemeinde Ogasawara verschießen in zwanzig Minuten tausend Raketen auf ihren jährlichen Dorffeuerwerken. Das Edogawa-Feuerwerk ist sogar eine abendfüllende Veranstaltung: Fast anderthalb Stunden lang werden hier nach und nach zwanzigtausend Raketen abgefeuert, in einer dramatischen Choreografie, die jedes Jahr neu eigens von professionellen Feuerwerkskünstlern komponiert wird. Schon Monate vorher testen sie Raketen und neue Abschussmuster bei geheimen Trainingssessions tief in den Japanischen Alpen.

Die Aufführung selbst wird im Hightech-Land Japan meist sekundengenau vom Computer dirigiert. Auf mehreren Ebenen werden am Himmel goldene Wasserfälle, Myriaden auseinanderstiebender roter Glühwürmchen, impressionistisch anmutende Punktmalereien oder überdimensional große Versionen bekannter Manga-Figuren inszeniert. Oder man malt die Form des Fudschijamas als Feuerband nach. Gern bedient man sich eines alten Zaubertricks, lenkt die Leute hier mit ein paar kleinen Explosionen ab, um währenddessen dort die Raketen für die noch bombastischeren Effekte hochsteigen zu lassen. Besonders gelungene Szenarien werden wie bei einem Pop-Konzert johlend beklatscht. Dafür erwartet das anspruchsvolle Publikum jedes Jahr eine Neuerung: Der diesjährige Hit sind Dutzende gleichzeitig explodierender Feuerbälle aus Silber und Gold, die dann vom Himmel wie glitzernder Regen auf die Erde zu fallen scheinen.

Die spektakulären Shows sind kostenlos. Gerade unscheinbare Randgemeinden von Tokio wie eben Edogawa oder auch Kawasaki veranstalten die größten Events; für sie ist das sommerliche Prachtfeuerwerk durchaus ein PR-Mittel, um das eigene Prestige zu heben. Während des ersten Augustwochenendes buhlen allein im Großraum Tokio über ein Dutzend Städte gleichzeitig um die Gunst der Besucher. Wenn man während des atemberaubenden Edogawa-Feuerwerks in allen Himmelsrichtungen auch in der Ferne Feuerblumen aufblitzen sieht, fragt sich ein emotional unbelehrbarer Westler schon mal, wie viel Steuermillionen da an einem Samstagabend buchstäblich verpulvert werden.

Die Shows finden an Orten statt mit Platz für die Massen, in Sportstadien, an Flussufern, die wegen der Überschwemmungsgefahr auf breiter Fläche nicht bebaut werden dürfen, oder besonders spektakulär über dem Meer, an das viele japanische Metropolen grenzen. Gerade diese Massen sind – mehr noch als die Feuerwerke selbst – für viele Jüngere der Hauptgrund, um dem Spektakel beizuwohnen. Die Events gelten als die Gelegenheit schlechthin, mit vielen Tausend Gleichgesinnten Party zu machen, zu trinken, neue Leute kennenzulernen und über die Stränge zu schlagen. So sind die jeweiligen Stadtviertel auch noch nach Ende der Show bis tief in die Nacht hinein voller Menschen. Die lokalen Geschäftsleute verkaufen an kleinen Straßenständen Bier, Reiswein oder Kartoffelschnaps, gebratene Nudeln, Würstchen auf Stäbchen oder Tintenfischbällchen. Einige Anwohner stellen ihre Stereoanlage oder sogar ein DJ-Mischpult auf die Straße, bieten Bier aus der Kühltasche an und veranstalten so Straßen-Diskos. Andere organisieren einen Mini-Flohmarkt mit all den Dingen, die sie immer schon loswerden wollten.

Dazwischen wuseln und albern die Japaner in Kimonos herum, die sie eigentlich nur zu den Feuerwerken tragen. So wie das Münchner Oktoberfest das Dirndl wieder modern machte, tragen junge Japaner leichte Sommerkimonos, die Frauen welche aus hellen Stoffen mit farbenprächtigen Mustern, die Männer favorisieren dezente Erdtöne mit samuraihaftem Faltenwurf. Dazu ziehen sie passende Holzsandalen an. Das Haar wird traditionell gestylt; die Frauen dekorieren es oft noch mit bunten Broschen. Und wenn der Großteil der Menschen schon wieder auf dem Heimweg ist, setzen sich so manche dieser atemberaubend aussehenden Poster-Japaner von der Menge ab und kehren in der schwarzen, aufgeheizten Nacht zurück zum Fluss.

Japaner stehen auf Pracht, Glitzer und stimmungsvolle Musik, und im kalten, dunklen Dezember herrscht ohnehin Party-Flaute. Folglich konnten sie den Unterhaltungswert von Weihnachten einfach nicht länger ignorieren, auch wenn nicht einmal zwei Prozent der Bevölkerung dem christlichen Glauben anhängen. So nahmen sie denn das christliche Fest in ihren Jahresablauf auf, genauer gesagt, sie pickten sich nur die oberflächlichen Formen, die sicht- und hörbaren Insignien der Weihnachtszeit heraus, dafür aber mit japanischer Gründlichkeit. Ab Mitte November werden japanische Städte mit Weihnachtsbäumen, prächtigen Lichterketten und christlichen Symbolen in XXL-Größe geschmückt. Im Supermarkt beschallt »Jingle Bells« vom Endlostonband die Dosenregale, und die Kassiererinnen müssen sich den ganzen Dezember lang rote Weihnachtsmannmützen aufsetzen. Takashimaya in Shinjuku ist im Dezember einer der Tiefpunkte für romantische Adventsspaziergänge. Das Luxuskaufhaus stellt nämlich jedes Jahr ein Dutzend liebevoll gestalteter Lichtarrangements auf den Vorplatz, darunter eine Kirche in Miniaturform, ein großer leuchtender Bethlehem-Stern, ein Weihnachtsmann ganz aus bunten Glühbirnen oder einfach nur ein riesiges, glitzerndes Kreuz.

Genauso wenig wie die Japaner am Weihnachtstag einen Gottesdienst besuchen würden, sähen sie einen Sinn darin, ihn mit einem besonders üppigen Mahl in der Familie zu zelebrieren. Sie hätten auch gar keine Muße dafür, denn die Weihnachtsfeiertage sind samt und sonders normale Werktage. Wenn der Arbeitstag am 25. Dezember mit dem Abreißen des Kalenderblatts beginnt, werden Einsamkeit und Heimatferne wohl jedem Westler bewusst.

Nur für die jüngeren Singles ist der Heilige Abend ein ganz besonderer Abend. Wie amerikanische Teenager vor ihrem »Prom«-Abschlussball beschäftigt japanische Jugendliche die Suche nach dem Partner fürs Heiligabend-Date schon Wochen im Voraus. Wenn die Optionen langsam knapp werden, wird auch ein Ausländer in Erwägung gezogen. Alle Jahre wieder gehen Mitte Dezember plötzlich lauter Anrufe ein.

»Hier ist Asuka, erinnerst du dich? Wir haben im August mal in einer Kneipe miteinander gesprochen.« (Seitdem nie mehr.)

»Ach ja …«

»Ich wollte mal fragen, was machst du so am 24.?«

»Warum?«

(Zögern) »Ich würde dich gern treffen, hast du Zeit?«

»Hm, am 24. feiere ich Weihnachten in Deutschland mit meiner Familie, aber wir können uns vorher treffen, am 18. oder 19.«

»Nein, da kann ich nicht.«

»Dann eben, wenn ich wieder zurück bin, nach Neujahr.«

»Nein, nein, das ist doch zu spät!«

In Japan hat alles seine festgelegte Zeit, und vor allem hat jede Zeit eine festgelegte Aktivität. Am 24. Dezember wird der Japaner sinnlich. Am 24. trifft sich niemand, um betrunken um die Häuser zu ziehen, Canasta zu spielen oder über Kant zu diskutieren. Wer sich für den 24. verabredet, will mit dem anderen eine Beziehung eingehen, und sei es nur für eine Nacht. Daher muss man den Grund der Verabredung nicht explizieren, man muss nicht einmal das Wort »Verabredung« in den Mund nehmen.

Ebendieser Code macht Heiligabend zum Renner gerade bei den Gymnasiasten, die sich noch nicht so recht trauen, ihrer Flamme ein direktes Geständnis zu machen. Statt eines hochnotpeinlichen Liebesbriefs fragt man einfach: »Was machst du so am 24.?« Und kann die Antwort eins zu eins übersetzen. »Ich habe noch nichts vor« – das heißt: »Ich will auch was von dir.«

Am besagten Tag trifft man sich dann gegen Abend vor den großen Bahnhöfen in der Nähe der Vergnügungsviertel. Erwachsenere Pärchen besuchen zunächst ein angesagtes Lokal, in dem der Mann ein Weihnachtsgeschenk überreicht. Es braucht nicht persönlich und liebevoll ausgewählt oder gar selbst gemacht zu sein – um Himmels willen, das wäre oberpeinlich! Hauptsache es ist teuer. Die Wertschätzung einer Frau drückt sich in der Summe aus, die ein Mann auszugeben bereit ist. Die Uhr, der Ring oder die Handtasche steckt nicht nur in einer aufwendigen Geschenkverpackung. Zur Sicherheit übergibt der Mann auch die Papiertüte mit dem prestigevollen Markennamen, groß aufgedruckt.

Zentraler Moment des Heiligen Abends ist der danach folgende Spaziergang. Von außen wirkt die Szenerie eher wie ein Massenschaulaufen. Alle Weihnachts-Dates laufen nämlich derart synchron ab, dass sich zwischen sieben und acht Uhr in den großen Vergnügungsvierteln wie Shinjuku Gruppen händchenhaltender Paare durch die engen Straßen schieben. Ausgerechnet in dieser Überfülle sind sie auf der Suche nach einem abgeschiedenen Ort für den Beginn einer intimen Zweisamkeit.

Jede Bank ist von Paaren besetzt, oft nur durch Armeslänge voneinander getrennt. Aber das Nachbarpärchen und die Kälte werden ignoriert. Die festlich leuchtenden Dekorationen der großen Kaufhäuser im Blick, vollziehen sie das Ritual am Fest der Liebe: den ersten Kuss. Der Weg ins Liebeshotel liegt dann offen vor ihnen. An Heiligabend sind sie am Ende der Nacht alle voll.

Am Vorabend des 21. Jahrhunderts bereitete sich Japan auf die Apokalypse vor. Am 31. Dezember 1999 waren die Straßen Tokios dunkel und menschenleer. Schon seit Tagen bekam man an keinem einzigen Automaten der Stadt Geld mehr, die Banken hatten geschlossen den Betrieb eingestellt. Aber für was brauchte man auch noch Geld? Am späten Nachmittag schon hatten die letzten Ladenbesitzer ihre Geschäfte verrammelt, und es sah nicht danach aus, als wollten sie sie je wieder öffnen. Selbst die Riesenbildschirme über den sonst pulsierenden Straßenkreuzungen von Shinjuku und Shibuya waren mit einem Schlag schwarz und stumm geworden. Zu jeder Tages- und Nachtzeit hatte ihr donnernder Sound das Gelächter und Stimmengewirr der Abertausenden übertönt, die hier sonst flanierten. Jetzt aber blockierten teilweise hohe Absperrungen die Kreuzungsmündungen. Dutzende von Mannschaftsbussen und schweren Räumfahrzeugen in den Seitenstraßen ließen ahnen, dass die Attacke unmittelbar bevorstand. Überall präsente Polizisten sprachen hektisch in ihre Funkgeräte, schienen in Alarmbereitschaft zu sein.

An den dunklen Kreuzungen drucksten sich da und dort vermummte Gestalten herum; in der letzten halben Stunde vor Mitternacht war ihre Zahl plötzlich rasant angestiegen. War das der Feind? Eine Minute vor Mitternacht wurden schließlich auch die Kommunikationswege gekappt. Verwirrt schauten manche auf ihre Displays, mit einem Schlag hatte man alle Handy-Netze abgeschaltet.

Da begannen die ersten Menschen zu zählen: »Zehn ... neun ... acht ...« Auf Englisch und in vielen anderen Sprachen fielen immer mehr Menschen in den Countdown ein, bis schließlich alle auf dem Platz laut mitzählten und ein donnerndes, vielsprachiges »Zwei ... eins ... Happy New Year!« in die Nacht schrien. Sektflaschen wurden entkorkt, wildfremde Menschen umarmten sich, man hörte Gläser klingen, und im Schein der aufflammenden Feuerzeuge und Wunderkerzen sah man, dass ein Großteil der Feiernden Weiße waren. Die wenigen Japaner hatten sich eher abseits der Menge in Grüppchen zusammengefunden, allesamt in einer ermüdend erscheinenden Sitzhocke. Wenn überhaupt, stießen sie zaghaft mit gerade erst am nahen Automaten erworbenen Kaffeedosen an. Anstatt miteinander zu feiern, waren das Hauptziel ihrer Aufmerksamkeit ganz offensichtlich die Ausländer auf dem Platz. Begeistert beobachteten, ungeniert filmten sie die ausgelassene Silvesterparty der Westler, die so provozierend anders als das war, was Japaner als Neujahrsfest kannten.

Was auf die japanischen Zaungäste noch eine fremdartige

Faszination ausübte, war für die japanischen Ordnungskräfte einfach eine öffentliche Störung der Nachtruhe, auf deren Bekämpfung sie sich gründlich vorbereitet hatte. Schon im Vorfeld hatte die Polizei die Betreiber der Riesen-Werbebildschirme, auf denen am späten Abend oft einfach das japanische Fernsehprogramm ausgestrahlt wird, sogar überzeugt, die Schirme in dieser einen Nacht abzuschalten. Vielleicht hatte man gehofft, dass die Menge ohne den Countdown aus einer Silvester-Fernsehsendung den Übergang ins neue Jahr nicht bemerken würde. Aber selbst der alljährliche Zusammenbruch des Handy-Netzes zur Mitternachtsminute, wenn alle Japaner sich auf einmal ein gutes neues Jahr wünschen müssen, verdarb den Feiernden nicht die Laune.

Nun zeigten die Schirme auf Englisch und Japanisch eine Aufforderung der Polizei, das Feiern zu unterlassen und die Gesetze einzuhalten. Aufgeregt wuselten auch Polizisten durch die Menschen und appellierten per Lautsprecher, die Straßenverkehrsordnung einzuhalten: Auch wenn die Fußgängerampel von Grün auf Rot sprang, blieben die Ausländer nämlich einfach in der Mitte der Kreuzung stehen und feierten weiter.

Schließlich, eine knappe Viertelstunde nach Mitternacht, kam der Einsatzbefehl: Polizeiketten drängten die Feiernden mit aller Kraft auf den Gehsteig zurück. Ausländer, die sich, vom Alkohol ermutigt, widersetzten und die Polizisten offen als Spaßverderber bezichtigten, wurden ohne Mitleid auf den Boden gedrückt, verhaftet und abgeführt. Endlich konnten die drei leeren Taxis, die man in der letzten halben Stunde am Weiterfahren gehindert hatte, die Kreuzung überqueren.

Für Japaner ist Neujahr das besinnlichste Fest des Jahres. Dann versammelt sich die ganze Familie. Auch längst erwachsene Kinder, die weit entfernt in einer Großstadt studieren oder arbeiten, kehren zu Neujahr zurück in die Heimat. Am Silvesterabend sitzt die Großfamilie gemütlich beisammen im warmen Elternhaus, verzehrt gemeinsam teure, mit exklusiven Zutaten zubereitete Neujahrsgerichte, trinkt, erzählt und schaut zusammen bis zum Countdown die mehrstündigen Silvestershows, die die japanischen Fernsehsender ausnahmsweise live übertragen und mit denen sie regelmäßig die höchsten Einschaltquoten des Jahres erzielen. Vor sehr vielen Häusern, aber auch vor öffentlichen Gebäuden werden im Freien oft mehr als mannshohe kunstvolle Pflanzenarrangements aufgestellt: Drei oder mehr zurechtgesägte Stämme des Bambusbaums dekoriert man da mit zahlreichen Gestecken, grünen Baumzweigen oder kleinen Figuren. Auch an die Haustür hängt man in diesen Feiertagen gern eine Art Neujahrskranz.

Am Neujahrstag selbst sucht die ganze Familie eine religiöse Stätte auf, um für ein erfolgreiches neues Jahr zu beten. In den Folgetagen trifft man sich mit alten Freunden, die auch alle während der Feiertage in die Heimat zurückgekehrt sind. Nach zwei, drei weiteren Tagen sind dann aber auch alle wieder froh, wenn die Feiertage endlich vorbei sind – man rückt sich doch langsam zu sehr auf die Pelle, und das andauernde Essen macht auch langsam dick.

Praktisch jeder japanische Arbeitgeber gibt seinen Angestellten zu Neujahr drei bis fünf Sondertage frei, die nicht auf den knapp bemessenen Urlaub angerechnet werden. So können sich die das ganze Jahr über hektischen und betriebsamen Japaner endlich mit gutem Gewissen eine Auszeit gönnen – denn alle anderen Japaner haben ja auch frei.

Kurz vor Neujahr schaltet Japan also ab. Es wirkt dann auch, als hätte es im letzten Loch gelegen und gerade noch die Reißleine gezogen. Vom 28. Dezember bis zum 7. Januar kommt die Müllabfuhr nicht. Auf schon Wochen vorher in Briefkästen eingeworfenen Zetteln hat sie darum gebeten, zehn Tage lang die Müllsäcke nicht wie sonst an die Straßen zu stellen, sondern in den Wohnungen aufzubewahren: »Danke für Ihr Verständnis.« Danke meinerseits für zehn Tage besinnliche Gemeinsamkeit mit stinkendem, langsam verrottendem Müll. Auch alle Banken kündigen zu dieser Zeit jedes Jahr aufs Neue an, dass sie die Geldautomaten mehrere Tage lang einfach mal komplett abschalten. Erst seit wenigen Jahren gibt es überhaupt die Möglichkeit, selbst während der Neujahrstage Geld abzuheben, in den Kombinis nämlich, zu massiv erhöhten Gebühren. Immerhin. Die Kombinis sind auch die einzigen Geschäfte, die überhaupt nicht ihre Türen schließen. Selbst die großen Kaufhäuser, sonst an jedem einzelnen Tag des Jahres offen, weil bei ihnen gerade an Sonn- und Feiertagen das Geschäft brummt, machen zumindest am Neujahrstag dicht.

So wirkt Tokio am 1. Januar, als ob jemand mit einem Schlag die Luft aus der gigantischen Stadt gelassen hätte – ein sehr befreiendes Gefühl. Bei einem Spaziergang am Neujahrstag in Shinjuku hat man die Häuserschluchten, durch die sich üblicherweise Hunderttausende Shopper, Vergnügungssüchtige und Geschäftsleute zwängen und drängen, praktisch für sich. Die nahezu menschenleere Stadt wirkt wirklich postapokalyptisch, als ob eine Katastrophe alle Bewohner für immer aus den Häusern getrieben hätte; nur noch man selbst ist zurückgeblieben und steht nun vor einer leeren Kulisse.

Hochsommer, Weihnachten oder Neujahr – Japaner verstehen die Feste zu feiern, wie sie fallen, wenn auch nicht immer wie bei uns. Die abgefahrenste Party haben die Japaner aber ganz für sich allein. Die Reisebibel *Lonely Planet* stellte 2007 in einer Sonderausgabe touristische Megaziele in ganz bestimmten Kategorien vor. In der Kategorie »Ort zu einer bestimmten Saison« ernannten die Autoren – noch vor »Karneval in Rio«, »Silvester in New York« oder »Reykjavik zur Mitternachtssonne« – »Tokio zur Blütenschau« zur Topdestination. Nirgendwo auf der Welt, so die *Lonely-Planet*-Autoren, ändert eine Stadt in wenigen Tagen ihr Antlitz radikaler und feiern Menschen ausgelassener als die Tokioter Anfang April, wenn die Kirschbäume blühen.

Jetzt nicht voreilig abwinken: »In China fällt ein Sack Reis um, in Japan blühen die Kirschen – und?! Auch in

Europa haben wir Kirschen.« Die Kirschblüte in Europa ist aber nur eine von Hunderten Nettigkeiten des Frühlings, die Kirschblüte in Japan eröffnet den Frühling dagegen mit einem Paukenschlag; fast schockierend plötzlich bettet sie ein ganzes Land in ein unwirklich schönes Zartrosa und setzt für zwei Wochen den sonst so geordneten japanischen Alltag außer Kraft.

Normalerweise wirken japanische Megastädte wie Tokio oder Osaka wenig einladend: Kabel hängen überall kreuz und quer zwischen wahllos gebauten Häusern, meist formlosen Betonklötzen oder wackeligen Behelfshütten, optisch aufgelockert allein durch grelle Reklame.

Dass sich in diesem hässlichen Chaos Abermillionen von Kirschbäumen versteckt halten, merkt man erst, wenn sie blühen. Auf einmal schwebt an vielen Straßenecken eine mächtige Baumkrone in dem zarten, fast weißen Rosa, das die Japanische Yoshino-Kirsche, die hier am weitesten verbreitete Kirschart, auszeichnet. Schaut man aus dem Zugfenster, scheint ein exzentrischer Maler, der mit seinem Landschaftsporträt nicht zufrieden war, über die ganze Bildfläche riesige Kleckse in Weiß-Rosa verteilt zu haben.

Für den Kirschblüten-Overkill besucht man am besten einen der größeren japanischen Parks. In Japan werden Parks nämlich so angelegt, dass sie punktgenau zur Zeit der Kirschblüte maximal ihre Pracht entfalten. Im Kaiserlichen Park Shinjuku oder im Yoyogi-Park, beide in Tokio, wandeln die Spaziergänger unter rosa Wolken, die sie mit den Händen greifen können. Hunderte von kleineren, dicht gepflanzten Kirschbäumen bilden ein undurchdringliches Dach aus Blüten. In dem See in der Mitte des Inokashira-Parks westlich von Tokio rudern die Ausflügler auf einer weißen Decke, die Himmel und Erde zu verschmelzen scheint. Hier hängen die Bäume so weit in den See hinein, dass das gesamte Wasser das Blütenmeer widerspiegelt. Rund um den Kiyomizu-Tempel in Kyoto klammern sich die Kirschbäume an die steil abfallenden Hänge und umrahmen das Weltkulturerbe wie auf einer gigantischen Ansichtskarte.

Der radikale Wandel, mit dem die Kirschblüten das Antlitz des gesamten Landes verändern, erinnert am ehesten noch an Schnee. Aber während wohl kaum einer bei
Schnee draußen Orgien feiert, dominieren die *Hanami,* die
»Blütenschau«-Feste, die japanische Freizeit völlig während
der kurzen zwei Wochen, in denen die Kirschen in voller
Blüte stehen. In dieser »fünften« Jahreszeit verabreden sich
die Japaner im Park mit möglichst vielen anderen und stecken das Partyareal mit den großen blauen Plastikplanen
ab, die auch schon bei den Feuerwerken im Einsatz waren.
Mit dem Ablegen der Schuhe vor der Plane dürfen die korrekten und zurückhaltenden Japaner auch die ganzen Kon-
ventionen ablegen, die sie sonst so gängeln. Dann trinken,
lachen, tanzen, schreien, spielen und schmusen sie, bis die
Sake-Vorratspackungen alle sind.

Diese Feste wiederholt man dann möglichst oft in der
kurzen Kirschblütezeit, bis man alle Freunde, Kollegen und
Mitstudenten durchhat, und falls dann immer noch nicht
die von allen gefürchtete Phase der »Blätterblüten« angefangen hat, in der sich erste grüne Blätter unästhetisch
unter die letzten rosa Blüten mischen, beginnt man noch
mal mit der ersten Gruppe oder schiebt, besser noch, eine
zweite Hanami-Schicht abends ein. Dann sind die Kirschbäume fast noch schöner, weil sie von unten angestrahlt
werden und strahlend weiß vor dem schwarzen Nachthim-
mel leuchten.

Die Hanamis sind auch eine Gelegenheit, als westlicher
Tourist mit den sonst oft verschlossenen Einheimischen in
Kontakt zu kommen: Nur ein paar Schritte durch das Di-
ckicht aus blauen Planen, und schon wird man irgendwo
zum Mitfeiern eingeladen. Das allmähliche Besaufen kommt
dabei zupass: Wo sich die meisten Japaner sonst schämen,
ihr Schulenglisch tatsächlich auszuprobieren, werden sie bei
der Hanami noch nach dem zum letzten Mal in der siebten Klasse gehörten Wort für »leicht gesalzener Reiscracker«
suchen, um sich ja maximal dem Ausländer verständlich zu
machen.

ヘンな時期にヘンなパーティ

Übrigens: Die Kirschen im japanischen Supermarkt kommen aus Kalifornien. Denn die Früchte der japanischen Kirsche sind klein und hart. Die Kirschbäume werden wirklich nur wegen ihrer Blüten gepflanzt, nur, damit sie in zwei kurzen Wochen das Land auf den Kopf stellen.

STARS
Ruhm durch Berühmtheit

Der lebensgroße Pappaufsteller im Kombini nervt.
Warum japanische Groupies selten Sex wollen. Die
süßeste Prominente muss stumm bleiben. Arnold
Schwarzenegger und Oliver Kahn auf Abwegen.

Falls Johnny Depp, Leonardo DiCaprio und Brad Pitt nach
Doubles suchen, müssen sie nur nach Japan kommen. Hier
laufen Zehntausende weißer Ausländer herum, die ihnen
wie aus dem Gesicht geschnitten sind – zumindest wenn
es nach den Japanern geht. Denn ein einigermaßen schlan-
ker und adretter Westler wird über kurz oder lang mit einem der drei Hollywood-Superstars verglichen. »Findet ihr
nicht auch, er sieht Brad Pitt unheimlich ähnlich?«, fragt
Miyu, siebenundzwanzig, triumphierend ihre Freundinnen in der Geheimsprache Japanisch, nachdem sie in einer Kneipe eine Weile mit einem Englischlehrer geschä-
kert haben. Alle nicken zustimmend. Dass der Engländer
einen Schmerbauch hat und ihn selbst ein koreanisches Ge-
sichtserkennungsprogramm nicht in Brad Pitts Villa lassen
würde, macht nichts. Hauptsache, er hat blaue Augen und
vor allem blonde Haare. Für Westler mit offensichtlichen
Haarproblemen holt die japanische Fangemeinde noch
einen vierten Hollywood-Akteur aus der Rasterkiste. Nette
Westler mit Glatze ähneln alle Bruce Willis.

Stars sind für Japaner die interessanteren Menschen. Wer
interessant ist, muss ein Star sein, und wenn nicht, dann
sieht er zumindest aus wie einer. Japaner kennen kaum den

有
名
人
だ
か
ら
有
名

Namen ihres Nachbarn im teuren Appartementhochhaus. Aber Jung wie Alt können Dutzende oder sogar Hunderte Stars mit Namen nennen, selbst wenn sie nicht von ihnen angetan sind: Stars sind im japanischen Alltag omnipräsent, man kommt einfach nicht an ihnen vorbei.

Im Juni 2012 fanden in Japan allgemeine Wahlen statt. Alle Fernsehsender diskutierten tagelang die Chancen der einzelnen Kandidaten, berichteten teils live von der Abstimmung, eröffneten die Hauptnachrichten mit den Wahlergebnissen und spulten am Morgen nach der Wahl immer wieder die tränenerstickte Dankesrede der Wahlsiegerin Yuko Oshima ab. Der Staatssender NHK, dem ohnehin eine korrupte Nähe zum Establishment nachgesagt wird, schwieg als einziger Sender die Wahlen tot.

有
名
人
だ
か
ら
有
名

Oshima ist eine Sängerin der megapopulären Popgruppe AKB48. Und bei den allgemeinen Wahlen handelte es sich um die »Allgemeinen AKB48-Wahlen«, bei denen Fans ihre Favoritin aus einer der Musikgruppen des erfolgreichen Produzenten Yasushi Akimoto wählen dürfen. Akimotos Markenzeichen sind Riesenbands mit jeweils mindestens achtundvierzig Mädchen, AKB48, SKE48, HKT48 und so weiter. Mit insgesamt weit über zweihundert möglichen Kandidatinnen hatte der mündige Fan also echte Alternativen, um sein demokratisches Wahlrecht auszuüben. Die AKB48-Wahlen sind auch der erste Treffer der größten japanischen Suchmaschine, gibt man das Stichwort »Allgemeine Wahlen« ein. Erst danach folgen so unerotische Treffer wie die Wahlen zum japanischen Parlament. Darüber berichtet folgerichtig dann nur NHK wirklich ausführlich.

Viele machen die Beschäftigung mit Stars zu ihrem Hauptzeitvertreib. Das Wort »Fan« beschreibt dieses Hobby aber nicht drastisch genug. Wenn ich nachmittags das Büro verlasse, um im nahen Ginza-Viertel etwas zu erledigen, stehen an den meisten Tagen Hunderte vorwiegend jüngerer Frauen auf den Gehsteigen der angrenzenden Häuserblocks. Sie stehen nicht Schlange, sondern dicht an dicht nebeneinander und lassen nur eine schmale Gasse für die

Passanten frei. Selbst im mörderisch heißen Sommer haben sie sich zum stundenlangen Spalier aufgestellt. Die meiste Zeit starren sie fast bewegungslos in eine bestimmte Richtung, kaum wagen sie es, länger als eine Sekunde aufs Handy zu schauen.

In der Nähe ist das berühmte Takarazuka-Theater. Ähnlich wie im Kabuki-Theater männliche Schauspieler alle Rollen spielen, also auch die der Frauen, übernehmen in den Häusern der ursprünglich aus Osaka stammenden Takarazuka-Theaterkette weibliche Schauspieler sämtliche Parts, einschließlich die der Männer. Das Publikum in den Takarazuka-Theaterstücken besteht ebenfalls zu 90 Prozent aus Frauen, und die bekannteren Schauspielerinnen haben eine eingeschworene, ausschließlich weibliche Fangemeinde. Und diese ihre Anhängerinnen verharren oft tagelang auf den Straßen um das Theater herum.

Und oh, plötzlich geht ein Raunen durch die Menge, alle Gehsteigbesetzerinnen holen auf einmal hektisch etwas aus ihren Taschen. Aus der Richtung des Theaters kommt ein junger Mann herbei. Er schlendert mit betontem Desinteresse, jedoch langsam an den Damen vorbei, während er sie inspiziert. Bei einer bleibt er stehen. Er muss nichts sagen – sie reicht ihm, ohne zu zögern, einen Zettel und spricht dazu aufgeregt ein paar Worte. Stumm nimmt der Mann den Zettel entgegen, danach setzt er seinen Weg fort. Alles geht ganz schnell. Mit einem Schlag beginnt sich auch die Menge aufzulösen.

»Ein Mann? Die haben doch nur schauspielernde Frauen?« Kurz entschlossen fange ich die junge Frau ab, die gerade ihren Zettel losgeworden ist, und stelle ihr die Frage.

»Er ist der Assistent der großartigen Schauspielerin XY, das weiß doch jeder«, antwortet sie etwas irritiert.

»Was stand denn auf dem Zettel?«

»Dass er der Schauspielerin ausrichten soll, ich sei ein großer Fan von ihr.« Kurzes Stocken. »Und meine Telefonnummer, damit er mich jederzeit anrufen kann, falls er noch Fragen hat.«

有
名
人
だ
か
ら
有
名

Dann drängt mich ihre Freundin weg, es ist ihr wohl peinlich, dass jemand, der nicht zur Fangemeinde gehört, erfährt, mit was für Sachen sie ihre Zeit verplempern.

Haben die denn alle keinen Job, dass sie mitten an einem Werktag ewig die Straßen belagern können? Man kann davon ausgehen, dass zumindest einige von den jungen Frauen ihren knapp bemessenen Urlaub geopfert haben und aus weit entfernt gelegenen Provinzen angereist sind, um sich im Ginza-Viertel die Füße in den Bauch zu stehen.

Aber damit ist das Ende der japanischen Fan-Fanatismus-Fahnenstange lange noch nicht erreicht. Wie überall auf der Welt lungern auch in Japan nach Konzerten internationaler Rock- und Popstars Groupies am Bühnenausgang oder in den Hotels herum. Sie warten darauf, dass der Star selbst oder im Regelfall ein Manager in die Lobby kommt und sie mit dem Finger herauspickt: »Du, und du, ihr könnt mit nach oben ins Zimmer.«

In der Tokioter Disko Lex kam ich einmal an der Bar über einen gemeinsamen Jägermeister ins Plaudern mit einem österreichischen Fußballnationalspieler und dessen Manager. Beide waren nach Japan zu Transferverhandlungen mit dem FC Yokohama gekommen. Jägermeister macht neue Freunde: Während sein Manager mit mir ganz ernsthaft zu diskutieren anfing, ob die gebotene Ablösesumme, umgerechnet fünf Millionen Euro, für japanische Verhältnisse viel sei, suchte und fand der Fußballer schon bald eine hübsche Japanerin auf der Tanzfläche. Nachdem die beiden eine Weile herumgeturtelt hatten, kamen sie zu uns an die Theke, und wir nahmen zu viert noch einen weiteren Jägermeister. Der Fußballer raunte mir auf Deutsch zu: »Sag mal, sind die Japanerinnen alle so? Ich hab vorgeschlagen, zu mir ins Hotel zu gehen, aber sie erzählt was von ihrer Freundin, die sie nicht einfach alleine lassen kann. In Europa zicken die Mädchen nicht so rum, wenn ich sie frage.«

Nur ein paar Sekunden später stand die Japanerin neben mir und jammerte mir auf Japanisch ins Ohr: »Sind die europäischen Männer alle so brutal direkt? Wir kennen uns erst eine Viertelstunde – und schon will er ins Hotel!«

Ich meinte daraufhin: »Weißt du nicht, dass er in Europa ein berühmter Fußballstar ist?« Die Augen der Japanerin wurden auf einmal ganz groß. »Wenn du jetzt nicht spurst, verpasst du die Chance deines Lebens – in fünf Minuten findet er eine andere.« Dann wandte ich mich wieder dem Manager zu. Wir sprachen nur ein paar Sätze, da nickte er plötzlich lächelnd in Richtung Ausgang: Dort verschwand der Fußballer gerade mit der Japanerin aus der Tür.

Doch Groupies, die auf ausländische Stars abfahren, sind nur eine Minderheit. Die einheimischen Popstars dagegen haben eine riesige Gefolgschaft fanatischer Anhänger, die sogenannten *Okkake*, wörtlich »Verfolger«, und das beschreibt diese Fans am besten. Okkake reisen ihren Stars möglichst zu jedem einzelnen Konzert in die japanische Provinz hinterher, oft sind sie jedes Wochenende unterwegs. Es sind meist Menschen aus der großen Gruppe der Singles um die dreißig. Frauen wie Männer, die längst ein solides Einkommen haben, aber noch bei ihren Eltern wohnen und damit die horrenden Mieten sparen. Sie können es sich leisten, dauernd zu reisen und am Veranstaltungsort auch noch zu übernachten. Sie müssen ihrem Star gar nicht hautnah kommen; sie finden ihre Erfüllung schon darin, bei jedem Konzert möglichst viele Fotos von ihrem Idol aus der Ferne zu schießen und diese nach dem Konzert mit anderen Okkakes auszutauschen.

Laut einem Bekannten, der jahrelang als Konzertpromoter tätig war, besteht sogar die große Mehrheit aller Popkonzertbesucher in Japan aus Okkake: »Man denkt, dass bei den Auftritten von Superstars das Publikum einzig aus lauter heißen Girls besteht, die Höschen und Hotelschlüssel auf die Bühne schmeißen. Nein, das Publikum bei solchen Konzerten ist optisch ein totaler Kontrast gegenüber der sexy Glamour-Show auf der Bühne: Es besteht aus lauter Okkake, die farblos und unscheinbar sind. Für sie sind die

Konzerte fast Alltag. Sie wissen, dass sie eh keine Chance bei den Stars haben und machen sich daher nicht mehr groß zurecht.«

Eine Altersgruppe über den dreißigjährigen Okkake steht dagegen nicht auf Popstars, sondern ganz spezifisch auf südkoreanische Fernsehstars. Die »koreanische Welle« wurde 2002 durch die koreanische Fernsehromanze *Wintersonate* ausgelöst, bis heute eine der äußerst raren ausländischen Serien, die es überhaupt ins japanische Mainstream-TV-Programm schafften. Yong-joon Bae, der Beau aus *Wintersonate*, wird seither von mittelalten japanischen Hausfrauen als Prototyp des idealen Schwiegersohns angebetet. Bald nach der Ausstrahlung dominierte Bae mit Brille, seinem Markenzeichen, auch die japanische Werbung. Anscheinend sind vierzig-, fünfzigjährige Japanerinnen derart potente Konsumenten, dass eine Zeit lang Baes Gesicht jede Joghurtpackung zierte – und selbst mir das nicht entgangen war. Als mir in einem Kombini-Eingang schließlich ein lebensgroßer Bae-Pappaufsteller entgegengrinste, hätte ich den schönen Koreaner liebend gern mit einem Kinnhaken ausgeknockt.

Bei den mittelalten Hausfrauen ist seither alles aus Südkorea schwer angesagt. In den nachmittäglichen TV-Programmen (da sind die Männer noch nicht zu Hause) findet man in den letzten Jahren koreanische TV-Serien, wohin man auch zappt. Shin-Okubo, das koreanische Viertel in Tokio, ist zum beliebten Ausflugsziel geworden. Kamen Tokioter früher nur nach Shin-Okubo, um authentisch koreanisch zu essen, haben sich dort inzwischen zahlreiche Fanartikel-Läden, koreanische Coffee-Shops, Karaoke-Boxen und Dependancen von Kaufhäusern aus Seoul etabliert. Und in den Straßen flanieren allerorten Grüppchen von kichernden Hausfrauen. Am besten aber fliegt man direkt nach Seoul. So bekannte eine fünfundvierzigjährige Hausfrau vor Kurzem im Fernsehen: »Ich bin Mitglied in einem Fitnesscenter in Seoul geworden und fliege alle zwei Wochen zum Workout hin. Ich habe gehört, dass Bae in diesem Center trainiert ...«

Bae wird wohl in seinen eigenen vier Wänden trainieren. Denn bei all dem Hype können sich Stars kaum unter die Leute mischen. Eine lässige Atmosphäre wie in München oder Berlin, wo bekannte Schauspieler und Musiker dieselben angesagten Lokale und Restaurants frequentieren wie der gemeine Bürger – undenkbar ist das in Japan. Die Agenturen, die die Stars unter Vertrag genommen haben, isolieren diese nicht nur hermetisch von jeglichem Fankontakt, sondern kontrollieren deren gesamten Tagesablauf bis ins letzte Detail. *Sex and drugs* sind schwierig für japanische Rock 'n' Roller, gerade für Superstars wie die Mitglieder der Gruppe SMAP mit Hunderttausenden weiblicher Fans.

SMAP ist die wohl bekannteste japanische Boy-Band. Sie dominiert schon so lange die japanische Unterhaltungsszene, dass die Bandmitglieder mit mittlerweile Anfang vierzig eigentlich kaum mehr als Boys durchgehen. Nicht nur die Songs von SMAP toppen regelmäßig die Charts, in einer beliebten wöchentlichen Fernsehsendung kochen und plaudern die Bandmitglieder mit anderen Prominenten. In mehreren Primetime-TV-Serien spielten sie Hauptrollen, wie der Leadsänger Takuya Kimura. Mit dem Auftritt in der Schnulze *Love Generation* etablierte Kimura sich als Sexsymbol Nummer eins in Japan. Wie alle großen Stars bekam er einen Spitznamen (»Kimtaku«, zusammengesetzt aus den ersten Silben seines Nach- und Vornamens in der japanischen Reihenfolge), und wie nur bei echten Superstars adelten ihn die Fans, indem sie alles daransetzten, so auszusehen wie er: Hunderttausende junger Männer ließen sich eine Kimtaku-Haartolle verpassen, und durch Kimura wurde es bei japanischen Männern populär, sich mit spezieller Männerkosmetik zu schminken.

Die fast religiöse Unantastbarkeit von SMAP zeigte sich 2001, als Bandkollege Goro Inagaki wegen Falschparkens von der Polizei angesprochen wurde und daraufhin eine Szene machte. Er wurde gegenüber den Polizistinnen gewalttätig – und schließlich abgeführt. Die Verhaftung sorgte in allen Medien für Riesenschlagzeilen. Japanische Zeitungen veröffentlichen aber nicht nur die Namen verhafteter Personen, sondern ersetzten dabei auch das sonst übliche »Herr/Frau« durch das Wort »Verdächtiger«. Selbst ein korrupter Polizeibeamter oder Politiker ist mit dem Zeitpunkt einer Verhaftung dann nur noch »Verdächtiger Tanaka«, nicht mehr »Herr Tanaka«. Der SMAP-Rambo dagegen blieb bei der Berichterstattung über seine Verhaftung jedoch die ganze Zeit über »Herr Inagaki«.

Im Nachhinein wurde diese verbale Sonderbehandlung von Superstars heiß diskutiert, mit Folgen. Als Tsuyoshi Kusanagi, ein weiterer SMAPler, 2009 grölend, besoffen und nackt in einem Park aufgegriffen und wegen nächtlicher Ruhestörung verhaftet wurde, war er durch die Bank der »Verdächtige Kusanagi«. Dafür übertrugen alle Fernsehsender nach seiner Freilassung, nach nur drei Tagen in Haft, live seine Entschuldigungspressekonferenz, die etwas von einer Posse an sich hatte. Er verbeugte sich tief vor den Mikrofonen, hatte Tränen in den Augen und versprach, sich nie wieder nackt in Parks auszuziehen. Die Werbeindustrie war erleichtert.

Ein kanadischer Freund, der als Englischlehrer arbeitet und fließend Japanisch spricht, war vor ein paar Jahren monatelang mit SMAP in Japan auf Tour. Er erzählt: »Die Band fuhr oft mit dem regulären Shinkansen zu den Konzerten; der Hochgeschwindigkeitszug ist einfach am schnellsten. Dabei reservierte ihr Agent immer alle fast hundert Sitzplätze eines gesamten Waggons, damit wir für uns alleine waren. An den Enden des Großraumwagens wurde je ein Bodyguard postiert, und wenn mal andere Passagiere durch den Waggon mussten, begleitete sie der Wachmann, passte auf, dass sie nicht stehen blieben und etwa ihre Kamera rausholten. Er blieb auf Tuchfühlung, bis sie wieder draußen waren.

Auch in den Hotels wurde immer eine ganze Etage für die Band gemietet. Eines der Zimmer war ein Gemeinschaftsraum, ausgestattet mit Snacks, Getränken und Spie-

有
名
人
だ
か
ら
有
名

len. Nach den Konzerten hatte ich mich dort aufzuhalten. Offiziell war ich als Englisch-Privatlehrer für Kimtaku engagiert, aber in Wirklichkeit war ich vor allem ein willkommener Gesprächspartner für die Band, da ich ja nicht zur unmittelbaren Entourage gehörte, mit der sie eh den ganzen Tag zu tun hatten. Die Sicherheitsleute ließen nämlich nicht nur keine Fans oder zufällige Gäste in unser Stockwerk, sie hatten auch den unausgesprochenen Auftrag, aufzupassen, dass die Bandmitglieder nicht ausbüxten, und sei es nur in die Hotellobby. Eigentlich sind sie arm dran – sie sind Multimillionäre, jede Japanerin liegt ihnen zu Füßen. Aber de facto sperrte der Agent die Band auf der Tournee jeden Abend ins Hotel ein.«

So gering also die Chance ist, dass Fans ihre Stars im wirklichen Leben begegnen, so penetrant dominieren sie die virtuelle Welt. Werbung in Japan kommt selten ohne den Auftritt eines Prominenten aus. Dabei handelt es sich beileibe nicht nur um Anzeigen für kommerzielle Produkte. So erinnert das Finanzamt jedes Jahr mit wechselnden Berühmtheiten daran, die Steuererklärung einzureichen (die teuren Kampagnen sind dann auch gleich ein schönes Beispiel, wofür der Staat die Steuern braucht). Die Provinz Tokio leistete sich 2011 die Superstars von AKB48, um die Leute an die Wahlurnen zur Gouverneurswahl zu rufen. Die schnuckelige Ayame Goriki wiederum wirbt auf Postern und Broschüren der Verkehrspolizei dafür, nicht betrunken Auto zu fahren. Sicherheitshalber erwähnt die Polizei im Kleingedruckten, dass alkoholisierten Fahrern nicht nur Liebesentzug durch Goriki, sondern auch handfeste Geld- und Gefängnisstrafen drohen.

Ayame Goriki ist eigentlich... ja, was ist sie eigentlich? Schauspielerin? Model? Auf jeden Fall ist sie ein *Tarento*, ein japanischer Prominenter, der irgendwann in die Berühmtheit geschlittert ist und nun vor allem dafür bekannt ist, dass er oder eben sie bekannt ist. Es gibt keine Unterscheidung zwischen A-, B- und C-Prominenten, alle

有
名
人
だ
か
ら
有
名

sind Tarentos. Werbeindustrie und Fernsehen haben einen Riesenbedarf an bekannten Gesichtern, daher: einmal Tarento, immer Tarento. Goriki hatte als Teenager in einigen Fernsehserien kleinere Rollen, und sie ist mit ihren frechen kurzen Haaren, schelmischen Kulleraugen und einem Riesen-Schmollmund geradezu der Prototyp einer süßen Japanerin. Aber reicht das für den Goriki-Tsunami, mit dem uns die Werbeindustrie überflutet? Derzeit sehen wir Goriki gleichzeitig werben für: Fertigbauhäuser, die japanische Post, die Krapfenkette Mister Donuts, einen großen Handy-Provider, einen Herrenausstatter, eine Versicherung, für die deutsche Kosmetiklinie Nivea, den amerikanischen Sportartikelproduzenten Converse, einen Computerspielhersteller und mehrere Getränkefirmen. Und dann, wie gesagt, die Polizei. Kurzum: Aus praktisch jeder denkbaren Konsumbranche durfte sich ein Unternehmen Goriki krallen. Zur Jahreswende 2012 erfüllte sie ihre wohl exotischste Werbemission: Der Yasukuni-Schrein in Tokio lud mit ihrem Konterfei dazu ein, den religiösen Neujahrsbesuch doch nirgendwo anders als an diesem Schrein zu verbringen.

Vor einiger Zeit hatte sie einen gespenstischen Auftritt in der Primetime-Sendung *Sekai-Banzuke*, in der japanische Prominente mit Ausländern über witzige und interessante Geschichten aus aller Welt reden und lachen. Goriki wurde andauernd eingeblendet, wenn jemand anderes sprach; ständig sah man ihren hübschen Kopf und wie sie aufmerksam zuhörte. Man merkte richtig, wie stolz die Fernsehproduzenten waren, dass sie diese Schöne in die Sendung holen konnten. Aber kein einziges Mal machte Goriki selbst den Mund auf. War ihr von ihrer Agentur verboten worden, irgendeine noch so oberflächliche Meinung zu äußern, weil bei so vielen Werbepartnern im Bett immer einer dabei sein würde, der sich auf den Schlips getreten fühlen könnte?

Japanische Tarento sind so gesehen vor allem Werbeposter-Boys oder -Girls, die manchmal auch noch etwas anderes können. Dementsprechend haben sie keine Skrupel, sich selbst für zweifelhafte Anzeigenpartner zu verhökern.

So werben sowohl Tamori, der Moderator von *Die Quelle trivialer Tatsachen*, als auch der Schauspieler Hiroshi Abe, die beide als seriöse Männer gelten, dafür, doch bei Kreditunternehmen Geld aufzunehmen, oft zu Wucherzinsen. Die Plakate für diese Kampagnen hängen in der U-Bahn oft direkt neben denen, auf denen Anwälte ein weitverbreitetes gesellschaftliches Problem ansprechen: »Sitzen auch Sie in der Schuldenfalle und wissen nicht weiter?«

So etwas belastet offensichtlich nicht das Image eines Stars beim japanischen Konsumenten, im Westen aber wäre ein Prominenter bei einer solchen Tatsache schnell erledigt. Trotzdem möchten natürlich auch die westlichen Stars, deren Ruhm bis nach Japan vorgedrungen ist, nicht auf die lukrativen Einnahmen aus dem fernen Werbemarkt verzichten. So lockt sie der Zaster immer wieder für zweifelhafte Anzeigenkampagnen nach Japan. Oft lassen sie explizite Klauseln in den Vertrag einfügen, die die Verbreitung der peinlichen Werbung in ihrem Heimatland unter Konventionalstrafe stellen. Der Oscar-gekrönte Hollywood-Film *Lost in Translation* hat hinreißend das Thema westliche Stars auf Abwegen beschrieben. Bob Harris, dargestellt von Bill Murray, ist ein abgehalfterter, alkoholkranker Hollywood-Schauspieler, der für den Dreh eines Werbefilms ausgerechnet für einen obskuren Whisky nach Japan fliegt. In Tokio erlebt er Einsamkeit, Fremdheit und Melancholie. Gut, dass es Whisky gibt.

Aber die Realität steht der Fiktion in nichts nach. Arnold Schwarzenegger, Superstar und in Japan in der niedlichen Koseform *Schwa-chan* bekannt, war Ende der Neunzigerjahre überall zu sehen als begeisterter Promoter des Hopfenschaumgetränks Hops, ein billiger Bierersatz. Schwa-chan hat lange genug in der Biermetropole München gewohnt, um Hops, wenn er es denn mal wirklich probiert hätte, auszuspucken. Bei amerikanischen Fans und Wählern ist Alkoholwerbung ohnehin ein großes No-Go. Sein Hollywood-Kollege Nicholas Cage wirbt bei Japanern für ein anderes westliches Anzeigentabu, fürs Glücksspiel nämlich.

In Primetime-Werbespots des Pachinko-Slotmaschinen-Herstellers Sankyo hält Cage am Schluss jedes Mal mit breitem Grinsen eine Pachinko-Kugel in die Kamera. Schließlich wieder die Kredithaie: Der weltbekannte brasilianische Fußballer Zico, der »weiße Pelé«, später Trainer der japanischen Nationalmannschaft, empfahl Kredite eines Geldvermittlers namens Lake, während die verstorbene Pop-Queen Whitney Houston lange Zeit durch einen Werbespot für Hochzins-Darlehen von No Loan tänzelte. Und als No-Loan-Poster-Boy verdiente sich auch ein deutscher Fußballer in Japan heimlich ein paar Yen dazu, Oliver Kahn nämlich, der sich mit seinen Paraden und seinem grimmigen Blick während der Fußballweltmeisterschaft 2002 die Anerkennung der Japaner erspielt hatte.

So ist es vielleicht doch Instinkt, dass Japaner bei Westlern immer die gleichen vier Hollywoodstars für ihre Ähnlichkeitsvergleiche heranziehen – die waren wenigstens noch nicht in Japan mit zweifelhafter Werbung zu sehen.

GRUNZLAUTE
Geschwätzige Mundfaulheit

Sabberndes Schlürfen, scharfes Schmatzen, freundliches Zischen und stöhnende Frauen – wie sich Japaner ohne Worte verstehen. Als ich wegen »Haben Sie
heute schon gefressen« beinahe meinen Job verlor.

Gleich nach seiner Ankunft in Narita, dem internationalen
Flughafen Tokios, fragt sich so manch ausländischer Besucher besorgt, ob die Einheimischen kollektiv an Schnapp-
atmung leiden. Immer wieder ziehen nämlich die Japaner,
auf die er trifft, mit einem deutlich hörbaren »Pschschfff«
plötzlich Luft durch den Mund ein. Der Laut klingt recht
unhygienisch: Der Sprecher scheint Spucke in großzügiger
Menge zunächst auf der gesamten Mundbreite zwischen
den Lippen zu verteilen, um sie anschließend blitzschnell
und so geräuschvoll wie möglich über die Zunge hinweg
wieder einzusaugen.

Ein gepflegter Anzugträger gibt am Gepäcklaufband diesen sabbernden Schlürflaut just von sich, als er im dichten
Gedränge anderer auf ihren Koffer Wartenden nach seinem
greift. Ein Pärchen gerät sogar simultan in Atemnot – in
dem Moment, in dem es versucht, sich an einem raumgreifend vor dem Laufband stehenden Ausländer vorbeizu-
schlängeln. Es ertönt ein zweistimmiges »Pschschfff«.

Die Japaner leiden aber nicht an einer Mangelkrankheit,
sie leiden einfach an Platzmangel. Mit dem Schlürfen sig-
nalisieren Japaner, dass man ihnen im Weg steht. Um in
den Genuss einer kompletten Pschschfff-Performance zu

喋っていないのにうるさい

kommen, stellen wir uns breitbeinig im Supermarkt in einen engen Gang. Garantiert trabt bald ein Japaner heran, der es eilig hat. Mit einem lauten Schlürfen macht er uns auf sich aufmerksam und strebt dabei unbeirrt auf die winzige Lücke zwischen uns und den Verkaufsregalen zu. In dem Augenblick, in dem er sich vorbeidrängelt, schlürft er noch einmal und bewegt dabei fortwährend eine Hand auf und ab, als wolle er den Störenfried wegwedeln. Ein Katholik denkt unwillkürlich an den Papst, der aus dem langsam vorbeifahrenden Papamobil den Segen erteilt. Bevor der hastende Kunde von dannen zieht, stößt er ein letztes Abschieds-Pschschfff in die Supermarktluft.

Warum kommen sie nicht einfach raus mit der Sprache, ein entschlossenes »Entschuldigung, kann ich mal vorbei?« täte es doch auch? Kommunikation mit Unbekannten, allen voran Ausländern, ist Japanern einfach äußerst lästig, und sei es nur mit einem einzigen Wort: Vielleicht werden sie nicht verstanden, scheinen sie zu denken, oder es droht ein Widerwort, eventuell sogar ein handfester Streit. Lieber wirkt man kurzzeitig wie ein sabbernder Halbirrer – man kennt die Leute ja eh nicht.

Das Schlürfen der Japaner ist eine fast schon angeborene Standardreaktion. Dass ausgerechnet dieser unhygienisch klingende Laut ausgestoßen wird, hat womöglich mit ihren Esssitten zu tun. Bei uns frisst man Ärger lautlos in sich hinein, Japaner schlürfen ihn dagegen weg, genauso, wie sie die beliebten Ramen-Nudelsuppen wegschlürfen – laut und vernehmlich.

Nicht nur auf Menschen, auf alle Arten von Problemen, die sich einem plötzlich in den Weg stellen, reagiert ein Japaner unwillkürlich mit diesem Geräusch. In dem Büro, in dem ich arbeite, ist es am frühen Vormittag oft mucksmäuschenstill. Alle bereiten sich konzentriert auf ihren Arbeitstag vor. Nur ein einziger Laut durchbricht hier und da immer wieder mal die Stille. Ein Punkt in der Abrechnung ist falsch, ein Kunde beschwert sich in einer E-Mail, zwei Termine kollidieren. »Pschschfff!«

Japaner sind peinlich bemüht, einander nicht zu nahe und vor allem nicht auf den Schlips zu treten. In den Riesenmetropolen hierzulande ist das eine lebensnotwendige Klugheit. In Zügen, Fußgängerzonen, Kaufhäusern, Fahrstühlen drängen sich die Menschen dicht an dicht; ständig herrscht eine latent aggressive Atmosphäre, in der ein Funken Unhöflichkeit, ein falsches Wort eine Massenschlägerei auslösen könnte. In Zügen ist es nicht umsonst verboten zu telefonieren, auch unterhält man sich möglichst mit gedämpfter Stimme. So herrscht gerade in den Morgenzügen, in denen sich bis zu dreihundert Menschen in einem Waggon drängen, eine fast buddhistische Stille – die nur ab und zu vom Schlürfen und anderen populären Lauten durchbrochen wird.

Dazu gehört »Tsch«, ein kurzer, scharfer Schmatzlaut, mit dem sich die Zungenspitze von den Zähnen abstößt. Japaner schmatzen, wenn sie etwas missbilligen. Eine grobe Übersetzung von »Tsch« wäre im Deutschen ein empörtes »Tststs«; »Tsch« klingt ähnlich wie »Ts« mit viel Spucke. Aber wo der deutsche Empörungslaut immer einen anderen Menschen als Empfänger hat, ist das »Tsch« wieder ein unwillkürlicher Reflex. Auch alleine fängt ein Japaner nämlich sofort zu schmatzen an, wenn ihn etwas nervt.

In der Morgenzeitung steht, dass die Regierung die Steuern erhöhen wird – Schmatz. Der Gymnasiast auf dem Nebensitz nervt die ganze Zeit, weil die Musik auf seinem iPod viel zu laut ist. Schmatz. Beim Aufstehen stolpert man über sein ausgestrecktes Bein und tritt ihm aus Versehen auf den Fuß – Schmatz, dann Schlürf.

喋っていないのにうるさい

Was nicht unbedingt gesagt werden muss, das wird nicht gesagt. Das gilt nicht nur für das Ausdrücken von Gefühlsregungen, das gilt erst recht, wenn sich Japaner tatsächlich miteinander unterhalten. Da sind die Japaner wortkarger als die Skandinavier. Ein japanischer Satz hört sich beispielsweise dann erst flüssig und natürlich an, wenn alle Komponenten weggelassen werden, die sich der Zuhörer ohnehin aus dem Kontext dazudenken kann. So wird aus »Wann seid ihr denn gestern Abend von der Party heimgefahren?« in der Regel so etwas wie: »Wann heim?« Übrigens klingen deswegen ausländische Japanisch-Lerner am Anfang für japanische Ohren meist unnatürlich oder geschwätzig, selbst wenn sie keinen direkten grammatischen Fehler machen: Sie beginnen nämlich brav jeden einzelnen Satz mit dem Subjekt, mit »Ich« oder »Du« – das lassen Japaner dagegen als Erstes weg, denn wer gemeint ist, ist sowieso fast immer klar.

Bei Ausländern und auch bei japanischen Frauen wird ein gewisser Grad an Geschwätzigkeit noch hingenommen. Unter echten japanischen Männern aber gilt jedes Wort zu viel als verweichlicht. »Wann heim« – auch das wären einem gestandenen Japaner wohl schon zwei Worte zu viel, stattdessen summen sie nur: »Mmmm.« Kein Scherz: Japanische Männer reduzieren ganze Sätze auf einen einzigen Buchstaben, gern auf den letzten Buchstaben des Satzes, wenn die Bedeutung vom Kontext her klar ist. Das hat das japanische Grunz-Spektrum noch um einen weiteren Laut mit hohem Unterhaltungswert bereichert: »Össsss.« Es ist ein schlangenhaftes Zischen, bei dem das »s« oft sekundenlang gehalten wird. Im Gegensatz zum Schlürfen oder Schmatzen, beides Hilferufe der geschundenen japanischen Seele, ist das Zischen aber absolut positiv: Es steht stellvertretend für eine freundliche oder aufmunternde Bemerkung, meist für einen ganzen Satz.

Als ich Austauschstudent in Japan war, begann der Tag bei uns im Studierzimmer allmorgendlich mit einem Zischkonzert. Alle anderen Kommilitonen saßen schon an den Computern, da trat ein Nachzügler ein: »Össs!« (»Guten Morgen, Entschuldigung, dass ich zu spät bin!«) Die Gruppe antwortete lauthals mit einem fröhlichen: »Össs!« (»Guten Morgen, macht gar nichts!«) Danach legte der zu spät Gekommene einem Mitstudenten eine Fachzeitschrift auf den Tisch: »Össs!« (»Danke fürs Ausleihen, war wirklich interessant zu lesen!«) – »Össs!« (»Gern geschehen!«) Am eigenen Platz angelangt, stieß er plötzlich ein »Pschschfff«

喋っていないのにうるさい

aus. Offensichtlich hatte er zu viele neue E-Mails in seinem Postfach. Dann aber ballte er entschlossen die Faust und stürzte sich beherzt in den Tag: »Össs!« (»So, auf geht's!«)

Während man sich selbst also möglichst sparsam ausdrückt, gebietet es die japanische Höflichkeit, dass man einem Gesprächspartner ständig versichert, man würde immer noch aufmerksamt zuhören. Dazu werfen japanische Zuhörer mindestens alle zwei bis drei Sätze ein Mini-Feedback ein, mit kürzeren Phrasen wie »toll«, »so ist das eben«, »ach so« oder »das muss hart sein«. Auf diese Ausdrücke muss der Sprecher nicht reagieren, sie sind aber absolut notwendige Stützen seines eigenen Gesprächsflusses. Wenn die anderen nämlich stumm bleiben, dann gerät der Sprecher ins Stocken: Er denkt, er langweilt die Zuhörer.

Es wird regelrecht putzig, wenn sich Japaner mit Nicht-Japanern unterhalten. Denn auch bei einer Fremdsprache können Japaner den Mini-Feedback-Automatismus nur schwer abschalten – und verwirren den westlichen Gesprächspartner mit ihren ständigen Zwischenrufen. Hier ein Transskript eines tatsächlichen Zwiegesprächs zwischen einem westlichen Expat und seiner Sekretärin.

»Frau Taguchi, ich …«

»Ja, Herr Direktor Müller?«

»Ich habe heute Mittag ein Geschäftsessen und …«

»Ach, wirklich?«

»Ja, wirklich. Also, wo war ich …? Äh, ich möchte mit dem Kunden dazu ins Park Hyatt geh …«

»Oh, das ist ja toll!«

»… äh, ach, reservieren Sie mir einfach einen Tisch!«

Der kürzeste dieser Feedback-Zwischenrufe ist auch der mit Abstand erotischste Laut der reichhaltigen japanischen Soundpalette. Frauen in Japan, und zwar bevorzugt Frauen im Gespräch mit anderen Frauen, stoßen gern ein hohes »Aahh« mit Verve heraus. Das »Aahh« ist ein keuchender Stöhnlaut, der in westlichen Ohren – reden wir nicht um den heißen Brei herum – absolut unanständig klingt, aber

喋っていないのにうるさい

nicht so gemeint ist. Sekretärinnen beim Plaudern im Zug auf der Heimfahrt von der Arbeit, die sich in einem fort anstöhnen, da bekommt Direktor Müller sicher lange Ohren. In Wirklichkeit sprechen sie nur über ein Rezept für lauwarme Suppe mit vergorenem Sojabohnenbrei.

Im japanischen Alltag gibt es einen einzigen Bereich, bei dem vonseiten des Sprechers minimales Reden nicht angesagt ist. Das ist beim Gespräch mit Kunden. Hier gehört Plappern zum guten Ton.

In jedem Laden wird dem Kunden in der Sekunde, in der er durch die Tür tritt, ein lautes, vielstimmiges »Irasshaimase!« entgegengebrüllt. Sobald Angestellte weiter hinten im Geschäft das »Irasshaimase« von vorne hören, grölen auch sie »Irasshaimase!« in Richtung Eingang. *Irasshaimase* bedeutet eigentlich ein warmes »Herzlich willkommen bei uns im Laden!«, aber muss es deswegen immer in dreifacher Soll-Lautstärke vorgetragen werden? Es soll Touristen geben, die ob dieses unvermittelt einsetzenden Geplärres völlig eingeschüchtert rückwärts aus dem Geschäft geflohen sind. Mundfaulere Angestellte schreien nur die letzten zwei Silben des Grußes (siehe »Össs«), ziehen sie dafür aber besonders laut und derb in die Länge: (jetzt die Augen schließen und an eine Schafherde auf einer Weide denken): »Masssäääähhhh!« In einem Supermarkt sah ich einmal einen Mitarbeiter, der beim Umräumen des Kühlfachs sicherheitshalber etwa alle zehn Sekunden »Massääh« vor sich hin blökte – ganz gleich, ob gerade ein neuer Kunde hereingekommen war oder nicht.

Bewohner Japans streifen sich beim Einkaufen längst ein unsichtbares Spezialfell über die Ohren, sie nehmen das Irasshaimase-Geplärre als Hintergrundrauschen gar nicht mehr wahr. Das Spezialfell muss man auch an der Kasse auflassen, um sich vom Redeschwall der Kassiererin nicht einschüchtern zu lassen: Sie singt zunächst ein Irasshaimasse, greift nach dem Korb und erklärt dem Kunden dabei ihr Tun: »Ich nehme mit Ehrerbietung die Waren entgegen.« Dann liest sie laut den Preis jedes einzelnen Produkts vor, das sie durch den Scanner zieht: »105 Yen für eine Dose Thunfisch… Noch einmal 105 Yen für eine Dose Thunfisch… 105 Yen…« Sie zögert, schaut genau auf die Ware und verkündet erleichtert: »…für eine weitere Dose Thunfisch!« Die Preise erscheinen groß auf dem Display. Der Kunde weiß normalerweise selbst, was er in den Korb gelegt hat, und interessiert sich vielleicht nicht super brennend für den genauen Preis, aber Höflichkeit gegenüber dem Kunden schließt die lautstarke Verbalisierung jeder noch so kleinen Etappe des Einkaufsmarathons ein. So sind beide, Kunde und Kassiererin erleichtert, wenn endlich der Gesamtpreis genannt ist.

Der Kunde legt einen 1000-Yen-Schein auf die Bezahlfläche und will nach der Tüte mit den eingekauften Sachen greifen. Zu früh gefreut! Noch einmal geht der Mund der Kassiererin auf: »Sie wollen mit 1000 Yen bezahlen, habe ich das richtig verstanden?« Ja, meine Liebe, sonst hätte ich das Geld wohl nicht hingelegt, denkt man. Die einzig notwendige Interaktion seitens des Käufers ist jedoch ein knappes Nicken – oder man wartet einfach ab; im Code-Buch für Kassierer gelten fünf Sekunden Schweigen offensichtlich auch als ein rechtsgültiges Kunden-Ja. Die Kassiererin spricht dann die erlösenden Worte: »Ich nehme 1000 Yen entgegen.«

Professionell zählt sie das Wechselgeld ab, nennt dessen Summe und ermahnt den Kunden, ja nachzuzählen, bevor sie ihm die Münzen gibt. Spätestens hier möchte der Käufer verzweifelt »Ja, ja, ja und nochmals ja, und was du auch immer fragst, ja!« hinausschreien. Kaum überreicht die Kassiererin ihm die Einkaufstüte, schnappt er schon danach, um anschließend aus dem Geschäft zu stürzen. Die Abschiedsworte: »Vielen Dank, und beehren Sie uns bald wieder«, kann ihm die Kassiererin nur noch aus der Ferne nachschreien.

Jeder in einem Laden Angestellte spult seine Floskeln wie ein zu hastig programmierter Roboter herunter. Längst

喋
っ
て
い
な
い
の
に
う
る
さ
い

hat er vergessen, dass diese Phrasen vor Äonen einmal Teil eines Dialogs zwischen Menschen waren. Völlig aus dem Konzept bringt man eine Kassiererin, wenn man ihr am Schluss dankt.

»Danke schön!«

»Äh, was, wie bitte?«

»Ich habe nur danke gesagt.«

»A… ach so. Dann ist ja gut.« Es klingt, als ob sie vor allem erleichtert ist, dass es keine Beschwerde war. Nächstes Mal ersparen wir ihr das Dankeschön.

Touristen, die zur Reisevorbereitung etwas Japanisch gelernt haben, verursachen regelmäßig Staus an japanischen Kassen. Sie versuchen, jeden einzelnen Satz des Kassensermons tatsächlich zu verstehen, da sie annehmen, dass ihnen die Kassiererin gerade wichtige Informationen mitteilt – sonst würde sie doch wohl stumm die Waren durch den Scanner ziehen. Da ihr Japanisch nicht wirklich ausreicht, müssen sie die Kassiererin ständig bitten, das Gesagte zu wiederholen, und die tun es dann auch. Nur erfahrene Kassiererinnen behalten hier die Contenance: »Ja, diese Dose Thunfisch kostet tatsächlich 105 Yen.«

Die erstarrte Kommunikationssituation an der Kasse thematisiert ein Fernsehwerbespot des japanischen Umweltministeriums. Ziel des Spots ist: Die Japaner sollen Ressourcen schonen und freiwillig auf die kostenlosen Plastiktüten verzichten, die oft in großzügigen Mengen an der Kasse zum Einkauf dazugegeben werden. Fast ein Prozent des gesamten japanischen Ölimports gehen angeblich allein für die Herstellung von Wegwerfplastiktüten drauf. In dem Werbefilm spult nun ein Kassierer den üblichen Kassenmonolog ab, während Gedankenblasen zeigen, was ihm wirklich durch den Kopf geht: »Soll ich die Kundin fragen, ob sie die Tüte wirklich braucht? Sie kauft doch nur eine einzige Dose, die kann sie doch auch in die Hand nehmen. Nein – das ist viel zu direkt, was soll sie denn von mir denken?« Gleichzeitig sieht der Zuschauer die Überlegungen der Kundin: »Eigentlich kann ich die Getränkedose in der

Hand tragen, ich trinke sie eh gleich, der Kassierer muss sie mir nicht in eine Tüte stecken. Soll ich ihm das sagen? Ach, normalerweise sagt niemand was an der Kasse, das ist doch zu peinlich, wenn ausgerechnet ich jetzt auf einmal zu labern anfange.« Schließlich verstreicht die Chance zur Kommunikation. Keiner der beiden ergreift die Initiative. Der Kassierer überreicht ihr die Dose in der Tüte mit den üblichen Worten des Dankes, und sie nimmt diese mit einem etwas gequälten Nicken entgegen und verlässt das Geschäft.

Die Supermarktkette Santoku umschifft die Kommunikationskliffs, die einem umweltfreundlichen Japan entgegenstehen, mit einer eleganten, pragmatischen Lösung. Vor der Kasse hängen kleine Kärtchen mit dem Text: »Ich habe heute meine eigene Tasche dabei, ich brauche keine Tüte.« Ökobewusste Kunden mit Tasche legen eines dieser Kärtchen einfach in ihren Einkaufskorb. Dort findet es die Kassiererin automatisch, wenn sie die Waren herausnimmt, und versteht, dass dieser Kunde keine Tüte braucht – ganz ohne gesprochene Worte.

Gegenüber Kunden ist in Japan maximale Unterwürfigkeit angesagt, und die drückt man neben unzähligen Verbeugungen vor allem mit der berüchtigten japanischen Höflichkeitssprache aus. Richtig kompliziert wird es in der Geschäftswelt, wo mehr als nur ein paar Floskeln ausgetauscht werden und die Nuancen der Höflichkeitssprache im Schlaf beherrscht werden müssen.

Solche kleinen Zwischentöne gibt es auch in anderen Sprachen, so im Deutschen. Statt »essen« kann man zum Beispiel auch »speisen« oder »fressen« sagen. Beide Synonyme haben gegensätzliche Nebenbedeutungen – »speisen« klingt fein und edel, »fressen« grob und prollig. Stellen Sie sich nun einmal vor, dass Sie von jetzt an nie mehr neutral »essen« sagen dürfen. Sie müssen sich immer entscheiden: Sagen Sie »fressen« oder »speisen«? Verwechselt man die zwei Wörter, à la: »Haben Sie schon zu Mittag ge-

喋っていないのにうるさい

fressen?«, würde man doch sofort einen Riesenschnitzer landen, oder?

Ungefähr so heimtückisch funktioniert die japanische Höflichkeitssprache. Für fast jedes geläufige Wort gibt es im Japanischen zwei weitere Varianten: die »edle« Höflichkeitsform und eine unterwürfige Bescheidenheitsform, die zwar nicht prollig ist, aber trotzdem genau das Richtige für den Masochisten im Japaner. Grob gesagt läuft das System immer entlang der Linie: »Ich fresse, Sie speisen, er speist« (und niemand isst). Je nach Wortart und Worttyp werden diese Formen verschieden gebildet, ein komplexes Unterfangen also, zu dem selbst Uni-Absolventen kaum in der Lage sind. Denn außerhalb der Geschäftswelt hört man die Höflichkeitssprache eher selten. So werden Firmenneulinge erst einmal in spezielle Sprachkurse geschickt, um den korrekten Gebrauch der japanischen Höflichkeitsformen aufzufrischen. Ein japanischer Geschäftsbrief kann nämlich schnell zum Fettnäpfchen-Ozean werden. Nicht nur muss der Verfasser fast jedes normale Wort durch eine der beiden Höflichkeitsformen, und zwar die korrekte, ersetzen. Zu allem Überfluss müssen am Anfang und am Schluss dieser Schreiben auch eine Reihe fester Sprachformeln genannt werden, bei denen nicht die geringste Abweichung geduldet wird.

Ein wohlformulierter Geschäftsbrief beginnt immer haargenau so (wir versuchen, frei von Ironie zu übersetzen):

Verehrungswürdiger Herr Nakamura von der Firma Hakata (Aktiengesellschaft).
Seit Anbeginn der Zeiten stehe ich in Ihrer Schuld.
Ich bin der kleine und damit verehrungsunwürdige Neumann der Firma Asahi Kasei (Aktiengesellschaft).

Erst danach wird das eigentliche Anliegen vorgetragen, in dem Dutzende von Höflichkeitsfallen lauern. Wie gesagt, bei jedem zweiten Wort ist aufzupassen, ob die Höflichkeits- oder die Bescheidenheitsform angebracht ist. Das Schreiben schließt mit:

喋っていないのにうるさい

*Im Falle von verehrungswürdigen Unklarheiten möchte
ich Sie untertänigst bitten, mir zu erlauben, Sie darum
zu bitten, mir die Ehre zu geben und mir eine verehrungs-
würdige Nachricht zukommen zu lassen.
Bei jedwedem Ausgang unseres Geschäftskontaktes
möchte ich Sie unterwürfigst um Ihr verehrungswürdiges
Wohlwollen bitten.*

Ja, das wirkt total bescheuert und völlig von der Rolle, nicht
wahr? Dachte ich mir auch – bis ich bei meiner jetzigen
Firma in Tokio anfing. Bis dahin hatte ich nur selten direkt mit japanischen Kunden zu tun gehabt. Nachdem ich
bei meiner neuen Firma meinen ersten Kunden kennengelernt und schon mit ihm ein herzliches Gespräch von Angesicht zu Angesicht geführt hatte, dachte ich mir, dass das
ganze Brimborium hinsichtlich der Höflichkeitsformen in
Geschäftsbriefen doch einen Tick zu unnatürlich sei, und
schrieb dem Kunden eine E-Mail, die ich wie folgt begann:
»Lieber Herr Nakamura. Guten Tag!« Wie üblich, erhielt
auch mein unmittelbarer Vorgesetzter die E-Mail als Kopie.

Nur eine halbe Stunde später fand ich von meinem Boss
eine Antwort in meinem Postfach vor. Ohne Begrüßungs-
floskeln kam er gleich zur Sache: »Neumann, spinnst du?
Was vielleicht im Gespräch gerade noch geht, ist im Schrift-
verkehr absolut tabu. Du kannst doch einen Kunden nicht
mit ›Lieber Herr‹ anreden. Und dann auch noch ›Guten Tag!‹
Was kommt als Nächstes? ›Hi, was steht, Alter?‹ Man sieht,
dass sie Grund hatten, dich bei der vorigen Firma nicht an
die Kunden ranzulassen. Empfindest du dich wirklich als
Mitglied meines Teams? Solange du in Japan arbeitest,
musst du dich an die japanischen Gepflogenheiten halten.«

Schließlich zwang er mich, dem Kunden eine Entschul-
digungs-E-Mail zu schicken: »Verehrungswürdiger Herr
Nakamura, entschuldigen Sie vielmals, dass ich Sie in der
letzten E-Mail ›Lieber Herr Nakamura‹ genannt und mit
›Guten Tag‹ begrüßt habe. Das war absolut unpassend und
soll nicht wieder vorkommen.«

喋
っ
て
い
な
い
の
に
う
る
さ
い

Eine deutsche Bekannte jobbte ein Jahr lang als Flugbegleiterin auf der Route Frankfurt-Tokio der japanischen Fluglinie JAL. Sie erzählte: »Als Nicht-Japanerin und Nicht-Festangestellte stand ich natürlich ganz unten in der Hierarchie. Genau deswegen wurde von mir wie selbstverständlich erwartet, dass ich mich gegenüber Passagieren und Crew-Kollegen wegen der kleinsten Dinge wortreich entschuldigte. Ich spielte das Spiel mit – und fand schließlich einen befreienden Trick: Wenn sich wieder einmal ein Passagier wegen nichts beschwert hatte, entschuldigte ich mich wortreich und unterwürfigst lächelnd bei ihm. In Gedanken schickte ich ihm aber ein gutes deutsches ›Du bist so ein dummes Arschloch!‹ hinterher.«

OSAKA
Tokio ist überall

Die richtige Seite der Rolltreppe. Als Harrison Ford
Osaka-Dialekt sprach, war die Welt noch in Ordnung.
Sauerkraut in Paris. Uhren-, Fernseh- und Bahnhof-
stürme: Japans gleichförmige Städte. Wie Berlin seinen Haushalt retten könnte.

Es ist ein sonniger Sonntagnachmittag, Osaka im Frühjahr. Durch die Einkaufs- und Vergnügungsmeile Dotonbori
schieben sich die Menschenmassen, die Straßencafés quellen über. Wie an jedem Wochenende lungern auf den breiten Gehsteigen um die Dotonbori herum junge Männer im
Hip-Hop-Look, um die vorbeischlendernden Mädchen an-
zusprechen und »auf einen Tee« und vielleicht mehr ein-
zuladen. Die Frauen von Osaka sind vielleicht nicht hüb-
scher als die Japanerinnen anderswo, aber sie ziehen noch
drallere Sachen an. Immer wieder bleibt eine stehen und
lässt sich auf einen Plausch ein. Osaka ist für diese Art von
Straßenflirt, im lokalen Slang *hikkake* genannt, berühmt.
Hikkake heißt im Volksmund auch die nahe gelegene Fuß-
gängerbrücke über den Fluss Dotonbori, nach der offensichtlichen Hauptaktivität ihrer Passanten.

Auf der Vergnügungsmeile ist das ganze Jahr über Kir-
mes. Mitten aus dem Kaufhaus Don Quijote ragt ein Riesen-
rad, auf dem Dach eines anderen Warenhauses ist eine Pira-
tenschaukel in Betrieb. Entsprechende Musik gehört dazu:
Vor dem Don Quijote lenken plärrende Lautsprecher die
Aufmerksamkeit auf grell beleuchtete Warendisplays; aus
dem Kaufhausinnern dröhnt wie aus vielen Geschäften auf

東
京
化
す
る
日
本
の
都
市

der Dotonbori ebenfalls fortwährend laute Musik. An den Fassaden der Läden sind überlebensgroße Figuren befestigt, die bedrohlich über die Köpfe der Passanten hinweg in die Straße hineinragen. Eine meterhohe Krabbe schwingt ihre Scheren für ein Seafood-Restaurant. Ein fünf Meter großes Modell eines zur Kugel aufgeblasenen Fugu markiert ein Spezialitätenrestaurant, in dem Köche mit Speziallizenz den Kugelfisch hoffentlich fachgerecht zerlegen – die Fugu-Leber ist tödlich, sie enthält ein Nervengift in hoher Konzentration.

Eine Pinocchio-Gestalt mit Brille vor dem »Fress bis zum Umfallen«-Haus schlägt jede Stunde laut eine große Trommel. Das Kinryu-Ramen, ein Restaurant, in dem scharfe chinesische Nudelsuppen serviert werden, sieht man schon von Weitem: An der ganz in Rot lackierten Fassade windet sich ein riesiger feuerspeiender goldener Drache. Eine blinkende Manga-Zeichnung eines Leichtathleten vor blauem Hintergrund nimmt schließlich die Hauswand direkt gegenüber der Hikkake-Brücke ein. Sie ist nach dem Sponsor Glico, einem Osakaer Schokoladenhersteller, als Glico-Mann bekannt, und weil diese Zeichnung im Mangaverliebten Japan als eines der Wahrzeichen der westjapanischen Metropole gilt, wird sie nachts mit großen Scheinwerfern angestrahlt. Osaka ist Japan hoch zwei. Osaka ist für Japaner das, was Japan für den Rest der Welt ist: laut, schrill, sexy – und lecker essen.

Am heutigen Sonntag wirkt die Stadt noch aufgedrehter, noch lebenslustiger als sonst. Auf der Hikkake-Brücke fallen ein paar formell gekleidete Studenten mit ernsten Mienen, die Spendenbüchsen schwingen, allerdings aus dem Rahmen. Einige Passanten scheinen peinlich berührt, viele beschleunigen sogar ihren Schritt. Handgeschriebene Pappschilder klären auf: »Zeigen Sie Solidarität mit unseren Landsleuten in Nord- und Ostjapan in der schlimmsten Tragödie unseres Landes seit dem Krieg.«

Es ist Sonntag, der 13. März 2011, vor achtundvierzig Stunden haben ein Megabeben und ein Tsunami Nord- und

Ostjapan verwüstet, der atomare Super-GAU in Fukushima vor vierundzwanzig Stunden treibt in diesen Tagen Hunderttausende zur Flucht und versetzt Millionen Zurückgebliebene in Panik.

In Osaka wurde aus »Solidarität mit den Opfern« an diesem Wochenende die nächtliche Beleuchtung für den Glico-Mann abgeschaltet. Und das war's dann mehr oder weniger auch schon mit Mitgefühl in Osaka; es geht im allgemeinen Trubel unter, wenn überhaupt vorhanden. Ein Barkeeper bestätigt am Abend die Eindrücke: »Die Leute hier in Westjapan waren ja vor fünfzehn Jahren selbst schwer von dem Kobe-Erdbeben betroffen, auch wirtschaftlich, weil danach viele Firmen aus Osaka und Kobe nach Tokio abgewandert sind. Es mag unsensibel klingen, aber irgendwie feiern sie jetzt wohl ein bisschen, dass sie dieses Mal ungeschoren davongekommen sind. Und einige empfinden vielleicht sogar ein bisschen Schadenfreude, dass dieses Mal die arroganten Tokioter Probleme haben.« Dann gibt er den »armen Tokio-Flüchtlingen« ein paar Schnäpse aufs Haus aus.

Zu sagen, dass die Osakaer ihre regionale Identität pflegen, ist eine Untertreibung. Die Bewohner Osakas und der gesamten Kansai genannten Region grenzen sich mit enervierender Penetranz von den Tokiotern und der Hauptstadtumgebung ab. Als Beispiel, wie wenig die Wesensarten zueinander passen, bekommt man schnell eine ominöse Statistik zitiert, nach der nur zehn Prozent der Kansai-Bewohner jemanden aus Tokio oder seinem Umland heiraten. Die restlichen 90 Prozent bleiben in Kansai. Die wenigen Tokioter, die eine Ehe dann nach Osaka verschlägt, müssen neben den sonstigen Vorurteilen zudem eine sprachliche Barriere überwinden. Denn im westlichen Ballungsgebiet wird der lokale Kansai-Dialekt gnadenlos auch mit Japanern aus anderen Regionen gesprochen. Er hört sich vor allem ausgesprochen faul an, ist also quasi das Fränkische unter den zahlreichen japanischen Dialekten. Überall

東京化する日本の都市

sonst in Japan greift man sofort zum Standardjargon, wenn nur ein Zugereister mit dem jeweiligen Regionaldialekt hadert. Aber Osaka hat es geschafft, dass ganz Japan den Kansai-Dialekt versteht. Stars aus der Region benutzen ihn in landesweiten Fernsehunterhaltungsshows, allen voran die beliebten Komiker-Duos. *Manzai*, die japanische Stand-up-Komödie, hat in Osaka ihren Ursprung, und von hier kommen auch die meisten Comedians. So gilt der Kansai-Dialekt als besonders urig und herzlich.

Daneben pflegen die Osakaer demonstrativ einige weitere Schrulligkeiten, die einem schon in den ersten Minuten in der Stadt wortwörtlich im Weg stehen, so auf der Rolltreppe im Bahnhof Shin-Osaka, dem Osakaer Fernbahnhof. In ganz Japan steht man auf der linken Seite einer Rolltreppe, während die rechte Seite für Menschen freizuhalten ist, die die Treppe zügig hinauflaufen möchten. In Osaka aber steht man rechts und hat links für die Eiligen reserviert. Da sich am Fernbahnhof Menschen aus der Stadt mit Menschen aus dem übrigen Japan mischen, kann man sich – erst recht in Verbindung mit dem japanischen Bedürfnis nach ausführlichsten Entschuldigungen – lebhaft vorstellen, wie es auf den Bahnhofsrolltreppen regelmäßig zu erheiternden Chaossituationen kommt.

Im nur dreißig Kilometer entfernten Kyoto stehen die Menschen wie im Rest Japans schon wieder links auf der Rolltreppe. Über diese urbane Sonderstellung kursieren in Osaka zahlreiche Mythen. Die zweiundzwanzigjährige Yuka weiß: »Bei der Weltausstellung 1970 bekamen viele Bewohner der Stadt zum ersten Mal eine echte Rolltreppe zu Gesicht. Es gab noch keine etablierte Regel, wie man sich dieser neuartigen Technik gegenüber richtig zu verhalten hatte. So stellten sich die ersten Benutzer wohl per Zufall auf die rechte Seite. Die nächsten machten es einfach nach, und damit war die Ordnung für alle Zeiten festgelegt.«

Die erste Rolltreppe in Japan wurde schon im Jahr 1914 zum Laufen gebracht. Damit scheitert wohl Yukas Erklärungs-

東
京
化
す
る
日
本
の
都
市

ansatz für die Rolltreppendichotomie. Dennoch rührt sie an einem wahren Kern. So stimmt es, dass Japaner als Erstes auf die Mitmenschen schauen, wenn sie sich nicht sicher sind, was sozial korrekt ist.

Nach wie vor prägt die Weltausstellung das Selbstverständnis der Osakaer, auch bei jungen Leuten wie Yuka, die weit nach 1970 auf die Welt kamen. Dass die erste Weltausstellung Asiens nach Osaka vergeben wurde, ist in ihren Augen nur die logische Anerkennung für den Erfolg ihrer Stadt. Japan war damals mit voller Kraft auf dem Weg zur globalen Wirtschaftssupermacht, und der Business-Instinkt der Osakaer war die treibende Kraft hinter dem ökonomischen Erfolg des Landes – zumindest denken das die Stadtbewohner. Unbestritten ist, dass Osakas Händler die Stadt über Jahrhunderte reich machten. Gern erwähnen Reiseführer, dass die Osakaer sich familiär mit »Und, scheffelst du ordentlich (Geld)?« begrüßen, anstatt mit dem sonst in Japan üblichen: »Wie geht's (deiner Gesundheit)?« Gehört habe ich das zwar selbst noch nie, aber ich komme ja auch aus dem armen Tokio.

Die Innenstadt der japanischen Westmetropole veränderte in den prosperierenden Jahren nach der Weltausstellung dramatisch ihr Aussehen und gewann allmählich ein unverwechselbares Flair. Schon bald galt Osaka weltweit als Prototyp eines neuen Japan-Looks: Futuristische und abenteuerlich eng aneinanderstehende Wolkenkratzer, zwischen denen sich Hochbahnen und Straßenbrücken durchzwängen. Riesige Schriftzeichen an den Häuserwänden neben gigantischen Bildschirmen, über die geheimnisvolle (da japanische) Werbebotschaften von geheimnisvollen (da japanischen) Schönheiten mit furchteinflößender Lautstärke verkündet wurden. Die engen Straßen immer voller Menschenmassen, gesäumt von Läden und Lokalen, so winzig, dass die Gäste geheimnisvolle (japanische) Gerichte nur im Stehen an einer Theke in der Ladenfront zu sich nehmen konnten. Ästheten in aller Welt waren geschockt und fasziniert zugleich. Filmregisseure entdeckten schon bald Osaka als Inspiration für geheimnisvolle Thriller und dystopische Science-Fiction-Filme. So drehte der Brite Ridley Scott *Black Rain* in Osaka. Der Mafia-Thriller mit Michael Douglas und Andy Garcia entstand 1989, also auf dem Höhepunkt der Bubble-Zeit. Er ist eine Hymne auf das eitle, brutal geldverliebte Japan der goldenen Achtzigerjahre, dessen rauschende Party niemals zu enden schien.

Regisseur Scott hatte Osaka aber schon lange vorher ein Denkmal gesetzt, mit seinem Klassiker *Blade Runner*. Dieser Science-Fiction-Film spielt in einem düsteren, futuristischen Los Angeles des Jahres 2014, für das das echte Los Angeles, heute wie im Entstehungsjahr des Films 1982 von der kalifornischen Sonne überflutet, schlecht als Inspiration taugte. So fand Scott schließlich in Osaka bis ins Detail seine Blaupause für eine düstere Megastadt der Zukunft.

Berühmt geworden ist diese Szene: Der Protagonist, dargestellt von Harrison Ford, radebrecht mit einem japanischen Koch, um in einem Lokal eine Nudelsuppe zu bekommen. Der Koch grummelt enerviert auf Japanisch herum, während Ford verzweifelt auf Englisch zu erklären versucht, was er will. Das reale Vorbild für das Lokal im Film war angeblich das Kinryu-Ramen mit dem goldenen Drachen auf der verrückten Dotonbori. Seit Jahrzehnten pilgern jedenfalls Science-Fiction-Fans hierher, um andächtig eine Nudelsuppe zu schlürfen. Gut ein Jahrzehnt nach dem Filmdreh verpasste Harrison Ford dem Lokal den Ritterschlag, als er es 1993 zum Schauplatz eines anspielungsreichen Werbedrehorts für ein japanisches Handy machte. Ford schlürft eine Nudelsuppe an der Theke des Kinryu-Ramen, als sein offenbar altmodisches Handy plötzlich klingelt. Er meldet sich auf Standard-Japanisch, die Verbindung ist aber offensichtlich gestört. Der Koch grummelt im Osaka-Dialekt: »Das ist doch ein veraltetes Modell!«, und stellt eine frische Ramen-Suppe auf die Theke. In der Schlussszene radelt Ford über die Hikkake-Brücke, als sein nun neues Handy klingelt. Er meldet sich mit einem Gruß im Osaka-Dialekt und grinst zufrieden über die Verbindung, die jetzt geklappt hat. Lange

Zeit hing ein Foto über der Theke, das Ford beim Dreh im Lokal zeigt. Das Foto wurde mit den Jahren gelbstichig, schließlich hängte man es ab.

Osakas goldene Zeiten sind Geschichte. Heutzutage dominiert in Japan Tokio, das wirtschaftliche Zentrum verschiebt sich unaufhaltsam von Westjapan in die Hauptstadt. Das Erdbeben in Kobe 1995 beschleunigte nur diesen Prozess. Erst vor ein paar Jahren frustrierte Panasonic die Osakaer, als das Unternehmen bekannt gab, der Firmensitz des Elektronikgiganten würde offiziell nach Tokio verlegt werden, um »näher am Markt zu sein«. So wird Osaka mehr und mehr zu einer beliebigen Großstadt in der japanischen Provinz.

Japanische Städte sind auf den ersten und auch auf den zweiten Blick total austauschbar; sie schauen alle gleich aus, und zwar alle gleich hässlich. Historische Gebäude sucht man vergebens, und wenn, dann werden sie versteckt. In Yamagata betrat ich einmal gemeinsam mit einer Freundin die offizielle Touristeninformation am Bahnhof dieser idyllisch in den Bergen Nordostjapans gelegenen Stadt und fragte die junge Angestellte: »Was für Sehenswürdigkeiten können Sie denn in Yamagata empfehlen, wo sollten wir denn hingehen?« Sie zögerte erst, dann antwortete sie nicht ohne Stolz: »Hier, direkt gegenüber dem Bahnhof, wurden letztes Jahr die Towers fertiggestellt; die beiden Doppeltürme haben je vierundzwanzig Stockwerke, jetzt sind sie das höchste Gebäude der ganzen Provinz. In den Towers ist ein neues Multiplex-Kino drin, vielleicht wollen Sie sich einen Film anschauen?« Weil wir zu zweit waren, dachte sie vielleicht, sie müsse uns einen möglichst romantischen Ort empfehlen. Zum Glück fanden wir noch selbst heraus, dass Yamagata auch als das »Kyoto Nordjapans« bekannt ist. Ähnlich wie in der ehemaligen kaiserlichen Residenzstadt warteten nämlich gleich mehrere über die ganze Stadt verstreute prächtige buddhistische Tempel und Paläste nur darauf, von uns besichtigt zu werden.

東
京
化
す
る
日
本
の
都
市

Überall in Japan fristen historische Bauten eine stiefmütterliche Existenz. Kawagoe, ein Tokioter Vorort, gilt wegen zahlreicher noch aus verschiedenen Jahrhunderten erhaltener Gebäude als »Klein-Edo«. Edo ist der alte Name Tokios, und so werden historische Filme und Fernsehserien gern in Kawagoe gedreht. Die Hauptstraße der Stadt, die Ichibangai, wird von Dutzenden von Häusern aus dem ausgehenden 19. Jahrhunderts gesäumt; sie ist die Haupttouristenattraktion. In einigen Gebäuden findet man Geschäfte, die vor über hundert Jahren nicht anders aussahen. Bäckereien verkaufen deftig-würzige Reiskekse und Händler Snacks aus getrockneten Fischen… Moment mal – wenig mehr als hundert Jahre alt und schon werden ein paar Häuser landesweit zur Top-Touristendestination? Da eröffnet sich den chronisch klammen Berlinern aber ein gigantischer Markt. Das japanische Touristenziel Nummer eins in Deutschland ist nämlich derzeit – völlig ungerechtfertigt – Rothenburg ob der Tauber: kleine windschiefe Fachwerkhäuser, pah. Berlin muss den Japanern einfach seine authentisch heruntergekommenen Mietskasernen aus der Gründerzeit zeigen und am besten in den Hinterhöfen noch ein paar alte Kekse verkaufen, oder so.

In Japan selbst gelten alte Häuser sonst als unattraktiv oder sogar gefährlich. Hartnäckige Japan-Freunde erklären einem die heutigen Betonwüsten im Land meist mit den häufigen Erdbeben, die ältere Gebäude schnell brüchig werden lassen. So kommt kaum jemand auf die Idee, ein Gebäude zu renovieren oder zu entkernen, um zumindest eine historische Fassade zu erhalten. Häuser werden schon nach ein paar Jahrzehnten einfach platt gemacht und neu gebaut, da freut sich auch die mächtige Bau-Lobby.

Und wie durch ein Wunder Gottes befinden sich die historischen Straßenzüge Kawagoes, die Touristengeldbringer, offensichtlich seit Jahrhunderten in einer kleinen, haarscharf abgegrenzten erdbebenfreien Zone, denn schon am Bahnhof schaut Kawagoe wieder wie jede beliebige japanische Stadt aus – trostlos und nichtssagend.

東
京
化
す
る
日
本
の
都
市

Bevor ich zum ersten Mal Japan besuchte, stellte ich meine Reiseroute anhand der Fotos der Städte im *Baedeker*-Reiseführer zusammen. Das war frustrierend. Sapporo, Nagoya, Kobe oder Fukuoka, jede zweite Stadt schaute auf den Bildern aus, als hätte man einfach den hässlichsten Teil aus Tokio ausgeschnitten und in die Pampa versetzt: In der Ortsmitte eine kleinere Ansammlung von gesichtslosen, rechteckigen Betonbauten, auf denen Werbeschilder thronten, so wie Tokio eine riesige Ansammlung von Betonbauten zu sein schien, auf denen Werbeschilder thronten. Die einzige Sehenswürdigkeit vieler Orte war offenbar ein leicht rostig wirkendes Stahlgerüst mit vielen Antennen drauf. Das war der lokale Fernseh- und Kommunikationsturm, der ganz klar dem hauptstädtischen Vorbild, dem Tokyo Tower nacheiferte. Der Tokioter Fernsehturm war seinerzeit als japanische Antwort auf den Eiffelturm errichtet worden. Mit ganz viel Liebe gesehen bestand Japan offenbar aus lauter kleinen Paris-Imitaten für die ganz Armen – hatten japanische Städte nichts anderes zu bieten als schlechte Kopien der schlechten Kopie?

Wenigstens Sapporo überraschte mich dann positiv. Die Millionenstadt auf der Nordinsel Hokkaido wies, neben dem obligatorischen Fernsehturm, noch eine echte zweite Sehenswürdigkeit auf! Zugegeben: Ich verlief mich auf der Suche nach dieser Kostbarkeit mehrmals, als ich die Straßenreihen absuchte. Erst als ich der Blick- und Fotoschießrichtung eines kleineren Menschenauflaufs mit den Augen folgte, entdeckte auch ich das weltberühmte Wahrzeichen Sapporos, den Uhrenturm. Okay, es ist eigentlich eher ein Uhrentürmchen, und mal ganz ohne Liebe gesehen ist es nur ein winziger Bretterverschlag mit einem spitzen Dach auf einem sonst unscheinbaren mehrstöckigen Steingebäude, an dem eben eine Turmuhr befestigt ist. Die Stadt wurde vor 150 Jahren gegründet – hat es in all der Zeit nicht zu mehr gereicht als einer schäbigen Holzhütte auf dem Dach eines Allerweltgebäudes? Offensichtlich nicht. Und anscheinend herrscht insgesamt massive Knappheit, was Uhrentürme in Japan betrifft, sonst hätte diese Holzhütte in Sapporo nie so viel Ruhm erlangt.

Die japanische Provinz vergibt die Chance, eine unverwechselbare regionale Identität durch ein unverwechselbares historisches Stadtbild zu stärken. Fairerweise muss man erwähnen, dass Besichtigungen beim Durchschnittsjapaner ohnehin den gleichen Stellenwert einnehmen wie der Gang zur Toilette in einem Spezialitätenrestaurant. Für 99 Prozent der Sapporo-Besucher ist mit einem Foto des Uhrenturms der kulturelle Part praktischerweise schnell erledigt. Danach geht's nämlich zu den eigentlich wichtigen Aktivitäten, zum Shoppen und zum Essen, mit Vorliebe Ramen-Nudeln oder Krabben, am besten beides hintereinander. Dass man Hokkaido-Krabben und Sapporo-Ramen heute mindestens genauso frisch in Osaka oder Nagoya bekommt, tut dem keinen Abbruch.

東
京
化
す
る
日
本
の
都
市

Japaner definieren regionale Identität nämlich nicht über Gebäude, sondern vor allem über den Magen. Jede Provinz und jeder Ort von Bedeutung hat eine eigene Speise, oft ein Produkt aus oder eine Speise mit speziellen Zutaten aus der lokalen Tier- oder Pflanzenwelt. So ist Aomori im Norden für seine Äpfel berühmt, die Region um Mikkabi in der zentraljapanischen Provinz Aichi für Mandarinen und (trotz aller Radioaktivitätsvorbehalte) Fukushima für Pfirsiche. Ramen-Nudelsuppen in Sapporo beispielsweise bekommen einen Klecks Butter hinzugefügt, wohl weil die Nordinsel Hokkaido das Zentrum der japanischen Milchproduktion ist.

Vor einigen Jahren war ich geschäftlich mit meinem japanischen Chef in Paris. Eines Abends besuchten wir ein elsässisches Restaurant auf den Champs-Élysées, und mein Boss bestellte sich ein Gericht mit Sauerkraut, das ihm hervorragend schmeckte. Zurück in Tokio, schwärmte er noch immer von »diesem Sauerkraut in Paris«. Einige Monate später, kurz nach Neujahr, nahm er mich beiseite und gestand: »Ich war über die Feiertage für drei Tage in Paris, zusammen mit meiner Familie. Ich musste einfach noch mal dieses Sauerkraut essen.« Den Eiffelturm hat er übrigens immer noch nicht besichtigt.

Essen ist der Hauptzweck für Reisende, und von Reisen bringt der Japaner den Daheimgebliebenen nicht etwa einen Uhrenturm als Schlüsselanhänger mit, sondern etwas zu essen. Das trifft vor allem für inländische Trips zu. Auf japanischen Flughäfen, in Bahnhöfen sind ellenlange Ladenzeilen geradezu Pflicht, in denen nichts als handlich abgepackte lokale Spezialitäten verkauft werden. Kurz vor Abflug oder Abfahrt kann hier noch für jeden guten Freund, für Verwandte und Kollegen ein Souvenir in Form von Naturalien gekauft werden. Deswegen liegt in den Kaffee-Ecken japanischer Büros das ganze Jahr über immer etwas Essbares herum. Der (privat) gereiste Kollege reibt gerne mit einer Rundmail allen Mitarbeitern seine Tour unter die Nase: »Bin gerade aus Hawaii zurückgekehrt, viel Spaß mit den Macadamia-Pralinen im Kaffeezimmer.«

Leider sind die essbaren Souvenirs wie die japanischen Städte: mehr oder weniger austauschbar. Weil sie haltbar sein müssen, handelt es sich vorwiegend um einzeln abgepackte Kekse oder andere Süßigkeiten. Nur eine winzige Zutat, die man ohnehin nicht schmeckt, macht dann das regionale Flair aus. Eines Tages lagen Glico-Gebäckstangen bei uns in der Kaffee-Ecke, mit Schokolade oder Zuckerguss in verschiedenen Geschmacksrichtungen überzogene dünne Teigstangen; ein beliebter Snack für den süßen Hunger zwischendurch. Auf der Packung war eine riesige Ananas abgebildet, auf ihr stand auf Japanisch: »Glico mit Ananasgeschmack. Nur in Guam erhältlich.« Ein Kollege hatte die Glico-Stangen von einem Kurztrip auf die Tropeninsel Guam mitgebracht. Klar, Ananas kommt aus den Tropen. Auf der Rückseite stand dann aber ganz unten nur auf Englisch: »Hergestellt mit künstlichem Ananasgeschmack in den Glico-Werken in Osaka, Japan.« Das Zuckergebäck wurde also in Japan hergestellt, nach Guam verschifft, nur damit Japaner es als authentisches Guam-Mitbringsel wieder mit nach Japan bringen konnten.

Haben die Osakaer jetzt also doch noch etwas, auf das sie stolz sein können?

東
京
化
す
る
日
本
の
都
市

ENGE
Kein Witz: Kein Raum, kein Platz

Die kleinste und die teuerste Wohnung. Ausländische
Beulen. Wer alles im Liebeshotel keinen Sex hat. Ikea
hat's schwer. Frauenwaggons für Körperbehinderte.
Minus-Ionen, Kühe und Vogelgezwitscher vom Band.

196

ラウムはあるが、場所はない国

Alle würden gern in Ebisu wohnen, auch ich. Das Viertel im
Süden Tokios hat den Chic einer eleganten Vorstadt mit vielen gemütlichen kleinen Restaurants und Bars, gleichzeitig
fährt die Bahn in weniger als zehn Minuten in die zentralen und trendigen Megagegenden, nach Shibuya, Shinjuku
oder Roppongi.

Einige Leute nehmen für die Traumlage offensichtlich
auch einige Suboptimalitäten in Kauf. Ich werde gerade
durch eine frisch renovierte, großzügig geschnittene Mai-
sonette-Wohnung geführt. Vorhin schien draußen noch die
Sonne. Im Zimmer im Obergeschoss dagegen wäre es ohne
die angeknipste Glühbirne stockduster. »Das ist natürlich
schon eher eine Wohnung für Leute, die tagsüber nie zu
Hause sind und Tageslicht nicht brauchen«, erklärt der
Makler auf meinen skeptischen Blick hin. Aus dem offenen
Fenster schaue ich auf die kahle graue Wand des Nachbar-
hauses. Als ich den Arm ausstrecke und sie problemlos mit
der Hand berühren kann, schaltet der Makler hastig ein
zweites Licht ein.

Wer ist bereit, an hellen Samstagnachmittagen im Sommer im Zimmer das Licht brennen zu lassen? Wer zieht in
so was ein? Natürlich die Bewohner der qualvollen Quelle

quollender Quetsche, Japaner aus dem Land ohne Platz. Im japanischen Alltag bekommt man das auf Schritt und Tritt mit. Das fängt schon bei den Autonamen an. »Platz« und »Raum« heißen zwei der im Inland meistverkauften Modelle von Toyota, und zwar auf Deutsch. Sie implizieren die größte japanische Sehnsucht schon im Namen. Im Land ohne Platz ist nichts kostbarer als Raum

Und Raum kostet. 45 000 Yen im Monat ist die Mindestmiete für ein Zimmer mit Küchenzeile, Waschbecken, Toilette und kleinem Balkon. Diese »Wohnung« liegt zentral in Ikebukuro und ist laut der jüngsten Ausgabe der Yahoo-Immobilienseite das billigste von 37 563 vermietbaren Wohnobjekten in den Tokioter Innenstadtbezirken. Nur einen Haken hat sie: Ihre Gesamtfläche beträgt 5,65 Quadratmeter – inklusive Balkon, wohlgemerkt.

Das ist kein »Vitz« (ein weiteres Toyota-Modell): Am anderen Ende der Skala listet die Webseite alleine 592 Wohnungen für mehr als eine Million Yen Monatsmiete. Schon vor zehn Jahren gestand mir eine deutsche Bankerin, die als Expat nach Tokio versetzt worden war, in ihrer geräumigen Hundert-Quadratmeter-Wohnung in Harajuku mit fast hysterischer Stimme: »Die Bank zahlt die Miete für diese Wohnung · 750 000 Yen im Monat, das ist doch verrückt! Stell dir das vor, fast 7000 Euro, so viel kostet ja nicht einmal eine ganze Villa in Frankfurt.«

Normal gewachsene Westler ohne Expat-Status holen sich dagegen schnell ihre Initiationsbeule in den japanischen Puppenstuben ab, die wohl nur Playmobil-Kreise unter dem Namen »Wohnungen« kennen: Man greift in der Küche nach einem Utensil oder einem Lebensmittel aus dem Hängeschrank, schneidet oder schält etwas mit gesenktem Kopf auf der Arbeitsfläche darunter, richtet sich wieder auf – und, wumms, ist man mit dem Kopf in die noch offen stehende Schranktür gekracht. Die Schränke hängen so tief, weil die Zimmer so niedrig sind: Die Mindesthöhe für Decken beträgt 2,30 Meter, und dort, wo in der Decke oder im Boden auch noch Leitungen für Gas,

ラウムはあるが、場所はない国

Wasser und Heizungswärme verlegt sind, kann ein Zwei-Meter-Mann beispielsweise nicht mehr aufrecht stehen. Er kommt schon schwer ins Zimmer, denn Türrahmen sind höchstens 1,80 Meter hoch und elendig schmal, manchmal kaum breiter als fünfzig, sechzig Zentimeter, also kaum breiter als ich. Ich zumindest kann viele Zimmer nur schräg seitlich betreten, sozusagen im Krebsgang.

In mehrstöckigen Einfamilienhäusern fragt man sich besorgt, ob man wirklich nachts runter zum Klo im Erdgeschoss muss, wenn es denn mal drängt. Denn vom Schlafzimmer im Obergeschoss führen nur gefährlich steile Treppen mit kaum handbreiten Stufen hinunter (und wieder hinauf), manchmal sogar ohne ein Geländer. Auch im Klo ist Wachsamkeit Pflicht – im kombinierten Bad-Klo liegt die Toilette gern halb verdeckt unter dem Waschbecken, um jeden Zentimeter auszunutzen. Menschen mit kräftigen Oberschenkeln quetschen sich nur mit Mühe zwischen Klobrille und Waschbecken. Stehpinkler sind besser nicht betrunken.

Japaner – ganz selbstkritisch – nennen eine Mini-Wohnung einen »Kaninchenstall«, aber wohnen tun sie trotzdem darin und nicht Tiere aus der Familie Hase. Keisuke, sechsundzwanzigjähriger Produktionsassistent bei einem Fernsehsender, leistet sich den Luxus einer eigenen Wohnung im angesagten Nakameguro-Distrikt im Westen Tokios. 90 000 Yen Miete (kalt) kostet ihn das Achtzehn-Quadratmeter-Appartement, mehr als die Hälfte seines Nettoeinkommens von 140 000 Yen (ein übliches Gehalt für sein Alter und seine Position). Seine Eltern leben im Großraum Tokio, und wie die meisten unverheirateten Singles könnte er auch bei ihnen leben und so die Miete sparen. Aber er bereut die Geldausgabe nicht: »Ich will einfach die Freiheit haben, alleine zu wohnen.«

Wenn man ihn zu Hause besucht, versteht man, dass »Freiheit« auf Japanisch wohl einen kräftigen Hauch anders als bei uns definiert ist. Alle japanischen Wohnungen haben direkt vor der Tür einen tiefer gelegenen Bereich. Hier werden die Straßenschuhe ausgezogen. Bei Keisuke ist diese Fläche mit zwei Paar Schuhen dann auch randvoll. Sein Eingangsbereich ist gleichzeitig Küche und Flur – wenn man beide Augen zudrückt. Die Küche besteht einzig aus einer Küchenzeile; der Flur ist der schmale Rest, den die Küchenzeile übrig lässt. Beim Kochen steht er mit dem Rücken zur Wand, genauer gesagt zur Tür vom Bad-Klo. Wenn Besucher auf die Toilette wollen, muss er zur Seite treten, nicht anders beim Austreten – gefolgt von Gerüchen, die nicht immer mit denen der Küche kompatibel sind.

Im Wohn-Schlaf-Zimmer sind die einzigen Möbel ein Bett und ein schmaler Schreibtisch mit Stuhl. Seine Kleider hat Keisuke im Einbauschrank untergebracht. Immerhin spart er sich den Staubsauger: Der Rest des Zimmers ist mit Kartons, Büchern und Elektrogeräten vollgestellt. Dass diese Wohnung noch einen Balkon hat, wirkt nur auf Westler wie unerwarteter Luxus. Japaner brauchen einen Balkon aber als unverzichtbare Nutzfläche, für das große Außenmodul der Klimaanlage und um draußen Wäsche aufhängen zu können. Bei Keisuke steht sogar die Waschmaschine auf dem Balkon. Damit ist er aber auch proppenvoll. Zum Rauchen setzt er sich in die Balkontür, denn weiter kommt er nicht.

»Im Grunde bin ich in der Wohnung nur zum Schlafen und Duschen«, gibt Keisuke zu. »Meine Freundin kommt nie her.« Wenn die beiden einen Tag relaxt in den »eigenen vier Wänden« verbringen wollen, gehen sie in ein Liebeshotel. Da kann man dann heißen Sex haben. Liebeshotels sind aber auch für Langzeitpärchen attraktiv, die am glücklichsten sind, wenn jeder sein eigenes Ding macht, solange der Partner nur in der Nähe ist. Die Zimmer sind heute alle mit Satellitenfernsehen, einer DVD-Auswahl und Spielkonsolen ausgestattet, dazu gibt es Karaoke-Maschinen, Surround-Musikanlagen, Whirlpools sowie einen Zimmerservice für Speisen aller Art – ausreichend für stundenlange Zerstreuungen. Vor allem aber haben die Zimmer im Liebeshotel eins: Platz.

Früher boten die Wohnhäuser in Japan noch mehr Platz,

und das liegt nicht nur daran, dass die Leute sich damals noch nicht den freien Raum mit gefühlt achtzig verschiedenen Elektrogeräten teilen mussten. In Samurai-Filmen etwa sieht man immer nur Menschen in den Zimmern, aber keinerlei Möbel oder sonstigen Krimskrams. Die Regisseure mussten nicht etwa bei den Requisiten geizen. Auch das Innere des Schlosses Nijo, einst einer der Hauptpaläste der mächtigen Shogune und heute eine der Hauptsehenswürdigkeiten Kyotos, wirkt äußerst karg und eintönig, wenn man an die opulente Ausstattung barocker Prachtschlösser in Europa wie etwa der Würzburger Residenz denkt. Man fragt sich dann jedoch, warum ein Shogun so viele Räume gebraucht hat, wenn sie eh alle gleich aussahen: Endlose Flächen von Tatami-Reisstrohmatten erstrecken sich von Raum zu Raum, einzig durch traditionelle Papierschiebetüren getrennt. Bis auf ein paar verloren wirkende Paravents und Wandbilder hier und da sind alle Zimmer völlig leer.

Eine Art Antwort erhält man im Museumsdorf der Stadt Takayama in den Japanischen Alpen. Hier wurde ein Ort aus der vorindustriellen Periode liebevoll rekonstruiert. Herr Miyazwa, Pensionär und ehrenamtlicher Führer, erklärt Besuchern: »Im Grunde hat ein traditionelles japanisches Haus nur zwei unverrückbare Bestandteile, die Außenwände samt Dach und die Feuerstelle in der Mitte. Die Innenwände, also die Papierschiebewände, konnte man dagegen verrücken und nach Bedarf den Grundriss des Hauses völlig verändern. Im Winter schuf man einen kleinen geschlossenen Raum um die Feuerstelle herum, in dem die Wärme blieb. Im heißen Sommer ließ man dagegen viele Öffnungen in den Wänden für Durchzug. Bei Feiern nahm man die Wände heraus, um einen möglichst großen Raum zu bekommen. So hatte niemand ein eigenes Zimmer, und kein Zimmer hat einen bestimmten Zweck.« Möbel gab es kaum. Man saß auf dem Boden und aß sein Mahl aus der Reisschüssel, die man in den Händen hielt. Die Schlaffutons wurden tagsüber in Truhen verstaut.

Ikea hat es in diesem Land deshalb auch verdammt

ラウムはあるが、場所はない国

schwer. Erst kannten die Japaner keine Möbel, dann hatten sie keinen Platz dafür. Dabei war Japan einer der ersten Auslandsmärkte, die die Schweden ins Visier nahmen. Schon 1974 eröffnete Ikea in Chiba, an Tokios Stadtgrenze, seine erste Filiale, im gleichen Jahr, in dem auch die erste deutsche Ikea-Filiale in München aufmachte. Während Ikea in Deutschland eine Zeitenwende einleitete (»Am liebsten hätten wir damals unsere ganze Wohnungseinrichtung weggeschmissen und alles mit Ikea-Möbeln ersetzt«, berichtet meine Mutter), kam die Firma in Japan über zwei Filialen nie hinaus und zog sich 1986 wieder aus dem Land zurück. Die Möbel waren angeblich »zu groß« für die Japaner gewesen.

Zwanzig lange Jahre war Japan dann ohne Ikea – ein hartes Los für einen Studenten wie mich, der in der deutschen Aldi-Ikea-Monokultur groß geworden ist. Japanische Möbelhäuser sind nämlich Luxusgeschäfte mit Heerscharen an Personal und Preisen der Kategorie »Kleinwagen«; denn wenn Japaner schon mal Möbel kaufen, dann spielt der Service eine große Rolle, nicht der Preis. Japanern ohne Geld bleiben eigentlich nur die windigen »Recycle Shops«. Deren Betreiber versorgen sich bei Sperrmüllfuhren und Haushaltsauflösungen kostenlos mit Gebrauchtgerümpel aller Art und veräußern das Zeug dann weiter, genauso verdreckt und verstaubt, wie sie es bekommen haben.

Sperrmüll war dann bis weit in die Neunzigerjahre hinein auch bei Ausländern in Japan der Königsweg gewesen, sich kostenlos mit Möbeln und kaum gebrauchten Elektrogeräten einzudecken. Die reichen Bubble-Japaner kauften nämlich damals auch Einrichtungsgegenstände wie verrückt, oft schon nur, weil, wie ein amerikanischer Veteran berichtet, »ein Knopf auf der Stereoanlage in der neuesten Version von links nach rechts gewandert war«. Die alten Stücke mussten raus, um Platz für die neuen zu schaffen. So fanden sich bei den Sperrmüllabfuhren immer wieder Perlen: eine praktisch neue Sofagarnitur aus echtem Leder oder ein völlig intakter Riesen-Farbfernseher, an dem die

ラウムはあるが、場所はない国

Vorbesitzer netterweise sogar noch die Fernbedienung mit Klebeband befestigt hatten. Allmählich aber begannen die Japaner auch beim Möbel-Budget zu sparen.

Als ich 2001 in eine größere Wohnung zog, war die Möbelsituation derart zum Verzweifeln, dass ich bei einem Heimaturlaub in Deutschland ein Ikea-Haus aufsuchte. Dort erstand ich für meine Tokioter Wohnung einen Küchentisch, einige Stühle und ganze Bücherregale jeweils in den typischen Ikea-Kartonpackungen. Mit diesen fuhr ich dann schnurstracks zum nächsten Postamt und gab sie als Seefracht nach Japan auf.

2006 kehrte Ikea zurück nach Japan – und machte es diesmal besser. Vor Eröffnung der ersten Häuser stellte das schwedische Möbelhaus in Parks in Osaka und Tokio jeweils zwei Dutzend zimmerhohe Boxen mit dem Namen »Ikea 4.5 Museum« auf. Jede Box hatte eine Grundfläche von 4,5 Tatamis, also weniger als acht Quadratmetern, war an einer Seite für die Passanten offen einsehbar und jeweils mit verschiedenem Mobiliar der Firma als vollständiges Zimmer ausgestattet, als Ess-, Schlaf-, Bade- oder Kinderzimmer. Die Japaner sollten es mit eigenen Augen sehen: Ikea passt nun auch in eure Kaninchenställe!

Sie haben jetzt vielleicht genug von der Enge in den Wohnungen und müssen dringend mal raus, auf die Straße. Aber auch hier, jedenfalls in den japanischen Megastädten, geht's genauso zu wie in Keisukes Wohnung – nicht ein Quadratzentimeter bleibt ungenutzt. Wo es geht, stapelt man Kabel, Straßen, Geschäfte und Restaurants übereinander, sperrige Gebäude kommen nicht auf den Balkon, aber in die Vororte, und man braucht keinen Staubsauger, sondern einen Luftfilter (dazu gleich).

Nirgendwo spürt man die Enge der Städte deutlicher als da, wo Japaner unter der Woche wohl mehr Zeit verbringen als wach zu Hause: in den Zügen. Jeden Abend das gleiche kuriose Szenario auf Japans Bahnsteigen: Menschen stehen ordentlich in der Reihe an und warten auf den Zug – nein, das kann nicht stimmen, denn ihr Zug ist längst da und einsteigebereit und sie stehen vor der offenen Zugtür. Wollen die nicht endlich nach Hause? Die Leute haben keinen Schaden, sondern kalkulieren nur nüchtern ihre Optionen. In diesem Zug müssten sie die ganzen dreißig Minuten Heimweg platt gegen die Zugtür gedrückt stehen. Weil sich in Japan niemand vordrängelt, werden die Ersten in der Reihe im nächsten Zug dagegen ihren Platz wählen können. Nein, nicht den Sitzplatz, denn die sind alle schon seit der Station vorher besetzt. Sie wollen nur die Ecke im Waggon selbst aussuchen können, in der sie am liebsten stehen.

Trotz ihres ohnehin irre langen Arbeitstags kommen Japaner freiwillig noch einmal eine Viertelstunde später nach Hause, nur um im Zug den angestammten Stehplatz zu bekommen. Das ist nicht verrückt – die Enge durch die Menschenmassen in Japans Bahnen ist verrückt.

Mit Ikebukuro, Shinjuku und Shibuya liegen drei der vier größten Bahnhöfe Japans wie auf einer Perlenkette nur wenige Kilometer voneinander entfernt im Westen Tokios. In Shinjuku steigen jeden einzelnen Tag rund 3,7 Millionen Passagiere aus einem oder in einen Zug. Morgens, zur Stoßzeit, verlassen sogar jede einzelne Sekunde durchschnittlich fünfhundert Menschen einen Zug auf einem der über dreißig Bahnsteige. S-Bahnen haben teilweise fünfzehn Waggons und sind damit länger als die meisten Fernzüge in Europa. Alle zwei oder drei Minuten fahren sie – und trotzdem stauen sich die Menschen.

Vermeiden können die Bahngesellschaften das Gedränge nicht mehr, ihnen bleibt nur noch, es zu verwalten, mit einer nur bei Japanern effektiven Methode: Sie appellieren an die guten Manieren und fordern die Passagiere auf, die Regeln einzuhalten. Die Keio-Linie im Westen Tokios hat zum Beispiel über den seitlichen Sitzen eine Zeichnung hängen, auf der acht Männchen mit eiförmigen Strichgesichtern und -beinchen artig gereiht auf einer seitlichen Zugsitzbank sitzen. Die Bildunter-

ラウムはあるが、場所はない国

schrift ermahnt uns: »Auf diese Bank passen acht Fahrgäste. Bitte rücken Sie zusammen.« Ja, acht Eier müssten
wir sein, dann würden wir wohl tatsächlich bequem auf
diese schmale Bank passen.

Die Tokioter Metro hängt jeden Monat ein neues Poster
auf, mit dem die Fahrgäste ermuntert werden, das Platz-
problem mit mehr Rücksichtnahme zu entschärfen: Auf einem Plakat sah man einen Jugendlichen lässig-bräsig auf
der Sitzbank hingefläzt. Ein kleiner, putziger Teddy kommentierte mit traurigem Gesicht in einer Sprechblase: »Ich
möchte mich auch hinsetzen, warum musst du nur so breitbeinig da sitzen?« In einem anderen Monat zeigte die Kampagne einen Mann mit Rucksack im Zug stehen. Prompt beschwerte sich der Teddy: »Wenn du dein Gepäck auf den
Boden zwischen die Beine stellen würdest, hätten alle mehr
Platz.« Nur einmal ging die Kampagne ein wenig nach hinten los, als im August ein Pärchen in den Fokus rückte.
Mit Badehandtuch und Sonnenbrillen waren die beiden
offensichtlich auf dem Weg ans Meer; auf der Zugbank tur-
telten sie heftig und raumgreifend miteinander. Der Teddy
fragte: »Warum macht ihr's nicht am Strand?«, wobei die
brave U-Bahn-Gesellschaft sicher höchstens das Turteln
meinte, dies von Plakatfans aber nicht ausschließlich so verstanden wurde.

Morgens und abends zur Rushhour, die auf Deutsch viel
treffender Stoßzeit heißt, stehen sich die Leute in jedem
einzelnen Waggon jeder beliebigen Bahnlinie praktisch
auf den Füßen, haben Taschen, Schirme und Smartphone
im Rücken oder im Magen. Von den Gerüchen ganz zu
schweigen. Das jeden einzelnen Arbeitstag zweimal durchschnittlich fast eine geschlagene Stunde, wie eine Umfrage
der Immobilienkette »At Home« 2009 ergab. Als gerade
noch erträgliches Maximum der Zeit im Zug sahen die Be-
fragten übrigens eine Stunde achtundzwanzig Minuten –
pro Strecke. Viel erstaunlicher aber ist die Antwort auf die
ideale Wunsch-Pendelzeit: rund vierunddreißig Minuten.
Würden wir da nicht alle geschlossen: »Null Minuten, gar

kein Pendeln bitte« ausrufen? Sind die Masochisten, pardon, Japaner, schon so an das tagtägliche Tollhaus im Zug gewöhnt, dass sie ohne ihre Tagesdosis von zweimal einer halben Stunde Quetschen nicht mehr können?

Die Zeit im Zug ist ganz einfach für so manche Japaner das Highlight des Tages. Für eine – allem Anschein nach große – Gruppe von Fahrgästen ist die Enge, der praktisch unvermeidliche Körperkontakt im Zug sogar unabdingbare Bedingung zur Befriedigung. Gemeint sind damit die Grabscher, die Frauen (seltener den Männern) unbemerkt an den Hintern oder den Busen fassen und sich dabei sexuell stimulieren. Das japanische Modediktat, das Oberschülerinnen wie weiblichen Angestellten mehr oder weniger verpflichtend Röcke vorschreibt, fördert dies weiter. Nachdem es jahrzehntelang als Kavaliersdelikt der gesamten Gesellschaft galt, ist das Grabschen in den letzten Jahren öffentlich und ein Thema bei den Bahngesellschaften geworden. Die setzten als Erstes das erprobte Mittel Nummer eins ein: Auf liebevoll designten Plakaten drohten grimmig dreinsehende Comic-Wachleute unartigen Grabschern harte Strafen an. Als die Poster die Grabschrate nicht zu senken halfen, taten die Bahnen etwas Revolutionäres: Sie ergriffen echte, praktische Maßnahmen. Während der Rushhour markieren sie ein oder zwei Waggons pro Zug als »Frauenwaggons«. In diese Frauenwaggons, die heute noch genauso notwendig sind wie bei ihrer Einführung, dürfen laut Hinweistafeln auf Japanisch und Englisch nur Frauen, Kinder bis zu zwölf Jahren – und Körperbehinderte einsteigen. Die Spott-Untiefen dieser doch zweifelhaften Kombination will ich hier gar nicht erst ausloten. Wohl aber muss ich erwähnen, dass ausgerechnet die vollste unter den vollen japanischen Linien, die Yamanote-Linie in Tokio, nach wie vor keine Frauenwaggons hat. Bei der »Kaiserin der Enge«, in der zur Stoßzeit automatisch alle Sitze hochgeklappt werden, um noch ein paar Quadratmeter mehr Stehfläche herauszuquetschen, kann man es sich angeblich platzmäßig nicht leisten, männliche Passagiere aus einem Waggon aus-

ラウムはあるが、場所はない国

zusperren. Anständige Grabscher steigen natürlich nie in die Yamanote, sondern fahren nur mit solchen Linien, in denen ihnen Frauenwaggons das Grabschen ganz offiziell unmöglich machen.

Das Ganze geht allerdings auch andersherum, gerade weil die Öffentlichkeit mehr für dieses Tun sensibilisiert ist. So veranstalten Teenager-Banden in gedrängt vollen Zügen »Onkel-Jagden«. Ein hübsches Mädchen aus der Gruppe, natürlich attraktiv gekleidet, stellt sich im Zug gezielt neben ein potenzielles Opfer, am besten ein mittelalter, frustriert aussehender Angestellter, der müde an der Halteschlaufe hängt. Am nächsten Bahnhof schreit das Mädchen laut: »Der hat mich begrabscht«, und ehe sich's der Arme versieht, haben ihn ihre Komplizen schon auf den Bahnsteig gezerrt. Dort drohen sie, ihn beim Bahnhofschef anzuzeigen, falls er nicht sofort ein Schmerzensgeld von 10 000 Yen herausrückt. Bei so einem eher erträglichen Betrag denkt kaum einer groß nach. Ein Angestellter mit Glatze und ein hübsches Mädchen, bei dieser ungleichen Kombination glaubt dem Mann niemand, dass er nichts gemacht hat. Und so zahlen alle Onkel schließlich das Erpressungsgeld.

Der erfolgreiche Regisseur Masayuki Suo verfilmte in *Ich hab's doch nicht getan!* eine ähnliche Geschichte. Der Leidensweg eines fälschlich beschuldigten Grabschers, der jahrelang durch alle Gerichtsinstanzen gezerrt wurde, bis ihm geglaubt wurde, dass er unschuldig ist (beweisen kann man das ja schlecht), war 2007 ein Megahit in japanischen Kinos – vielleicht, weil sich viele persönlich angesprochen fühlten.

Immerhin zwitschern in den Bahnhöfen jeden Morgen die Vögel laut und vielstimmig. Leider fliegen nicht echte gefiederte Freunde durch die Hallen; die Bahnfirma beschallt die Fahrgäste mit Vogelgesang vom Band. Er soll wohl die Illusion verschaffen, in einem idyllischen Dorfbahnhof angekommen zu sein.

Denn echte Natur ist in der engen Betonwelt japanischer

ラウムはあるが、場所はない国

Städte ein so exklusives Erlebnis, dass sie normalerweise Eintritt kostet. So nimmt der Kaiserliche Park Shinjuku, eine große grüne Fläche, 200 Yen pro Besuch. Kostenlose Parks gibt es auch, aber man übersieht sie leicht, wären da nicht die großen Hinweistafeln, die die Parkverwaltung am Eingang aufgestellt hat, wie zum Beispiel beim Okido-Park, der allerdings bei größeren Besuchermengen, sagen wir, mehr als fünf, wohl wegen Überfüllung zumachen muss. Eine Schaukel, ein Mini-Sandkasten, eine mobile Dixi-Toilette und, ich habe zweimal nachgezählt, ein ganzer, echter Baum – damit ist der circa zehn mal zehn Meter messende Park ohnehin schon randvoll. Bei uns in Deutschland würde das wohl unter »miserabel ausgestatteter öffentlicher Spielplatz« laufen, aber im Bezirk Shinjuku sind sicher fünf Planstellen allein mit der Verwaltung dieses Bonsai-Parks vollkommen ausgelastet.

Echte Naturerlebnisse bewahren Japaner für den Urlaub auf. Eine japanische Freundin kam zurück aus Europa und zeigte Fotos von einer Zugfahrt nach Bremen. Ein Bild nach dem anderen mit einem einzigen Motiv, der gleichförmigen, vor den Zugfenstern etwas verschwommenen Landschaft der norddeutschen Tiefebene. Schließlich bemerkte sie meinen immer skeptischer werdenden Blick und sagte: »Schau doch genau hin – da grasen echte Kühe auf der Weide!«

Kühe sind eine echte Sensation für Japaner. Die »Zao Milchfarm« in Nordjapan bietet eine Art Streichelzoo für Erwachsene an, das Programm ist unheimlich populär bei Städtern aus Tokio und Osaka: Die bauernschlauen Farmer nehmen Eintritt für ihren stinknormalen, kotverschmierten Stall, dafür dürfen die naturentwöhnten Städter eine echte Kuh anschauen. Die schaut genauso ungläubig zurück. Eine unschuldige Idylle: Japaner und Kuh glotzen sich gegenseitig an. Wer Mumm hat und einen Extra-Obolus entrichtet, darf das seltene Tier auch anfassen oder sogar melken.

Dabei ist die Wahrnehmung von Natur manchmal erfri-

ラウムはあるが、場所はない国

schend ungewöhnlich. Jüngere Japaner benutzen dieses Wort »erfrischend« nämlich überhaupt nicht gern. Rieko ist eine einundzwanzigjährige Studentin, und zusammen sind wir am Okutama-See in den japanischen Bergen angekommen. Nach zwei Stunden Fahrt springt sie regelrecht aus dem Wagen, atmet tief ein und schreit: »Mein Gott! Die Luft hier ist so …« – frisch, ergänze ich im Kopf, da sagt sie: »…voller Minus-Ionen!« Zwei Kommilitonen, die mit von der Partie sind, nicken eifrig und raunen zustimmend: »Ja, toll, die vielen Minus-Ionen hier!«

Haben die Menschen dieser Hightech-Nation denn da eine Art Nano-Chemielabor, wo andere Nasen haben? Nein, selbst Japaner atmen Luft. Dass frische Luft »voller Minus-Ionen« zu sein scheint, hat mit ihrem neuesten Elektrospielzeug zu tun: den Luftfiltern. Japanische Luftfilter reinigen nämlich nicht einfach nur die Luft von Qualm und sonstigen missliebigen Partikeln, sie verbessern auch das »Produkt Luft«, indem sie es mit anregenden »Minus-Ionen« anreichern.

Dabei hat auch die echte Luft in den japanischen Städten in den letzten Jahren wieder gute Qualität erlangt. Auf den Straßen ist nämlich das Rauchen verboten. Es wurde den Japanern in den letzten Jahren mit flächendeckenden »Gute-Manieren«-Kampagnen vermiest, angeblich, weil die brennenden Zigaretten in den dicht wuselnden Menschenmengen andere Passanten gefährden würden – davor hatte das jahrzehntelang weder irgendjemanden groß gejuckt noch jährlich Dutzende Straßenbrände verursacht. So oder so: Heute ist das »Rauchen beim Laufen« in vielen japanischen Städten mit einer Ordnungsstrafe belegt. So rauchen die Japaner eben dort, wo es gar nicht eng ist und überhaupt keine Brandgefahr besteht: im Haus, in den Kneipen und selbst in manchen Büros, gerade in kleineren Firmen.

Dabei sitzen sich die Kollegen hier buchstäblich auf der Pelle: Aus Platzgründen stehen die Schreibtische selbst von gehobenen Mitarbeitern dicht nebeneinander. Ohne Rücksicht auf nicht rauchende Kollegen. Einer meiner amerika-

ラウムはあるが、場所はない国

nischen Freunde, ein Nichtraucher, berichtet: »In meinem Büro in der Konzertagentur rauchen alle am Schreibtisch, allen voran der Chef. Als ich es nicht mehr aushielt und mich beschwerte, meinte er, das Rauchen am Arbeitsplatz wäre doch effektiver, spart es doch die Zigarettenpausen. Ein eigenes Raucherzimmer war in dem engen Büro ohnehin nicht vorgesehen. Schließlich kauften sie mir einen ultramodernen Rauchfilter für unfassbare eine Million Yen. Ich stellte ihn direkt zwischen mich und den rauchenden Kollegen, aber im Grunde brachte er überhaupt nichts.« Was wohl auch japanische Ehefrauen bestimmt bestätigen können – zu Hause rauchende Männer kaufen ihnen nämlich gern einen Luftfilter.

Bei strahlendem Sonnenschein sind in Tokio die Cafés voll, und zwar in den Innenräumen. Das liegt nicht etwa daran, dass man draußen nur Kännchen bekommt. Auch Straßencafés haben draußen nur wenig Platz, aber selbst wenn vorhanden, setzen sich bei schönstem Wetter Japaner lieber rein, am liebsten in die fensterlosen Kellergeschosse der großen Selbstbedienungsketten. Die kleinen Tischchen stehen hier so dicht beieinander, dass man Mühe hat, sein Tablett mit Kaffee und Kuchen sicher durch die Reihen zu balancieren. Hier aber gibt die Klimaanlage der Luft eine Extraportion Minus-Ionen obendrauf. Hier kann man rauchen. Hier ist es eng. Hier ist Mensch Japaner, hier kann er's sein.

ラウムはあるが、場所はない国

PORNOS
Die Kunstgattung, die per Gesetz entstand

Heiner Lauterbach wird im TV nur gefiltert gezeigt.
Michelangelos »David« auch. Ein kleiner Elefant dagegen nicht. Pornos ohne Sex. Pornos ohne Nackt.

Aus dem Kunstunterricht ist Nao vor allem ein bestimmter Moment in der siebten Klasse hängen geblieben: »Ich war damals an einer reinen Mädchenschule. Die ganze Klasse geriet völlig außer sich, als eine von uns in unserem öden Kunst-Lehrbuch ein Foto von Michelangelos ›David‹ entdeckte: Die Statue war splitternackt, und der Penis deutlich zu erkennen! Es war unglaublich, in einem normalen Buch, noch dazu in einem Schulbuch, einen echten Penis zu sehen!«

Diese übertriebene Aufregung machte mich baff. Sexualkunde steht in Japan bereits in der vierten und fünften Klasse auf dem Lehrplan; zwölf- bis dreizehnjährige Mädchen sind in diesem Land in der siebten Klasse längst aufgeklärt. So manche Mitschülerin von Nao hatte wohl schon einen Penis in natura gesehen. Wie konnte einer aus Marmor auf einem Schwarz-Weiß-Foto die Mädchen derart in Wallung bringen? Nao sagt es mir: »Er war nicht verpixelt – überall sonst werden Geschlechtsteile auf Bildern doch unkenntlich gemacht.«

Es stimmt: Penis und Vagina dürfen in Japan nicht in kommerziellen Veröffentlichungen erkennbar sein; auf Fotos oder in Filmen müssen sie »getarnt« werden. Dieses Verpixeln nennen die Japaner »Mosaik«, weil das Ergebnis, ein Muster aus bunten Mini-Quadraten, an die Kunstform erinnert, an kleine Glas- oder Steinmosaike. Aber eigentlich ist das japanische Mosaik Anti-Kunst, ein Feind der künstlerischen Freiheit.

Dass Michelangelos »David« der Zensur entkam, erstaunt fast, denn selbst Kunstwerke bleiben meist nicht verschont. Und dass sich ausgerechnet das schon immer sexuell liberale Japan mit so einem Gesetz auf eine Prüderie-Stufe mit den Vereinigten Arabischen Emiraten stellt, gebiert skurrile Blüten. So sind die bunten japanischen Farbholzschnitte aus dem 18. und 19. Jahrhundert eine eigenständige, weltweit einflussreiche Kunsttradition. Die Grafiken zeigen Landschaften, Alltagsszenen oder Porträts – aber auch intime Situationen mit plastischen Darstellungen phantasievoller Sexszenen sind ein beliebtes Motiv. Vor ein paar Jahren kündigte ein renommiertes Museum in Tokio eine Sonderausstellung speziell mit erotischen Farbholzschnitten auf großen Werbeplakaten an. Darauf waren einige Exponate abgebildet. Die ursprünglich bis ins Detail deutlich gezeichneten Geschlechtsteile waren samt und sonders verpixelt.

Auch Heiner Lauterbach bekam schon ein Mosaik verpasst. Erinnern Sie sich noch, wie man in *Männer* sogar seinen Schwanz sehen konnte? Mir ist das bei den drei Malen, die ich die Doris-Dörrie-Komödie in Deutschland gesehen habe, nie aufgefallen. Erst als *Männer* im japanischen Fernsehen lief, wurde meine Aufmerksamkeit auf diese für den Film sicher essenzielle Schlüsselszene gezogen. In einer Aufnahme steigt er nämlich tatsächlich nackt aus der Dusche und wumm, da schwebt dann volle drei Sekunden lang das Mosaik-Fensterchen über seinem Penis. Das Mosaik folgt ihm sogar, als er anschließend durch die Wohnung läuft.

Komödien sind jetzt nicht gerade das Filmgenre der Wahl für Leute, die einen Film schauen, um sich, sagen wir es so, zu stimulieren. Aber auch bei der klassischen aus dem

Jahr 1986 stammenden Hollywoodkomödie *Zoff in Beverly Hills* ist dasselbe auf dem japanischen Bildschirm zu beobachten: Nick Nolte ist kurz nackt von hinten zu sehen, man ist also mit seinem Hintern konfrontiert. Als er sich bückt, wird zack, im Bruchteil einer Sekunde, ein Mosaik zwischen seine Beine geknallt.

Die Logik hinter dem System erschließt sich dem westlichen Zaungast schwer. In den »Comics für Erwachsene«, von denen jeder Kombini eine große Auswahl in einer eigenen Ecke bei den Zeitschriften anbietet, sind die primären Geschlechtsteile immer recht phantasievoll verbrämt – so zeichnen die Comic-Künstler anstatt eines steifen Penis beispielsweise ein langes, schmales Männergesicht mit lustvollem Grinsen. Also sozusagen ein Pimmelgesicht. Das Schwänzchen von Shin-chan, dem fünfjährigen Helden der witzigen Comic-Reihe und Zeichentrickserie *Crayon Shin-chan*, bekommt der Leser dafür in jeder zweiten Geschichte unzensiert vor die Nase gehalten. Einer der Running Gags ist, dass Shin-chan in kindlicher Unschuld ausgerechnet in den für seine Eltern oder seine Kindergärtnerin peinlichsten Situationen seine Hose herunterlässt und stolz seinen »kleinen Elefanten« zeigt, wie er ihn nennt. Das hat so viel mit Pornografie zu tun wie Korea mit gutem Bier, aber es ist einfach oft zum Brüllen lustig. Was ernsthaft fragen lässt: Wie aber soll man nun den Kaffeesatz der japanischen Zensur lesen? Nackte Erwachsene gehen gar nicht, aber nackte Kinder, das geht dann irgendwie schon?

Einmal war ein Foto im *Spiegel*, den ich im Abo geschickt bekomme, an einer Stelle massiv zerkratzt. Offensichtlich war dort der nackte Unterleib einer Frau zu sehen gewesen. Angeblich hatte die japanische Post sogar lange Jahre eine eigene Abteilung, eine riesige Halle, in der Hausfrauen und Studentinnen im Nebenjob jede einzelne ausländische Publikation, die ins Land kam, auf Geschlechtsteile hin durchforsten und bei Fund unkenntlich machen mussten. Sie mussten also besonders genau auf die Bilder achten, vor denen sie das Gesetz doch eigentlich schützen wollte.

Oder was war noch mal der Grund für das »Mosaik«-Gesetz? Irgendwie kann das heute auch kein Japaner mehr so recht erklären. Die Hausfrauenzensoren gibt's im Internet-Zeitalter wohl nicht mehr, aber das Gesetz existiert noch. Es ist so wie viele Regeln in Japan: Es macht keinen Sinn, aber niemand ändert es, und alle halten sich trotzdem dran. Und wenn man nachbohrt, kommt raus: Ursprünglich war's eh anders gemeint.

Denn eigentlich verbietet das japanische Strafrecht im Paragrafen 175 (ja, ja …) seit fast 150 Jahren den »kommerziellen Vertrieb von unzüchtigen Texten und Bildern«. Es sind also ganz einfach Pornos, die in Japan nicht erlaubt sind. Zumindest am Flughafen Narita erklären das Schilder groß und eindeutig: »Die Einfuhr von pornografischem Material nach Japan ist verboten.«

Nun geht's in Japan, dem treuen Heim der *Honne-Tatemae*-Spitzfindigkeiten, ja immer um die Form, nie um den Inhalt. Einen »Geist des Gesetzes« gibt es also nicht einzuhalten, erst recht nicht bei diesem Gummiparagrafen. Als der Druck beim und durch den potenten Kunden zu groß wurde, haben sich die Pornoproduzenten wohl irgendwann zusammengesetzt und mit japanischer Bauernschläue die Buchstaben des Gesetzes Wort für Wort nach einer Lücke durchgeklopft. »Kommerziell«, hmm, verschenken können wir die Pornos aber schlecht. »Texte und Bilder«, hmm, wie wär's mit Porno-Hörspielen, in denen textfrei gestöhnt wird? Nee, nicht wirklich. Aber »unzüchtig« – halt! Das kann man genauer definieren. Und schwups war die Sache klar: Eine züchtige Unschuld vom Land bleibt doch eine züchtige Unschuld, solange man die primären Geschlechtsteile nicht zeigt. Auch wenn um das Mosaik herum beispielsweise zwei nackte Körper ineinander verkeilt sind und auf der Tonspur heftiges Gekeuche zu hören ist. Wer das beachtet, der produziert keinen unzüchtigen Porno, nein, der macht nur ganz gestandene »Videos und Zeitschriften für Erwachsene« – oder einfach »AV«, für Englisch *adult video*. So darf im Jahr 2013 die Videothekenkette Tsutaya ein mehrstöcki-

AVとポルノは違う

ges Banner an ihr Hauptgeschäft mitten in Shinjuku hängen, auf dem das Unternehmen prahlt: »Die größte AV-Abteilung Asiens – jetzt auf vier Stockwerke erweitert!«

Natürlich muss die Justiz mitspielen, aber auch Polizisten, Staatsanwälte und Richter sind nach Feierabend nichts weiter als Männer. Nur wenn's zu dreist wird, schreitet man ein: So wurde ein AV-Produzent gerichtlich verurteilt, weil er eine Darstellerin einen völlig durchsichtigen Slip hatte anziehen lassen – dafür ganz ohne Mosaikmuster.

Für Pornoproduzenten überall sonst auf der Erde muss das Mosaikgebot wie die Quadratur des Kreises klingen. Schließlich erregt man die Kundschaft am schnellsten, wenn man in Großaufnahme die Geschlechtsteile eines oder besser zweier Menschen in Aktion zeigt. Wohl genau daher gelten Pornos im Westen als simpel und untereinander völlig austauschbar: Es geht immer nur darum, möglichst rasch zur Sache zu kommen. Für die japanischen AV-Macher war das Mosaik-Gesetz dagegen die Initialzündung zu einem Feuerwerk an Kreativität, oder, um es mit dem Mantra der Frauenzeitschriften dieser Welt zu sagen: »Sex ist doch so viel mehr als nur rein-raus.«

Man begann auszuloten, was sonst noch so alles stimuliert. Mit dem Ergebnis: Es reicht nicht, nur einen sexy Hintern zu haben. Süß muss die ganze Darstellerin sein. Japanische AV-Darstellerinnen sind heute vom superhübschen Köpfchen bis zu den Zehen eine Augenweide. Außerdem muss sie eine einigermaßen gute Schauspielerin sein. Das heißt zum einen, dass sie Lust und Erregung perfekt mit Mimik, Stimme und dem ganzen Körper rüberbringt. Zum anderen muss sie aber tatsächlich schauspielern können, denn japanische Pornos verführen Frauen aus dem Alltag heraus. In langen Sequenzen wird ganz allmählich aus einer völlig normalen Situation heraus erotische Spannung aufgebaut, bis es nur so knistert, und so lange bleiben die Kleider an. Eine Krankenschwester oder Ärztin, die Nachhilfelehrerin oder die Schülerin, die einsame Hausfrau…

Oder der Klassiker, die zufällige Passantin auf der Straße.

Sicher nur ein japanischer Porno leistet sich den Luxus, einen Mann zunächst eine volle Viertelstunde lang dabei zu beobachten, wie er in Shibuya an einer Straßenecke steht und zauberhafte, zufällig vorbeischlendernde junge Frauen anhält und fragt, ob sie mit ihm »einen Tee trinken«. Dabei holt er sich eine Abfuhr nach der anderen, bis es ihm schließlich gelingt, doch eine zum Mitkommen zu bewegen. Er geht tatsächlich mit ihr in ein Café, in dem die beiden Protagonisten auf weiteren fünfzehn Minuten Filmmeter nichts weiter tun, als Cola zu schlürfen und miteinander zu reden. Ihre Unterhaltung beginnt – wie in der japanischen Flirtwirklichkeit – zäh wie ein Jobinterview: »Woher kommst du?« – »Aus Tokio? Ach, schau einer an, was für ein Zufall! Ich auch.« – »Was machst du?« – »Sekretärin.« – »Wahnsinn!« Danach hält der Typ mehr oder weniger einen langen, relativ uninteressanten Monolog über irgendein Gott-und-die-Welt-Thema, während die Frau teilnahmslos auf der anderen Seite des Tisches sitzt, ihren Softdrink nuckelt und ihr Gegenüber fast gleichgültig mit leeren Augen anschaut. Völlig unvermittelt steht er dann irgendwann aber auf und meint: »Los, wir gehen jetzt woanders hin.« Er ergreift ihre Hand und führt sie schnurstracks ins nächstgelegene Liebeshotel oder in seine Wohnung, wo es endlich zum Akt (und zum Mosaik) kommt.

Unzählige Leserbriefe belegen eine derart jähe Überstürzung der Ereignisse aus der japanischen Flirtwirklichkeit. In Shibuya und den anderen Zentren läuft dieses Straßenanbaggern, meist *Nampa* genannt, tagtäglich ab. Nicht allein mit dem Sex-Thrill, sondern mit dem Thrill einer erotisch aufgeladenen Szene aus dem normalen Alltag halten die AVs ihre Fans also bei der Stange. Der wissbegierige Zuschauer lernt vielleicht sogar etwas für das eigene Leben. Nicht umsonst sind auch Nampa-Computerspiele ein Hit, mit denen man die eigenen Baggersprüche und das ganze Timing beim Daten optimieren kann.

AVとポルノは違う

Weibliche AV-Stars sind landesweit berühmt und haben große Gemeinden. Mit Hingabe diskutieren und analysieren die Fans jedes Körperdetail ihrer Göttin: die Farbe der Brustwarzen, den Abknickwinkel des Venushügels, die »Frisur« der Schamhaare (sozusagen noch haarscharf okay für die Mosaik-Polizei) oder die Lage des Mongolenflecks auf dem Steißbein.

Dabei outet sich ein Japaner genauso relaxt als Fan von Sora Aoi, einem AV-Star, wie als Anhänger eines bestimmten Baseball-Clubs. Undenkbar das aufgeregte Geflatter, mit dem jedes Mal der deutsche Boulevard »seriösen« Prominenten wie der Schauspielerin Sibel Kekilli oder dem *Glücksrad*-Moderator Peter Bond eine Vergangenheit als Pornodarsteller »nachweist«. In Japan gibt's kein Schmuddel-Image; nach Ende der AV-Karriere prädestiniert sie der Ruhm geradezu zu einer zweiten Karriere als Prominente im Fernsehen.

Japanische Pornos legen nicht nur Wert auf das Drumherum, sie erforschen auch mit Akribie die tausendfachen Facetten sexueller Erregung: *roshutsu, hamedori, bukkake, shibari* und ... (hier hat dann doch die Mosaik-Polizei des Verlags zugeschlagen). Auf jeden Fall sind viele der Porno-Subgenres, die sich über die Jahre hinweg etabliert haben, längst mit ihren japanischen Originalnamen ins Fachvokabular männlicher Kenner eingegangen – nicht nur in diesem Land.

Japanische Pornos sind zu einer eigenen Kunstform geworden, ein weiteres weltweites Alleinstellungsmerkmal des coolen Japans. Der Film *Im Reich der Sinne* zeigt nur wilden Sex, heute ist er ein Klassiker, der das Prädikat »Besonders wertvoll« der deutschen Filmbewertungsstelle erhalten hat. Regisseur Nagisa Oshima ließ ihn 1976 nach dem Dreh in Frankreich schneiden, aus Angst vor der japanischen Zensur. Die japanische Schriftsteller-Ikone Haruki Murakami schildert in seinem Megaseller *Naokos Lächeln* plastisch und ausführlich Verführungsszenen, die genauso gut aus einem anspruchsvollen AV-Video stammen könnten. Im Roman *Kristall-Kids* hält Yasuo Tanaka 1980 als erster Autor die veränderte Geisteshaltung seiner Generation fest: Bei den jungen Japanern zählten auf einmal nur Shopping und Sex. Das Buch schlug wie eine Bombe ein und galt bald als Stil-Bibel des aufkommenden dekadenten Bubble-Jahrzehnts. Unter anderem beschreibt Tanaka auf siebzig Seiten aus der Ich-Perspektive einer Siebzehnjährigen den hemmungslosen Sex, den sie im Liebeshotel mit einem kurz zuvor auf der Straße kennengelernten Mann hat.

Im Westen wird japanischer Porno manchmal als zu gewalttätig kritisiert. Aber seit Jahrzehnten schon, lange bevor *Shades of Grey* Sadomaso in amerikanischen Hausfrauen-Lesezirkeln salonfähig machte, hat Ryu Murakami weltweit Erfolg mit Romanen, in denen sich Frauen immer wieder lustvoll fesseln und quälen lassen.

So, jetzt ist wieder gut mit der heutigen Dosis an Sex. Genauso wie bei den japanischen Pornos: Sex kommt in vielen AVs heute gar nicht mehr vor. Die hübschen Actricen strippen einfach nur vor der Kamera, ganz ohne männliche Beteiligung, und die Kunden reißen sich trotzdem um die DVDs. Oder die Frauen ziehen sich gar nicht mehr ganz aus, sondern laufen eine ganze DVD lang nur hübsch gekleidet durch die Stadt, kichern und giggeln und erzählen ein bisschen über sich – auch das hat eine eigene Abteilung in der AV-Ecke von Tsutaya.

Das Mosaik hat seine besten Tage gesehen. Übers Internet bekommt man jetzt sowieso unzensierten Porno aus aller Welt bis zum Abwinken. Und der oberste Richter vom »Fall der durchsichtigen Unterhose« ist offensichtlich verstorben – oder die japanischen Pornoproduzenten haben sich Hans Christian Andersens Märchen vom Kaiser und seiner neuen Kleider zu Gemüte geführt. Zunächst wurden die Mosaike in den AVs nämlich immer feinkörniger, und die offensiven Organe waren durch diese künstlerische Maßnahme immer deutlicher zu erkennen. Seit wenigen Jahren sind AV-Pornos schließlich gar nicht mehr verpixelt. Stattdessen werden die anstößigen Teile in den einschlägigen Szenen durch einen kreisförmigen Ausschnitt in einem leichten Blauton hervorgehoben. Das würde man allgemein eher einen »Fokus« nennen, aber die Pornoproduzenten und Staatsanwälte bezeichnen das immer noch und mit allem Druck beziehungsweise Nachdruck als »Mosaik«.

Hören wir am Schluss noch mal Nao zu. Die war nämlich überrascht, als sie mich zum ersten Mal bei einer gewissen Tätigkeit beobachtete: »Was, so onanierst du? Das habe ich noch nie gesehen. Die japanischen Jungs onanieren alle so.« Dabei deutete sie die Technik an.

»Aha, du weißt also, wie es ›alle‹ machen – warst du mit jedem Einzelnen im Bett?«, fragte ich nach.

»Quatsch. Die japanischen Jungs lesen alle mit elf oder zwölf einen der Aufklärungs-Comics – da lernen sie auch, wie man am besten onaniert.«

Und das, ohne den kleinen Freund des Mannes überhaupt abbilden zu müssen. Smart, die Japaner.

AUSLÄNDER
Willkommen in Japan, ihr Arschlöcher

Berühmte Seehunde dürfen Kinder adoptieren und
Häuser kaufen. Invasion der Aliens. Fußballer in Italien.
Französischverbot. Warnungen auf Spanisch. Exodus
der Deutschen.

In Pudong, dem internationalen Flughafen von Schanghai,
holen die chinesischen Zollbeamten immer wieder Japaner
aus den langen Reihen vor der Passkontrolle bei der Ein-
reise. Nicht etwa um illegale Immigranten handelt es sich
bei ihnen – die Japaner stehen einfach vor den falschen
Schaltern an, nämlich an denen für Chinesen, also an denen
für die Einheimischen. Über den Schaltern, wo die Japaner
eigentlich hingehören, steht in chinesischen Schriftzeichen
nur ein einziges Wort: »Ausländer«. Auch auf Japanisch hat
das Wort exakt die gleichen Zeichen. So mancher Japaner,
der dieses Wort sieht, steuert offenbar unbewusst sofort zur
anderen Schlange – denn Japaner sind keine Ausländer, nirgendwo auf der Welt.

Ausländer, das sind Menschen, die nicht Japaner sind,
und eigentlich bezweifeln Japaner tief innen drin, dass
Nicht-Japaner überhaupt echte Menschen sind wie sie
selbst. Klingt harsch, aber essen Sie mal mit Stäbchen in
Japan. Sie brauchen nur bis drei zu zählen, und dann hören
Sie mit enthusiastischer Stimme von irgendeinem Japaner
am Tisch: »Oh, Sie gehen aber mit den Stäbchen geschickt
um!« Japan-Touristen wird diese Nummer eins zweifelhafter Lobpreisungen genauso gnadenlos zuteil wie dem

くそったれども、日本へようこそ

Japan-Veteranen, der seit fünfzehn Jahren im Land lebt. Bringt den Japanern denn niemand bei, dass das eher eine Beleidigung ist? Also muss ich's wohl tun:

Liebe Japaner, um mit Stäbchen zu essen, braucht es nur eine Hand mit fünf Fingern, einen einigermaßen wachen Geist und zwei Tage Übung. Auch Nicht-Japaner, das könnt ihr gern überprüfen, haben Hände, normalerweise mit fünf (!) Fingern und ein Gehirn, das lernfähig ist. Euer Gehirn dagegen scheint offensichtlich zu komplexeren Gedankengängen nicht in der Lage. In sehr vielen Restaurants gibt's bei euch gar kein anderes Besteck; ich wäre hier doch längst verhungert, hätte ich den Gebrauch von Stäbchen nicht gleich in den ersten Tagen erlernt.

»Wir sind eben ein Inselreich«, kontern helle Japaner Kritik an ihrer Weltfremdheit und Andersartigkeit. Das klingt allerdings so, als wären die Kontiki im Vormonat gerade zum ersten Mal über den Pazifik geschippert. Von Kubanern, Briten, Indonesiern oder Mauritiern, allesamt Inselnationen, habe ich so ein laues Argument zumindest noch nie gehört. Genauso wenig, wie sich in Korea oder China, den anderen Stäbchennationen, je irgendjemand für meine Handhabung von Besteck begeistert hätte.

In Wirklichkeit meinen Japaner ohnehin: »Wir sind eben ein eigener Planet.« Das schreiben sie nämlich sogar in die Registrierungskarten, die bis 2012 jeder Langzeit-Ausländer mit sich herumtragen musste: »Alien Registration Card« stand auf Englisch auf ihr. Zwar bedeutet *alien* im Englischen sowohl »Bewohner fremder Planeten« als auch »Mensch anderer Nationalität«. Aber im Grunde geht's genau darum: Nicht-Japaner sind alle Aliens, und die Japaner haben ihre eigene Welt.

Eine populärwissenschaftliche Richtung, Nihonjinron genannt, beschäftigt sich mit der »Erörterung des Wesens der Japaner« (und ist dabei ihrerseits ein Studienobjekt der seriösen und »echten« Japanologie). Auch wenn sie meist abstrusen Unsinn produziert, stimmt die Geschäftsgrundlage der Nihonjinron: Japaner interessieren sich nur für Japaner,

くそったれども、日本へようこそ

und was sich außerhalb der Welt abspielt, hat erst Bedeutung, wenn Japaner beteiligt sind.

So im Sport. In den Neunzigerjahren setzte in Japan der Fußball-Boom ein. Als Hidetoshi Nakata, zweimal Asiens Fußballer des Jahres, 1998 zum italienischen Erstligisten Perugia wechselte, begeisterten sich die japanischen Medien schlagartig auch für europäischen Fußball, präziser gesagt für die italienische Serie A, noch präziser gesagt für Perugia. Andere Serie-A-Vereine wurden zwar genauestens analysiert, aber immer nur in der Woche vor einem Spiel gegen Perugia. Am Montag brachte dann jede einzelne Sportzeitung einen großen Artikel über das Wochenendspiel von Perugia, mit Fokus auf Nakatas Performance.

Als Nakata Mitte 2000 Italien verließ, wandte sich das japanische Fußballinteresse mit großem Enthusiasmus der erstarkenden deutschen Bundesliga zu. Naohiro Takahara war 2003 nämlich vom HSV als Stürmer verpflichtet worden. Sportkorrespondenten von nicht weniger als fünf japanischen Zeitungen waren dann die nächsten drei Jahre dauerhaft in Hamburg stationiert, um jeden Kick des japanischen Legionärs hautnah ins Heimatland zu morsen. 2003 war es auch Takahara, der das Streben von Titan Oliver Kahn nach dem Torhüter-Ligarekord ohne Gegentreffer nach 802 Minuten beendete. Selbst der seriösere Staatssender NHK machte an jenem Wochenende seine Hauptabendnachrichten mit dem Treffer Takaharas auf.

In den letzten Jahren hatte zumindest Shinji Kagawa der Bundesliga etwas Glanz verliehen. »Du kommst aus Deutschland? Da spielt doch Kagawa bei Dortmund!«, hörte ich öfter mal von kleinen Buben, die Deutschland sonst kaum auf der Weltkarte finden würden. Seit Kagawa nach England wechselte, geht es mit dem deutschen Fußball aber wieder steil bergab.

Beim Sport macht auch Shintaro Ishihara einen Unterschied. 2011 war Ishihara Gouverneur der Provinz Tokio und durfte als solcher die Gewinner des bedeutenden »Tokyo Marathon«-Rennens ehren. Im Fernsehen sah

くそったれども、日本へようこそ

man, wie er dem Sieger ohne ein einziges Wort den Pokal schnell in die Arme drückte und ihm nicht einmal in die Augen schaute, geschweige denn die Hand schüttelte. Danach unterhielt er sich demonstrativ lange und herzlich mit dem Zweitplatzierten. Kein Wunder: Der Sieger war irgend so einer aus Äthiopien, der Zweite ein Mensch, also ein Japaner.

Ishihara beleidigt Ausländer mit einer Inbrunst, die europäische Nationalisten erröten ließe. Chinesen und Koreaner bezeichnet er immer wieder mal gern pauschal als Verbrecher, und er macht das mit dem Begriff »Drittlandleute«. Damit wurden im Japan der Nachkriegszeit ausländische Verbrecherbanden benannt. Im Jahr 2000 verlangte Ishihara nach einem großen Erdbeben, dass die Armee alle Ausländer unverzüglich in Internierungslager sperrt. Seine Begründung: Ausländer geraten im Gegensatz zu den stoischen Japanern bei einem Beben zu sehr in Panik und würden dadurch die Rettungsarbeiten behindern.

2004 legte er sich lautstark mit den Franzosen an. Er plante, die Zahl der Französischlehrer und den Französischunterricht an der Universität der Provinz Tokio zu reduzieren. Mit dem Argument: Die unsystematische Zahlenbildung im Französischen zeige, dass Französischlernen die Fähigkeit der Studenten zum logischen, exakten Denken beeinträchtige. 2012 löste er praktisch im Alleingang eine internationale Krise aus, als er bekannt gab, dass die Provinz Tokio die auch von China beanspruchten Senkaku-Inseln im Ostchinesischen Meer kaufen würde. Das war pure Provokation und eigentlich völliger Schwachsinn: Tokio ist von den Inseln weiter entfernt als beispielsweise Schanghai. In der Folge gab es in chinesischen Städten Massendemos gegen Japan; der chinesische Tourismus nach Japan brach im selben Jahr um 47 Prozent ein.

Der über achtzigjährige Ishihara ist nicht irgendein Spinner, sondern ein weltgewandter, polyglotter Japaner, der erstaunlicherweise sogar fließend Französisch spricht (das würde seiner Logik zufolge in der Tat seine Ausset-

くそったれども、日本へようこそ

zer erklären). Als Autor eines Schlüsselromans über die Nachkriegsgeneration wurde er in jungen Jahren schlagartig berühmt; schon seit Jahrzehnten ist er einer der populärsten Politiker im Land. Wenn er nicht gestorben ist, sitzt er wohl heute noch im japanischen Parlament. Und selbst Ausländer in Tokio loben seinen zupackenden Stil. »Ja, er ist ein elender Rassist, aber wenigstens setzt er sich gegen die Lobbyisten durch und verändert was«, meint ein weiterer amerikanischer Freund von mir. Als Gouverneur straffte Ishihara Tokios Verwaltung, schuf durch eine Reform der Bauvorschriften Wohnraum in zentralen Lagen und machte die Stadt gleichzeitig grüner.

Während Ishiharas Amtszeit erfuhr außerdem das japanische Bürgerrecht eine revolutionäre Neuerung. Seit 2000 verleihen nämlich immer mehr Gemeinden in Japan das Einwohnerrecht an Nicht-Japaner, die sich um die jeweilige Ortschaft besonders verdient gemacht haben. Dieses Einwohnerrecht war jahrzehntelang eine Hauptforderung der dauerhaft in Japan ansässigen Ausländer gewesen. Denn nur mit der Einwohnerrechtsbescheinigung ist es beispielsweise möglich, den Unterschriftsstempel offiziell beglaubigen zu lassen. Den Stempel verwenden Japaner statt einer handschriftlichen Unterschrift für wichtige Transaktionen – ein Immobilienkauf oder Finanzgeschäfte sind ohne diesen Stempel nicht möglich. Das Einwohnerrecht ist außerdem notwendig, um ins Familienbuch eingetragen zu werden. Was heißt: ohne Familienbuch kein Verwandtschaftsnachweis, ohne Verwandtschaftsnachweis kein Erb- oder Adoptionsrecht.

Ohne Einwohnerrecht blieben Ausländer in Japan also jahrzehntelang auf dem Niveau geduldeter Zuschauer der japanischen Gesellschaft. Und sie blieben es auch noch nach 2000, denn die Gemeinden verliehen die Ehren-Einwohnerrechte nicht an Menschen aus Fleisch und Blut. Zum einen erhielten sie Dutzende Tiere, so der Seeotter Ku-chan, den die nordjapanische Stadt Kushiro einbürgerte. Eine Gemeinde in der Nähe von Kyoto ernannte ein Storchenpaar

くそったれども、日本へようこそ

zu Mitbürgern. Die Stadt Toyama verlieh drei ob der Ehre sicher verdatterten Giraffen im örtlichen Zoo das Einwohnerrecht. Neben Tieren kamen auch andere prominente Wesen zum Zug: So wurden Astro-Boy und Doraemon in Tokioter Vororten eingebürgert. Beide sind Helden beliebter Comic-Serien, also fiktive Figuren. Kobe dagegen nahm ein Wesen aus Eisen und Beton, Tetsujin-28, als Bürger in seine Mitte auf. Tetsujin-28 ist eine Riesenstatue in Roboterform, die einen Platz der westjapanischen Millionenstadt ziert.

Diese Aktionen waren natürlich samt und sonders PR-Aktionen; mit dem prominenten Einwohnerzuwachs wollten die Bürgermeister das landesweite Profil ihrer Gemeinde stärken. Dennoch: Giraffen, Comic-Helden und Roboter durften nun endlich Kinder adoptieren und Häuser kaufen – aber Menschen, Ausländer nämlich, konnten es immer noch nicht. Als im Sommer 2003 eine Bartrobbe tagelang das Sommerloch der japanischen Medien füllte, weil sie von ihrem natürlichen Habitat am Meer über einen Fluss fast Hunderte Kilometer ins Landesinnere geschwommen war, platzte den Ausländern der Kragen. Tama-chan – die Robbe hatte natürlich schon einen Kosenamen bekommen – sollte nämlich das Einwohnerrecht der Gemeinde in der Provinz Saitama erhalten, wo sie zuerst gesichtet worden war. Bei solchen Geschichten fragt man sich sowieso, wie die Gemeinden das konkret machen. Waten die Honoratioren in Anzug und mit Urkunde durchs Uferdickicht, bis sie die Robbe im Schilf aufstöbern? Muss ihr ein wagemutiger Beamter dann die Urkunde in die glitschige Pfote packen, damit alles rechtsgültig ist?

Alles war ein einziger absurder Quatsch – und dadurch erst recht ein Schlag ins Gesicht der nach wie vor einwohnerrechtlosen Ausländer. Am Tag der Einbürgerungszeremonie in Saitama verabredeten sich Hunderte von Ausländern zu einer originellen Demo. Sie zogen sich Robben-Masken auf, um einem Seehund ähnlich zu sehen, und liefen dann mit Transparenten durch die Stadt, auf denen

くそったれども、日本へようこそ

zu lesen war: »Müssen wir Ausländer uns erst als Tiere ver-
kleiden, damit auch wir das Einwohnerrecht kriegen?« Am
Abend jenes Tages ging ich zu einem Empfang im Goethe-
Institut in Tokio. Eine deutsche Studentin kam etwas ver-
spätet, sie hatte an der Demo in Saitama teilgenommen. Sie
war immer noch im Taucheranzug, einschließlich Schnor-
chel und Schwimmflossen.

Erst nachdem die jahrzehntelang regierende Staatspartei
LDP (der auch Ishihara lange angehörte) 2009 aus dem
Amt geworfen wurde, änderte die neue Regierung 2012 das
Einwohnerrecht. Erst jetzt haben Ausländer, die in Japan
wohnen, auch das Recht, Japans Einwohner zu sein.

Das Recht haben die Japaner geändert, aber in ihren Köpfen werden Ausländer und Japaner nie zusammenpassen.
In Japan werden Ausländer zwar nie auf der Straße gejagt
oder zusammengeschlagen; die Japaner verbrennen auch
keine Flaggen fremder Nationen (im Gegensatz zu Korea
und China, wo Ishihara und seinesgleichen wohl Herden
von Stofffabrikarbeitern Lohn und Brot sichern). Der japanische Rassismus ist in keinster Weise gewalttätig, aber er
ist konsequent: In einer Umfrage vor ein paar Jahren gaben
36 Prozent der Japaner kund, dass sie Ausländer nicht in
Japan wollen – und zwar nicht einmal als kurzzeitige Touristen. Einer oder eine von drei Japanern, die mir tagtäglich über den Weg laufen, mir ein Bier verkaufen, mich mit
dem Taxi herumfahren, mit mir auf einer Party lauthals an-
stoßen, mir im Büro Anweisungen geben oder von mir bekommen oder vielleicht sogar mit mir geschlafen haben –
jeder und jede Dritte denkt sich also insgeheim: Was macht
dieser weiße Arsch noch in meinem schönen Land?

Die Quelle, in der die 36 Prozent standen, finde ich nicht
mehr, aber dafür hat das japanische Regierungskabinett
in einer brandneuen Umfrage stolze 80,9 Prozent Zustim-
mung ermittelt, dass Ausländer in Japan leben dürfen…
allerdings nur, solange es sich bei diesen Ausländern um
Nachfahren von vor Generationen ausgewanderten Japa-

くそったれども、日本へようこそ

nern handelt, die möglichst auch noch von den Eltern oder Großeltern Japanisch gelernt haben – die also wie echte Japaner aussehen, reden und möglichst auch schmecken.

So bricht sich der Rassismus immer wieder seine Bahn. Vor der Fußball-Weltmeisterschaft 2002 wurde in allen Medien im Vorfeld die Angst geschürt, ausländische Hooligans würden zu Zehntausenden die japanischen Städte verwüsten. Hooligans kamen dann keine nach Japan, dafür wurden die normalen ausländischen Besucher wie potenzielle Störenfriede behandelt. In Sapporo war es besonders schlimm: Als in der Millionenstadt auf der Insel Hokkaido Deutschland gegen Saudi-Arabien spielte, machte de facto die ganze Gastronomie für Ausländer dicht. Im Vorfeld fand ein vorgedruckter Aufkleber massenhafte Verbreitung in der Stadt. Auf ihm stand in fünf Sprachen, jedoch nicht auf Japanisch: »Dieser Laden erfordert eine Mitgliedschaft. Zutritt nur für Mitglieder.« Hunderte von Restaurants und Bars pappten sich den Aufkleber an ihre Tür. Selbst die kleinste Nudelklitsche mit fünf Resopal-Sitzen schaffte es so, zielgenau nur Ausländer auszusperren, denn die japanischen Kunden, die sicher auch keine »Mitgliedskarte« hatten, mussten den Text ja gar nicht lesen.

Vor Jahren wohnte ich in Tsukuba, einer Universitätsstadt mit vielen internationalen Forschungseinrichtungen. In einem eher ländlichen Stadtteil lebte ich in einem kleinen Häuschen, im Gegensatz zu den meisten anderen ausländischen Studenten, die vorwiegend in Wohnheimen oder Appartements westlichen Zuschnitts eine Bleibe in einem anderen Stadtviertel gefunden hatten. Sicher jedes zweite Mal, wenn ich am Bahnhof auf den Bus nach Hause wartete, tippte mir ein Japaner oder eine Japanerin aus meiner Warteschlange auf die Schulter und meinte mit aufrichtiger Besorgnis: »Sie sind hier falsch, der Bus in den Ausländer-Stadtteil fährt dort drüben ab.«

Eine ausländische Freundin wies ein japanischer Frauenarzt ab, als sie schwanger war: »Sie müssen das Kind in einem Krankenhaus bei Ihnen im Land zur Welt bringen. Bei

くそったれども、日本へようこそ

der Geburt sind Sie so gestresst, dass Sie nicht in einer fremden Sprache wie Japanisch kommunizieren können, und dann verstehen Sie nicht, was Ihnen die Hebamme sagt.«

Ein belgischer Freund erzählte eine Geschichte aus einer Disko in Tokioter Szeneviertel Shibuya: »Ich tanze gerade mit einer attraktiven Japanerin, da kommt ein Typ zu uns, ein Japaner, deutet auf mich und sagt laut zu ihr ein einziges Wort: ›Dame!‹ Daraufhin nimmt er ihre Hand, und sie lässt sich von ihm fortziehen.« *Dame* bezeichnet ein klares Verbot, also hier in der Disko: »Mit einem Ausländer, das geht absolut nicht.« Der Belgier rannte den beiden nach und stellte den Typen zur Rede: »Er meinte cool, auf Englisch: ›Das ist meine Freundin.‹ Zum Glück war ich auf Draht und fragte sie gleich: ›Okay, wie heißt denn dein Freund mit Vornamen?‹ Einen Moment lang schaute sie mich verdattert an, dann merkte ich, dass er ihr seinen Namen ins Ohr zu flüstern versucht. Das wurde mir jetzt zu blöd. Ich ließ die beiden stehen und suchte mir eine andere.«

Der Belgier hat an jenem Abend bestimmt noch eine weitere Bekanntschaft gemacht. Denn in so manchen Bereichen werden die Ausländer in Japan auch »positiv diskriminiert«. Im englischsprachigen Text einer Anzeige des Fitnesscenters »Boy Beau« für die Filiale im Tokioter Trendviertel Aoyama steht: »Kostenlose Mitgliedschaft für Ausländer!« Unter den Bedingungen findet man schnell den Grund: »Sie müssen sich verpflichten, im Fitnessclub mit den japanischen Clubmitgliedern nur auf Englisch zu kommunizieren.« Und im japanischen Text der Anzeige steht dann auch ganz offen: »Workout und English-Konversation in einem. Die Hälfte unserer Mitglieder sind Ausländer!«

Hauptprofiteur der positiven Diskriminierung sind aber die westlichen Männer, weil sie den Hauch der glamourösen weiten Welt verbreiten (auch wenn sie aus einem Kaff in der Hochrhön kommen). Das Ausländer-Bashing macht uns natürlich interessant (das verbotene Spiel mit dem Feuer), ebenso der Mythos, der bei Japanern und Japanerinnen

くそったれども、日本へようこそ

gleich welcher Couleur weit verbreitet ist: Im Schwulen-Mekka Tokios, in Shinjuku Ni-Chome, lief ich einmal mit einem holländischen Freund durch die Straßen, als uns zwei gestylte Japaner an einer Straßenecke ansprachen. Wir schäkerten auf Englisch ein bisschen hin und her, als plötzlich und unvermittelt die Hand eines der beiden hervorschoss und fest meine Weichteile umfasste. Dann nickte er seinem Kumpel zu und sagte auf Japanisch: »Der scheint auch einen ganz Dicken zu haben.« Erst danach ließ er langsam los. Mir stand der Mund offen. Ich fragte mich gerade, ob ich ihm eine reinschlagen soll, als mein holländischer Freund die Situation nonchalant rettete, indem er dem Japaner grinsend mitteilte: »Leider hast du dir den Falschen von uns beiden gegriffen – *er* ist nicht schwul.«

Japanerinnen wollen sicher nicht alle einen westlichen Ehemann, aber, wie es ein französischer Kumpel wenig übertrieben formulierte: »Sie alle müssen mindestens einmal mit einem Ausländer ins Bett gestiegen sein.«

Eine japanische Bekannte ging einmal mit ihrem Freund, einem Amerikaner, in ein Reisebüro der renommierten JTB-Kette, um eine gemeinsame Reise nach Europa zu buchen. Sie musste alles, was die Angestellte ihnen so anbot, übersetzen, denn ihr Freund sprach kein Japanisch. Auf einmal schaut die JTB-Fachkraft meine Bekannte an und meinte mit unschuldigem Gesicht: »Sie sollten mit diesem Typ nicht in Urlaub fahren. Die ausländischen Männer gehen doch alle fremd, so einer wie der erst recht.« Die Angesprochene war geschockt; das zuletzt Gesagte übersetzte sie natürlich nicht. Aber sie stand auch nicht auf, um das Reisebüro zu verlassen. Sie war so verwirrt, dass sie und ihr amerikanischer Freund am Ende sogar noch ihren Trip dort buchten.

Bevor ich 2002 zum ersten Mal nach Hawaii flog, dem tropischen Traumziel, das von Japan nur sieben Flugstunden entfernt liegt, besorgte ich mir am Flughafenkiosk die Hawaii-Ausgabe von *Sekai-no arukikata*, einer populären Reihe von Reiseführern. Wer sich je fragte, warum japani-

くそったれども、日本へようこそ

sche Urlauber im Ausland immer in der Ecke stehen, während alle anderen Völkerverständigung feiern, findet eine Antwort in der Sektion »Praktische Tipps«: »Männer, die Japanerinnen auf zweifelhaftem Japanisch zu etwas einladen, sind Verbrecher oder haben zumindest niedere Absichten. Immer wieder werden Japanerinnen, gerade wenn sie den Urlaub im Ausland als Befreiung empfinden, Drogen eingeflößt, Wertsachen gestohlen oder sie werden vergewaltigt. Deswegen bekommen sie manchmal sogar Krankheiten wie Aids. Leider ist es eine Realität, dass Japanerinnen sich zu leicht verführen lassen. Daher: Behaltet euch immer unter Kontrolle und geht keine Abenteuer ein.«

Dass Ausländer Aids haben (und Japaner© nicht), glaubt übrigens nicht nur der Autor des Reiseführers. Ein Amerikaner, der bereits zur Bubble-Zeit Ende der Achtzigerjahre in Japan lebte, erzählt: »Als damals immer mehr japanische Zeitungen über die Aids-Epidemie in den USA schrieben, bekamen wir Weiße selbst in vollen Bahnen urplötzlich immer einen Sitzplatz. Ja, die Japaner überließen uns die ganze Bank, denn sie dachten, dass sie sich nur durch das Sitzen neben einem Weißen schon mit Aids anstecken könnten.«

So geht das Gefühl der Bedrohlichkeit nahtlos über in die Behauptung: »Ausländer sind alles potenzielle Verbrecher.« Diese Leier spielt man beileibe nicht nur in Japan. Aber in Japan wird dieser Topos selbst von denen, die es besser wissen müssten, offensichtlich für bare Münze genommen. Bei der feierlichen Einstandszeremonie für die ausländischen Austauschstudenten an der Universität Tsukuba begrüßte der Leiter der Auslandsabteilung dieser renommierten Hochschule uns tatsächlich mit den Worten: »Bitte begeht keine Verbrechen.« Der Anlass: Im Vorjahr war ein chinesischer Tsukuba-Student dabei erwischt worden, wie er einen Schokoriegel in einem Laden hatte mitgehen lassen. Eigentlich hätten sie die Uni für Japaner gleich ganz sperren müssen, denn die einheimischen Erstsemester sind durch die Bank alle Verbrecher: Sie trinken und rauchen illegal, obwohl sie noch minderjährig sind.

くそったれども、日本へようこそ

Immer wieder werden die sonst so fremdsprachenlahmen Japaner plötzlich polyglott – wenn es darum geht, potenzielle Verbrecher einzuschüchtern. So stellte das Bezirksamt große Schilder in die Shinjukuer Bahnhofsgegend, die auf Japanisch, Englisch und auf Spanisch warnten: »Musizieren ist auf öffentlichen Straßen verboten.« Spanisch ist selten genug in Japan; auf dem Bezirksamt Shinjuku können Südamerikaner lange nach irgendeiner Bürgerinformation oder auch nur einem Touristenprospekt in ihrem Heimatidiom suchen. Aber warum dann ausgerechnet Spanisch und nicht das hier viel verbreitetere Chinesisch oder Koreanisch? Wenn man ein paar Wochenenden hintereinander in der Gegend war, verstand man, warum. Die auch aus europäischen Fußgängerzonen bekannten peruanischen Andenmusik-Gruppen hatten nämlich Japan entdeckt. Gleich an mehreren Ecken flöteten zeitweise Poncho tragende Indios um die Wette. Statt direkt zu schreiben »Andenmusik raus aus Shinjuku« ging die Bezirksverwaltung diesen verklemmten, pseudo-neutralen Weg und dachte wohl: Die Indios lesen es und hören auf zu spielen. Die anderen merken nicht, dass wir alle Spanischsprecher damit pauschal zu Verdächtigen gemacht haben, denn Spanisch versteht ja eh niemand.

Als ich mit einem deutschen Freund einen Kombini in Osaka besuchte, bemerkten wir auf einmal, dass überall im Laden und selbst an der Kasse handgeschriebene Zettel klebten, die auf Englisch, und nur auf Englisch, alle die gleiche Warnung enthielten: »Bei Ladendiebstahl holen wir unverzüglich die Polizei.« Das ist das gute Recht des Ladenbesitzers. Nicht aber hat er das Recht, durch die willkürliche Wahl der Sprache implizit zu behaupten, nur Englisch sprechende Menschen seien potenzielle Diebe. Wir sprachen den Geschäftsinhaber darauf an, es war eine Frau. Sie meinte, sie habe nie die Absicht gehabt, Ausländer zu diskriminieren und eine Mauer zu bauen. Würde sie denn die Zettel runternehmen, fragten wir nach, bis sie neue geschrieben hat, mit einer japanischen Version? Nein, das sei

くそったれども、日本へようこそ

doch übertrieben, war ihre Antwort. Mein Freund und ich nickten uns zu, gingen dann kurzerhand durch den Laden, rissen alle Zettel eigenhändig ab, knüllten sie zusammen, knallten den Packen der verdutzten Frau auf die Theke und verschwanden.

Japan hat ein kollektives Tourette-Syndrom, was Einwanderung angeht. Japaner wollen Ausländer nicht im Land haben, aber das Land braucht sie trotzdem dringend. »Bitte, kommt möglichst zahlreich zu uns, ihr Arschlöcher«, so lässt sich Japans Einwanderungspolitik eigentlich am kürzesten umschreiben. So holt die japanische Regierung jedes Jahr über 5000 jüngere westliche Ausländer, die meist frisch ihren Uni-Abschluss haben, mit dem JET-Programm ins Land und verteilt sie als Englisch-Hilfslehrer an die Gymnasien im ganzen Land.

Chinesen und Koreaner stellen in Japan seit Langem in vielen Service-Berufen einen großen Teil der Arbeitskräfte – bloß fiel das bis zur Jahrtausendwende praktisch niemandem auf. Denn auf den ans Revers gehefteten Nachnamen der ostasiatischen Einwanderer standen lange Zeit Namen wie »Tanaka« oder »Yamaguchi«, also typisch japanische Namen. Die Kombini- und Supermarkt-Besitzer gaben ihre ausländischen Mitarbeiter einfach als Japaner aus, weil sie den Kunden nicht den Kontakt mit Ausländern zumuten wollten. Aber den chinesischen Mitarbeitern haben sie japanische Kunden dann doch zugemutet.

Die Namensplaketten weisen mittlerweile die echten Namen der ausländischen Mitarbeiter auf, aber dafür kursiert in der letzten Zeit unter Neuankömmlingen aus China eine offenbar wichtige Überlebensregel: »Sprich in Japan auf der Straße kein Chinesisch, und wenn, dann leise!« Denn Chinesen haben es am schwersten in Japan. Sie sehen zwar aus wie Japaner, reden aber nicht wie sie und wirken kleidungsmäßig und auch sonst wie totale Landeier. Und sie sind zu viele, in China sowieso, aber auch mittlerweile in Japan. Von gut zwei Millionen Ausländern 2011,

くそったれども、日本へようこそ

also weniger als zwei Prozent der Bevölkerung, sind fast 700 000 aus China (inklusive Taiwan); doppelt so viele wie noch im Jahr 2000. Mittlerweile sind sogar mehr Chinesen in Japan als Koreaner, jahrzehntelang die größte Ausländergruppe.

Mittlerweile gibt es auch Hunderttausende sogenannter »Halfs« in Japan, Kinder mit einem japanischen und einem nichtjapanischen Elternteil, die manchmal eher asiatisch (also »japanisch«) aussehen, manchmal wie ein schwarzes oder weißes Kind; eine dritte Variante ist ein süßer Mix aus blondem Haar und Mandelaugen. Und und und. Die Halfs sind eine mentale Herausforderung für die Japaner – Geschichten, wie Half-Kinder als »anders« Aussehende unter den fünfzig Kindern in den großen japanischen Schulklassen gehänselt werden, sind Legende. Aber niemand provoziert die japanischen Denkschubladen mehr als Arudou Debito, ein weißer Japaner, der seine Landsleute eloquent in Diskussionen über Rassismus verwickeln kann. Debito hieß früher David Aldwinckle, war WASP-Amerikaner mit zwei weißen Eltern und wurde in New York groß. Erst 1996, mit Anfang dreißig, kam er nach Japan.

Ein paar Jahre später ließ er sich eher aus pragmatischen Gründen einbürgern (und musste dabei seinen Namen japanisieren): Er wollte unter eigenem Namen in Sapporo, wo er an der Universität unterrichtete, ein Haus kaufen. Eine Demütigung in einem Badehaus in Otaru, nahe Sapporo, war dann aber der Anlass, dass Debito, bis dato unpolitisch, zu einem der prominentesten Bürgerrechtler und zum wichtigsten Vorkämpfer für die Rechte der Ausländer in Japan wurde.

Japaner und Ausländer lieben gleichermaßen Badehäuser. Oft in landschaftlich schönen Gegenden gelegen, mit mehreren Innen- und Außenbecken, lässt man im Wasser natürlich heißer Mineralquellen die Seele baumeln. Im Otaruer Badehaus hatten aber offensichtlich ein paar Gäste von der nicht allzu sehr entfernten russischen Insel Sachalin zu sehr gebaumelt und lärmende Wodka-Partys

くそったれども、日本へようこそ

im Becken veranstaltet. Auf jeden Fall hing nun ein Schild da, das auf Englisch, Russisch und Japanisch unmissverständlich klarmachte: »Nur Japaner«. Debito wurde nun bei einem Besuch der Eintritt verwehrt. Er zeigte dem Betreiber der Wasserlandschaft daraufhin seinen japanischen Pass und meinte: »Mich müssen Sie trotzdem reinlassen, denn ich bin Japaner.« Der verdutzte Mann sprach daraufhin aus, was ohnehin hinter dem ganzen Ausländer-Geschwurbel steckte: »Allen Menschen mit ausländischem Aussehen ist der Zutritt verboten.« Ein echter Japaner wäre jetzt frustriert nach Hause gegangen und hätte auf dem Sofa geheult, aber nicht so Debito. Er verklagte das Badehaus und die Stadt Otaru in einem Prozess, der international Wellen schlug und schließlich sogar den UN-Beauftragten für Rassismus nach Japan führte. Am Ende wurde der Inhaber des Badehauses von einem japanischen Gericht zu einem Schadensersatz von insgesamt drei Millionen Yen verurteilt. Den Betrag konnte der Rassist leicht verschmerzen, denn mittlerweile kamen aus dem ganzen Land Japaner in Scharen in dieses Badehaus, das »Ausländern« so stolz die Stirn geboten hatte.

Debito schrieb seitdem mehrere Bücher und begann, in seinem Blog Fälle von Diskriminierung und verfehlter Ausländerpolitik zu sammeln und zu dokumentieren. Aber irgendwie nervte ihn wohl, dass es nicht vorwärtsging (oder ihn nervte der kalte Winter in Sapporo). Heute lebt er auf Hawaii; für Amerika braucht er natürlich ein Visum, der Japaner Debito.

»Geh zurück in dein Land!« Früher oder später kommt diese Aufforderung, wenn man mit Japanern spricht. Manchmal tritt sie in brutal-aggressiver Form auf (»Hau doch ab, wenn's dir nicht passt«), mal als scheinbar nüchterne Frage (»Wann planst du, in dein Land zurückzukehren?«) oder gar besorgt (»Ist dein Land für dich nicht viel geeigneter?«). Wie auch immer, die Frage kommt. Immer.

Dann kam der Tag, an dem die Ausländer den Japanern

くそったれども、日本へようこそ

endlich den Gefallen taten. Sie hauten ab, zu Hunderttausenden, und zwar mit einem Schlag. Immerhin acht Prozent der Chinesen, 26 Prozent der in Japan lebenden US-Amerikaner, 57 Prozent der Franzosen und sage und schreibe 74 Prozent der Deutschen verließen laut japanischem Zoll innerhalb einer Woche Japan.

Es war die Woche nach dem 12. März 2011, nach der ersten Atomexplosion in Fukushima. Wer konnte, floh – nicht vor den Beben, Herr Ishihara, vor der Radioaktivität. Die Ausländer konnten. In Nagoya hob schon am Abend des 15. März ein kurzfristig gecharterter Jumbo-Jet ab, eng bestuhlt mit 450 Sitzplätzen, und flog deutsche Mitarbeiter deutscher Autofirmen aus ganz Japan samt Familien ins sichere Hannover. Ihre japanischen Mitarbeiter ließen die loyalen deutschen Arbeitgeber übrigens nicht an Bord; sie ließen sie im Land allein mit der Atomscheiße zurück. Auch ich floh, auf eigene Kosten. Über Osaka ging es nach Schanghai.

Die plötzliche kollektive Flucht vieler westlicher, also vorwiegend weißer Ausländer fiel offensichtlich auf. In den japanischen Medien wurde das Phänomen düster als »*Dasshutsu*« charakterisiert, als »Fahnenflucht« der Ausländer.

Matthias Pfeifer, ein deutscher Hochschullehrer, der in Japan blieb, berichtete in jenen Tagen: »In der Bahn spüre ich immer stärker die Blicke der Japaner auf mir ruhen. Ich habe heute im Supermarkt in Yokohama in einer langen Schlange von Hamsterkaufkunden gestanden, als sich eine Japanerin vor mir umdrehte und fragte: ›Sie gehen nicht zurück in Ihr Land?‹, worauf ich mit ›Nein‹ antwortete. Da kamen ihr doch tatsächlich Tränen, und sie meinte: ›Man hat immer mehr das Gefühl, dass uns die Ausländer alle im Stich lassen!‹«

Sports Nippon, ein viel gelesenes Revolverblatt, ließ wenig später alle Masken fallen. »Die Ausländer sind schuld«, prangte in fetten Lettern auf dem Titel der Zeitung. Erst wenn man den zugehörigen Artikel las, verstand man, dass es »nur« um die spezifische Frage ging, warum das Disney-

くそったれども、日本へようこそ

land Tokio Wochen nach der Reaktorexplosion noch immer geschlossen sei. Aber jeder, der die Schlagzeile sah, dachte als Erstes – und so war es wohl auch gedacht: dass es dir derzeit schlecht geht, liegt an den verdammten Ausländern.

Ach so, warum blieb Disneyland eigentlich wochenlang geschlossen? Laut *Sports Nippon* aus einem einfachen Grund: Die ausländischen Darsteller, die bis dahin in den putzigen Kostümen im Vergnügungspark herumliefen, waren weg. Japanische Besucher erwarten offenbar weiße Gesichter bei den Darstellern von Schneewittchen und Co. Wer auch andere Zeitungen las, wusste, dass in Wirklichkeit das Beben und Ausläufer der Tsunamis den Boden der künstlichen Insel, auf dem Disneyland steht, so aufgeweicht hatten, dass alles eine einzige Schlammgrube war, deren Trockenlegung mehrere Monate dauern sollte.

Doch noch mal zur Flucht: Was hätten wir Ausländer denn tun sollen: Dableiben, die Japaner an den Händchen halten und zusammen »Kumbaya, My Lord« singen? Erst sollen wir nicht ins Land, dann möglichst schnell wieder heim, dann doch nicht: Ausländer werden es Japanern nie recht machen können.

くそったれども、日本へようこそ

ÜBER DIESES BUCH

236 Vier Jahre lang war ich »der Deutsche« in *Die spinnen, die Japaner.* In der von »Beat« Takeshi Kitano moderierten Fernsehshow stritten sich jede Woche in Japan lebende Ausländer mit Japanern über alle möglichen Aspekte des japanischen Alltags, von den ekligsten Zutaten der Küche bis zur Selbstmordwelle unter Oberschülern, von der Nervigkeit japanischer Reisegruppen bis zum Zauber japanischer Pornodarstellerinnen. Die Show hatte enormen Erfolg, vielleicht auch deshalb, weil sie durch das Sprachrohr der Ausländer Tabus ansprach, die die Japaner untereinander aus Harmoniebedürfnis oder Höflichkeit vermieden hätten. Mit ihrem wachsenden Erfolg merkte ich, dass Japaner wirklich wissen wollen, was Ausländer über sie denken – und schrieb für sie, auf Japanisch, mein erstes Buch: *Darum nerven Japaner. Der ungeschminkte Wahnsinn des japanischen Alltags.*

All jene Jahre war ich an japanischen Universitäten, zunächst als Austauschstudent, zuletzt mit einem Post-Doc. Dann fand ich einen Job bei einer japanischen Firma und dachte, jetzt beginnt der seriöse Teil deines Lebens, weitab von TV- und Buch-Glamour, weitab von bizarren Erlebnissen. Falsch gedacht – als Werktätiger in Japan, als Behördengänger, Wohnungssuchender und Atomstromverbraucher (und dann -opfer) drang ich in Bereiche des abenteuerlichen Alltags vor, die ich als Student nie zu Gesicht bekommen hatte.

Jahrelang waren dann Ausländer insgesamt vom japanischen Bildschirm mehr oder weniger verschwunden, bis 2009 ein neuer Hype einsetzte, und diesmal sogar gleich auf verschiedenen Sendern. »Tokyo MX« strahlt sogar immer noch jeden Werktag um 21 Uhr eine solche Show mit Japanern und Nicht-Japanern aus. Wie früher wird diskutiert – aber das Thema war und ist nicht mehr nur Japan, das Thema war und ist die ganze Welt. Auch mich holte man wieder – als »den Deutschen«; fast drei Jahre lang trat ich regelmäßig in *Erklär mir die Nachrichten!* auf. In dieser Sendung kommentierte der Journalist Akira Ikegami Hintergründe zu aktuellen Ereignissen aus aller Welt, von der Präsidentenwahl in Russland bis zum Casino-Boom in Macao, von den Grenzstreitigkeiten mit Japans Nachbarn bis zu den Affären Berlusconis. Ich hatte goldene Stunden, als »Mutti« Angela Merkel vorgestellt wurde (inklusive der Fotos, die ihre Oberweite betonen), aber vor allem, als ich über die beleidigend laxe Definition von »Bier« in Japan mit Hinweis auf das deutsche Reinheitsgebot herziehen durfte. Ikegamis Tochter ist übrigens mit einem Deutschen verheiratet und lebt in Bremen; in einer Drehpause erzählte er mir, dass ihn sein Enkel auf Deutsch »Opa« nennt.

Die Show lief am Abend zur Primetime und hatte ebenfalls einen Riesenerfolg, auch bei meinen Kollegen in der Firma. Die rümpften erstaunlicherweise nicht die Nase, sondern fanden es aufregend, einen aus ihren Reihen in der Sendung sitzen zu sehen. Mehr als einer schlich am Tag nach der Ausstrahlung zu mir an den Tisch und bat mit gesenkter Stimme, ob ich ihm nicht mal die hübsche Halbfranzösin oder Italienerin aus der Show vorstellen könne.

Dann explodierten die Atomreaktoren in Fukushima im März 2011. Das war eigentlich ein Paradethema schlechthin für Ikegamis Show. In der ersten Folge drei Wochen danach wurde auch tatsächlich in aller Ausführlichkeit über die Katastrophe gesprochen. Und zwar erklärte Ikegami den Zuschauern detailliert und mit beruhigender Stimme, wie sicher Atomkraft nach wie vor sei und warum niemand in Japan wegen radioaktiver Strahlung Angst haben müsse. Uns, den Ausländern, wurde vor der Aufzeichnung unmissverständlich klargemacht, dass man jede kritische Äußerung zu Atomkraft oder zum Stromgiganten Tepco wegschneiden würde und dass wir vor allem unsere Trauer und Anteilnahme wegen der Tsunami-Opfer ausdrücken sollten. Erst als ich ein paar frühere Folgen von *Erklär mir die Nachrichten!* auf Video noch einmal ansah, merkte ich, dass Tepco einer der Werbesponsoren der Sendung gewesen war. Ich war riesig enttäuscht. Ich schwankte zwischen der Lust auf den TV-Glamour und meinem Gewissen, aber die Entscheidung nahmen mir die Produzenten ab, denn die Sendung wurde nach jener Episode plötzlich eingestellt.

Ich aber hatte endgültig genügend Material für ein neues Buch – dieses hier!

PIPER

Andreas Neuenkirchen
Gebrauchsanweisung für Japan

224 Seiten mit 1 Karte. Gebunden

Sumo, Sony und Sashimi: So viel Japan kennt jeder. Mangas,
Karaoke und andere Importe gehören längst auch bei uns
dazu, und doch ist uns ihre Heimat immer noch fremd. An-
dreas Neuenkirchen entschlüsselt aufs Unterhaltsamste
Land und Leute. Er verrät, wie Sie in japanischen Restaurants
und Privathaushalten, im buddhistischen Tempel oder im
shintoistischen Schrein, beim unverbindlichen Small Talk oder
bei Geschäftsverhandlungen am besten zurechtkommen.
Welche Speisen schmecken – und vor allem, wie man sie richtig isst. Dass man durch Schweigen mehr ausdrücken kann
als durch Worte. Was bei Erdbeben zu beachten ist. Wie lange
die Japaner Kirschbäumen beim Blühen zusehen. Und was
es braucht, um ein Spitzenhäubchen auf besonders männliche
Weise zu tragen.

01/1967/01/R